U0530438

咨询扫码

# 作者简介
AUTHOR INTRODUCTION

刘智勇

刘亮

朱增辉

## 》》 刘智勇 《《

- 诸葛定位创始合伙人
- 高级经济师、工程师
- 千亿营收企业营销部负责人
- 战略定位落地辅导专家、新华社特约品牌观察员

## 》》 刘 亮 《《

- 诸葛定位创始人
- 五力战略模型体系创建者
- 九三学社支社主委、新华社特约品牌观察员
- 深度服务近50家消费品企业，授课企业家学员超5000名

## 》》 朱增辉 《《

- 和协集团创始人、董事长
- 湖南省商标品牌协会会长
- 荣获改革开放40年长沙杰出民营企业家
- 清华大学工商管理硕士、湖南大学研究生校外导师

# 点燃市场

## 10大新消费品牌的高增长打法

刘　亮
刘智勇　主编
朱增辉

企业管理出版社
ENTERPRISE MANAGEMENT PUBLISHING HOUSE

## 图书在版编目（CIP）数据

点燃市场：10大新消费品牌的高增长打法 / 刘亮，刘智勇，朱增辉主编． -- 北京：企业管理出版社，2024. 11. -- ISBN 978-7-5164-3140-5

Ⅰ．F713.3

中国国家版本馆CIP数据核字第2024354E67号

| | |
|---|---|
| 书　　名 | 点燃市场——10大新消费品牌的高增长打法 |
| 书　　号 | ISBN 978-7-5164-3140-5 |
| 作　　者 | 刘　亮　刘智勇　朱增辉 |
| 策　　划 | 朱新月 |
| 责任编辑 | 解智龙　刘　畅 |
| 出版发行 | 企业管理出版社 |
| 经　　销 | 新华书店 |
| 地　　址 | 北京市海淀区紫竹院南路17号　　邮　编：100048 |
| 网　　址 | http://www.emph.cn　　电子信箱：zbz159@vip.sina.com |
| 电　　话 | 编辑部（010）68487630　　发行部（010）68701816 |
| 印　　刷 | 北京科普瑞印刷有限责任公司 |
| 版　　次 | 2024年11月第1版 |
| 印　　次 | 2024年11月第1次印刷 |
| 开　　本 | 710mm×1000mm　1/16 |
| 印　　张 | 23.75印张 |
| 字　　数 | 296千字 |
| 定　　价 | 88.00元 |

版权所有　翻印必究　·　印装有误　负责调换

## 编委会

主　编：刘　亮　刘智勇　朱增辉
编委会副主任：谭　震
编委会委员：余　善　邓令辰　龚俏巧　宁建成
　　　　　　张大平　谷任明　罗凯亮

# ▶ 推荐序一

### 弥补理论到实战的差距　助力中国品牌转型升级

当下中国经济正在经历由资本驱动到消费驱动、创造力驱动的转型期，转型过程无疑是艰难、痛苦的。对于新时代的企业而言，要成功实现高质量发展，需要向创新要效益、向管理要效益，而这些都离不开企业战略定位层面的顶层设计。

认真学习了诸葛定位团队撰写的这本《点燃市场——10大新消费品牌的高增长打法》，让作为定位学爱好者的我受益良多。象牙塔中战略管理类的书籍汗牛充栋，这些书籍更加学术，强调理论的界定和推演。对于企业家而言，如何深入浅出，学之能用、用之有效，却不是这些书籍能够直接解决的。

《点燃市场——10大新消费品牌的高增长打法》一书弥补了从理论到实战之间最后一公里的差距。该书从战略的洞察力入手，再到定位力、营销力、组织力、供应力，并辅以大量案例，由浅入深、层层递进，既有理论的高度，又能解决落地的问题。仔细审视该书，无论是原创性还是系统性，的确非长期工作在战略定位第一线无法精准阐释和写就的。我想这也是诸如我这种两耳不闻窗外事、一心只读圣贤书的学者需要学习、完善和提高的。

基于上述，我诚挚地向企业家、学者和管理理论爱好者推荐《点燃市场——10大新消费品牌的高增长打法》这本书，我也甘当"小学生",再次阅读该书,并希望日后向该书的写作团队虚心学习、请教。希望大家开卷有益。

——中国人民大学商学院教授、博士生导师　孟庆斌

# ▶ 推荐序二

点燃市场热情　探索品牌增长的无限可能

作为一个在品牌领域耕耘了28年的"老兵",我有幸接触到众多企业的成长历程和品牌建设的实践案例。在这个过程中,我深刻体会到品牌的力量,以及在市场竞争中一个明确而有效的战略对于品牌成长的重要性。正是基于这样的背景,当读到增辉老弟给我发来的《点燃市场——10大新消费品牌的高增长打法》书稿时,我感到眼前一亮,深感共鸣,尤其是这本书的书名是"点燃市场",这和我借鉴"爽爽的贵阳"给长沙策划的品牌口号"火辣的长沙"有异曲同工之妙。

本书由刘亮、刘智勇、朱增辉等实战派作者联袂撰写,他们不仅拥有深厚的理论基础,更有着丰富的实战经验。书中提出的诸葛五力战略模型是对品牌战略深度思考的成果,它涵盖了洞察力、定位力、营销力、组织力和供应力五个关键维度,为新消费品牌提供了一套系统性的成长路径和战略工具。

在当前严重内卷的市场环境下,新消费品牌面临着前所未有的机遇与挑战。消费者的偏好日益多元化,技术的革新层出不穷,市场竞争日趋激烈。在这样的背景下,如何洞察市场趋势、精准定位品牌、创新营销策略、构建高效组织和优化供应链管理,成了品牌能否实现高增长的关键。《点燃市场——10大新消费品牌的高增长打法》这本书正是围绕这些问题,提供了深刻的见解和实用的解决方案。

书中的案例分析尤为精彩,通过深入剖析10个新消费品牌的成长历程，让我们看到了战略思维在品牌发展中的实际应用。这些案例不仅展示了成功的经验，也揭示了失败的教训，为读者提供了宝贵的参考和启示。

我认为，无论是新创品牌还是成熟企业，都能从这本书中获得灵感和指导。它不仅能帮助企业家和管理者系统地构建品牌战略，更能激发他们在实践中不断创新和突破。

因此，我想推荐《点燃市场——10大新消费品牌的高增长打法》这本书给所有致力于品牌建设和市场拓展的企业家、管理者以及市场营销专业人士。让我们一起在这本书的指导下，点燃市场的热情，探索品牌增长的无限可能。

——品牌联盟董事长、中国品牌节发起人兼主席　王永博士

# 自序
## 写给创业者的战略级增长打法

2024年3月，一个我深为喜爱的新消费品牌轰然倒塌，让我心情无限惆怅，思索良多……

"创业者是社会的宝贵资源"，这是我常年与创业者打交道的最大感触。他们通过自己的努力、创新和承担风险的精神，为社会带来了经济增长、就业机会、技术进步和社会问题的解决等多重价值。

"创业是天底下最艰苦的工作"，这也是我在多年服务企业过程中时常听到的创业者的心声。商业竞争激烈，创业工作强度大，工作时间长，既要考虑供产销，也要考虑人财物等方方面面，使得不少创业者时常出现身心疲惫、力不从心的状况。更有甚者，一些优秀的创业者因为某些战略决策失误而陷入困境，导致公司崩盘，甚至成为失信被执行人等。

近年来，中国消费品创业领域发生了翻天覆地的变化。随着供应链的成熟、消费新人群的出现、新需求的涌现、新场景的创造、新媒介的兴起以及新渠道的开拓等，"供、需、连"三端共振，催生了众多新消费品牌。然而，随着市场红利的逐渐消退，许多品牌遭遇了增长瓶颈，一些网红品牌更是昙花一现，令人扼腕。

尽管这些品牌陷入困境的原因多种多样，但是创业者普遍缺乏战略思维是一个显著的共同点。他们习惯于追逐短期红利，未能将这些红利转化为品牌的核心竞争力，导致企业缺乏长期战略性增长的动能。今天，诸如以 ChatGPT 为代表的 AI、文生视频、物联网等先进技术，正在逐渐减弱运营能力对企业发展的制约。与此同时，战略能力和基于战略的创新能力，正日益成为决定企业成败的关键因素。

## 1. 本书写作初衷

作为一家专注于消费品领域的战略咨询公司，我们一边在市场一线咨询实践，一边深入研究这些商业现象。我们的研究主要聚焦于三个方向：一是研究新消费行业的知名案例；二是研究新消费品牌的优秀操盘人及团队；三是复盘我们咨询过的新消费品牌的经验和教训。

通过这些年的不断实践、迭代和进化，我们总结提炼出了一套结构完整、落地性强的方法论——诸葛五力战略模型，包括洞察力（战略的眼睛）、定位力（战略的大脑）、营销力（战略的嘴巴）、组织力（战略的筋骨）和供应力（战略的血脉）。我们希望能把这些研究成果呈现给大家，让大家科学决策，少走弯路，这也是我们撰写本书的初衷。

## 2. 本书内容框架

在此背景下，《点燃市场——10大新消费品牌的高增长打法》一书应运而生。本书分为上篇（战略定位篇）、中篇（战略配称篇）和下篇（实战案例篇）三大部分。

（1）上篇。

我们详细介绍了诸葛五力战略模型的"洞察力"和"定位力"，让大家对战略定位有一个全面的认识。

（2）中篇。

我们从战略配称的角度阐述企业应该如何承接战略定位，战略配称的主要内容包括"营销力""组织力"和"供应力"三个部分。

（3）下篇。

我们研究了 10 个有代表性的新消费品牌，分别是麦富迪、五个女博士、万益蓝、王小卤、德佑、衬衫老罗、观夏、洗脸熊、霸王茶姬、鸭鸭羽绒服，从战略的视角解读这些品牌在发展过程中的选择和决策，分析其成败背后的深层次原因。

## 3. 本书阅读理由

诚然，市场上也有很多关于品牌战略方面的书籍，这本《点燃市场——10 大新消费品牌的高增长打法》凭什么值得一读呢？我认为有以下三大理由。

（1）突出战略增长方法的系统性和原创性。

面对当前消费行业的整体低迷，品牌如何实现增长并突破困境？本书通过诸葛五力战略模型，为消费品牌从市场洞察到战略定位，再到战略解码和执行，提供了一套清晰的系统作战地图。它不仅回答了老品牌重获增长的关键所在，还系统地阐述了新消费品牌如何从 0 到 1，如何从优秀走向卓越，以及如何构建起一套完善的战略管理体系。

本书还为大家提供了一整套品牌战略思考的工具和方法，如"诸葛行业洞察递进推导图""诸葛需求洞察递进推导图""诸葛竞争筛选路线图""诸葛爆品瘾品实现路径图""诸葛 OGSMK 战略解码方法论""诸葛五力战略机会模型图""诸葛品牌战略节奏方法论"等。

（2）超越传统定位理论的局限。

本书超越了传统定位理论的范畴，不是从广告或营销的单一维度，而是从企业经营的全局视角看问题。对于消费品牌的决策人来说，本书为其提供了一套全面的思考框架，以理解和处理战略、品牌、营销、产品、组织和供应链等之间的耦合关系。它指导决策人如何深入洞察行业本质，预见产业的长远发展趋势，并采用"以终为始"的思维模式，逐步构建企业的战略控制点，塑造品牌的核心竞争力，并稳健地推进每一步发展。

（3）展现10大案例全景打法。

本书的案例篇紧紧围绕诸葛五力战略模型，通过深入分析10大新消费品牌在发展过程中的战略与战术，以及得与失、利与弊、机会与风险等，帮助读者建立全面、立体的战略认识，"知其然，更知其所以然"。它不仅有助于大家理解战略在企业经营中的实际运用，更能拓宽战略视野，从而更全面地把握品牌发展的战略脉络。

## 4. 本书目标读者

（1）消费品牌的创始人及管理人员。

（2）消费品或其他行业的咨询同行。

（3）对企业经营感兴趣的职场人士。

（4）希望建立战略思考能力的个人。

## 5. 本书阅读释义

为了更好地和大家进行探讨，在此对本书中一些概念做简单的诠释。

①品类有产品品类、渠道品类等之分，本书主要与大家探讨如何基于产品品类打造产品品牌。

②战略有企业战略和品牌战略之分。企业战略是指企业发现和发展新品类，以及确定品牌定位机会的整体规划。品牌战略是指由不同品牌承载企业战略发现的新品类和新定位机会，并通过品牌的经营来实现企业战略目标。

③若一个企业包含多个品牌，那么企业战略就等同于多个品牌战略之和。若一个企业只有一个品牌，那么企业战略就是品牌战略。若

## 自序

本书未有特别说明，默认一个企业只有一个品牌，那么企业战略等同于品牌战略。当然，对于拥有多个品牌的企业，也可以按照单品牌战略的逻辑来应用诸葛五力战略模型，并依据效率原则和协同原则来进行综合处理，以确保各个品牌之间的协调与整合，共同推动企业的整体发展。

本书的成稿离不开编委会成员刘智勇、朱增辉、谭震、余善、邓令辰、龚俏巧、宁建成、张大平、谷任明、罗凯亮的共同努力，特别是编委会副主任谭震对本书在整体构思、内容搭建等方面的无私奉献和辛苦付出。本书的修改过程得到了廖奕洲、盛柯、彭知章、褚平川、任小东等提出的宝贵意见。在诸葛五力战略模型的创建上，得到了科学定位体系开创者高建林的悉心指导。在出版发行上得到了企业管理出版社，特别是策划人朱新月、赵辉主任及编辑团队的大力支持。在此一并鸣谢。最后，也感谢家人和朋友们一直以来对我工作的信任、支持和鼓励。

诸葛定位咨询创始人　刘　亮

# 导语

创业维艰路漫漫，风高浪急千重险。创业，是一场充满未知与变数的冒险。长青，更是一项艰巨的任务。日本战略咨询之父大前研一指出，一家企业的真正能力体现在对看不见的未来风险的精准对冲，以及对看得见的未来的前瞻性布局。然而，大多数企业往往忽视了这一点，更多的是在危机来临时才匆忙应对，因缺乏长远规划和协同作战能力而陷入困境，导致无法实现持续增长。因此，找到一种持续有效的增长打法以实现战略突围显得尤为重要。

在多年的战略咨询服务过程中，我们发现传统的战略咨询流派，无论是定位派还是非定位派，都存在一定的局限性。

一方面，非定位派战略咨询往往是从企业内部资源优势，而不是从顾客出发来构建战略增长路径的，从而导致业务方向容易偏离顾客需求或心智认知，陷入自娱自乐的境地而不自知；另一方面，定位派往往过于强调从顾客心智及竞争格局等外部视角出发，容易使大众对定位派形成"更适合、更高端、全国销量第一"等固有认知，更有甚者认为定位派的咨询成果就是一句广告语。有鉴于此，我们取众家之长并结合具体咨询实践，沉淀出一套自己行之有效的战略体系——"诸葛五力战略模型"。它强调外部机会探寻与内部经营落地的结合，并从更宏观、更全面的角度来审视企业战略。

本书围绕"诸葛五力战略模型"，从洞察力、定位力、营销力、组织力和供应力五个维度出发，指导企业洞察市场机会、找准品牌定位、提升营销能力、强化组织和供应管理，并明确企业战略重点、规划好战略节奏，做好企业资源的选择、取舍和聚焦，诸葛五力战略模型实现企业的持续性战略增长，如图1所示。

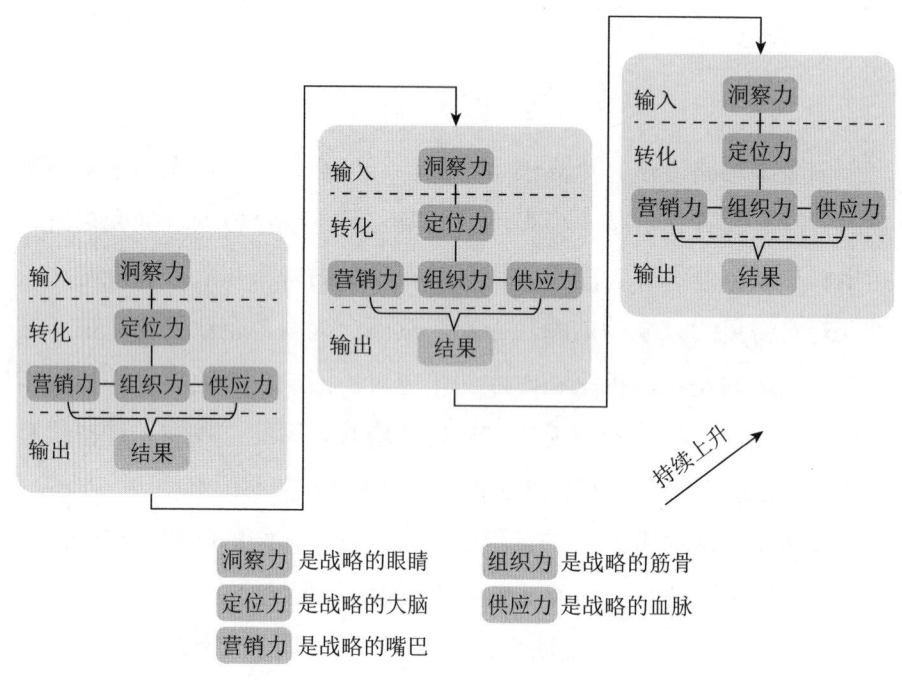

| 洞察力 | 是战略的眼睛 | 组织力 | 是战略的筋骨 |
| 定位力 | 是战略的大脑 | 供应力 | 是战略的血脉 |
| 营销力 | 是战略的嘴巴 | | |

图 1　诸葛五力战略模型实现企业的持续性战略增长

## 1. 战略的眼睛：洞察力

如同诸葛亮的草船借箭，在风起云涌的战场中洞察环境，把握趋势。它要求企业具备敏锐的市场嗅觉和前瞻性思维，像猎鹰一样俯瞰整个市场，捕捉每一个细微的变化，在海量信息中筛选出有价值的内容，为战略制定提供有力支撑。

## 2. 战略的大脑：定位力

它要求企业结合行业趋势、顾客需求以及竞争格局，并根据自身资源优势，选择适合自己的发展方向。它如同航海家手中的指南针，指引企业在茫茫商海中稳步前行。一个精准的定位能够让企业在竞争中脱颖而出，实现差异化发展。

### 3. 战略的嘴巴：营销力

它是企业与市场沟通的桥梁和窗口。它要求企业具备强大的产品创新、渠道管理、合理定价、内容创作和品牌推广等能力，通过在市场上持续发声，将品牌的优势和价值传递给消费者，以赢得市场的认可和信赖，帮助企业穿越市场的重重阻碍，实现销售的增长和品牌价值的提升。

### 4. 战略的筋骨：组织力

它是企业战略执行的关键。企业只有筋骨强健，才能在市场竞争中快速应对各种挑战。它要求企业构建高效、灵活的组织机制，确保战略能够得到有效实施。一个优秀的组织能够激发员工的积极性和创造力，并形成强大的合力，推动企业不断向前发展。

### 5. 战略的血脉：供应力

它是企业持续发展的保障。它要求企业具备持续供应满足市场需求的产品的能力，以及强大的研发能力和稳定的供应链，确保产品的品质和供应的稳定。一个强大的供应链能够为企业提供源源不断的动力，以支持企业在市场竞争中立于不败之地。

总之，在这个 VUCA 时代，企业必须不断进化与创新，方能在激烈的市场竞争中牢牢掌握主动权，获得系统的竞争优势。诸葛五力战略模型为企业提供了一种有益的视角和工具，不仅有助于企业在战略上实现突破，而且能推动企业实现持续且健康的增长。通过运用这一模型，企业可以洞察市场动态，精准把握发展机遇，从而在变革中不断进步，实现持续的战略级增长。

# 目录
CONTENTS

## 上 篇：战略定位篇
SHANG PIAN

**第一章　战略的眼睛：洞察力　/ 003**

　　◎ 第一节　由上而下：行业洞察　/ 007
　　◎ 第二节　由下而上：需求洞察　/ 013
　　◎ 第三节　由外而内：竞争洞察　/ 019
　　◎ 第四节　由内而外：自身洞察　/ 026

**第二章　战略的大脑：定位力　/ 035**

　　◎ 第一节　取势：顺势者昌、逆势者亡　/ 038
　　◎ 第二节　定向：把握规律、精选方向　/ 044
　　◎ 第三节　占位：抢心智位、争当第一　/ 050

## 中 篇：战略配称篇
ZHONG PIAN

**第三章　战略的嘴巴：营销力　/ 063**

　　◎ 第一节　产品：营销力的引擎　/ 065
　　◎ 第二节　内容：营销力的燃料　/ 073

## 第四章 战略的筋骨：组织力 / 089

- 第一节 源动力：方向共识推动战略落地 / 092
- 第二节 助推器：统一工具提升战略效率 / 093
- 第三节 校准器：复盘总结保障战略航向 / 101

## 第五章 战略的血脉：供应力 / 105

- 第一节 三道防线：做好供应力的基石 / 108
- 第二节 数字供应：提升供应力的关键 / 112

## 第六章 战略的管理：节奏与壁垒 / 117

- 第一节 进度管理：成败依赖于战略节奏 / 119
- 第二节 优势构建：长胜取决于战略壁垒 / 124

---

# 下 篇：实战案例篇
XIA PIAN

## 第七章 宠物食品第一品牌麦富迪——如何玩转"五力战略" / 131

- 第一节 企业战略：四大阶段演进 / 134
- 第二节 品牌战略：四次升级定位 / 143
- 第三节 品牌传播：强度速度势能 / 150

## 第八章 新锐品牌五个女博士——如何用洞察力实现高增长 / 155

- 第一节 突围之战：如何破局占位 / 157

⊙ 第二节　增长之路：如何站稳脚跟　／ 168
⊙ 第三节　"博士"之智：有何经验可抄　／ 171

第九章　新锐品牌万益蓝——从小赛道切换到大赛道的战略逻辑　／ 175

⊙ 第一节　战略演进：三大发展阶段　／ 177
⊙ 第二节　战略决策：品类选择与切换　／ 179
⊙ 第三节　战略落地：三大要点解析　／ 187

第十章　新锐品牌王小卤——如何精准洞察，重选品类逆天改命　／ 195

⊙ 第一节　战略演化：三个阶段　／ 197
⊙ 第二节　战略决策：四组关键词背后的洞察力　／ 200
⊙ 第三节　进化逻辑：三大战法　／ 208

第十一章　新锐品牌德佑——如何在大赛道找到小切口，杀出重围　／ 215

⊙ 第一节　战略演化：三大阶段　／ 217
⊙ 第二节　战略决策：四大关键　／ 219
⊙ 第三节　战略落地：三大配称　／ 224

第十二章　新锐品牌衬衫老罗——代工厂如何转型做品牌　／ 231

⊙ 第一节　战略演化：三大阶段　／ 233
⊙ 第二节　战略决策：四大关键　／ 235
⊙ 第三节　战略落地：两力要点　／ 240

## 第十三章　新锐品牌观夏——"小而美"的情绪价值品牌，如何破 10 亿　/ 245

- 第一节　初入赛道，高配组合掘金香氛蓝海　/ 249
- 第二节　迎刃而上，根植东方美学开枝散叶　/ 256

## 第十四章　新锐品牌洗脸熊——面部美容赛道的"瑞幸"成长史　/ 265

- 第一节　洞察力：市场盲区，心智空位　/ 267
- 第二节　定位力：洗脸赛道，高频刚需　/ 275
- 第三节　战略配称：配称三力　/ 277

## 第十五章　霸王茶姬——茶饮界的"霸王传奇"，"五力战略"全能冠军　/ 287

- 第一节　洞察力：找到行业机会　/ 290
- 第二节　定位力：锚定趋势品类　/ 297
- 第三节　战略配称：配称三力　/ 300

## 第十六章　鸭鸭羽绒服——4 年从 8000 万到 150 亿的高增长打法　/ 317

- 第一节　重构洞察力　/ 319
- 第二节　重建定位力　/ 324
- 第三节　调整配称三力　/ 326

附录　推荐语　/ 333

参考文献　/ 356

● ○ SHANG PIAN

# 上篇　战略定位篇

战略定位对企业最大的价值，就是帮助其始终做正确的事情，避免其陷入"明察秋毫，不见舆薪；只见树木，不见森林"的自娱自乐的境地而不自知。

# 第一章

## ONE
## 战略的眼睛
## 洞察力

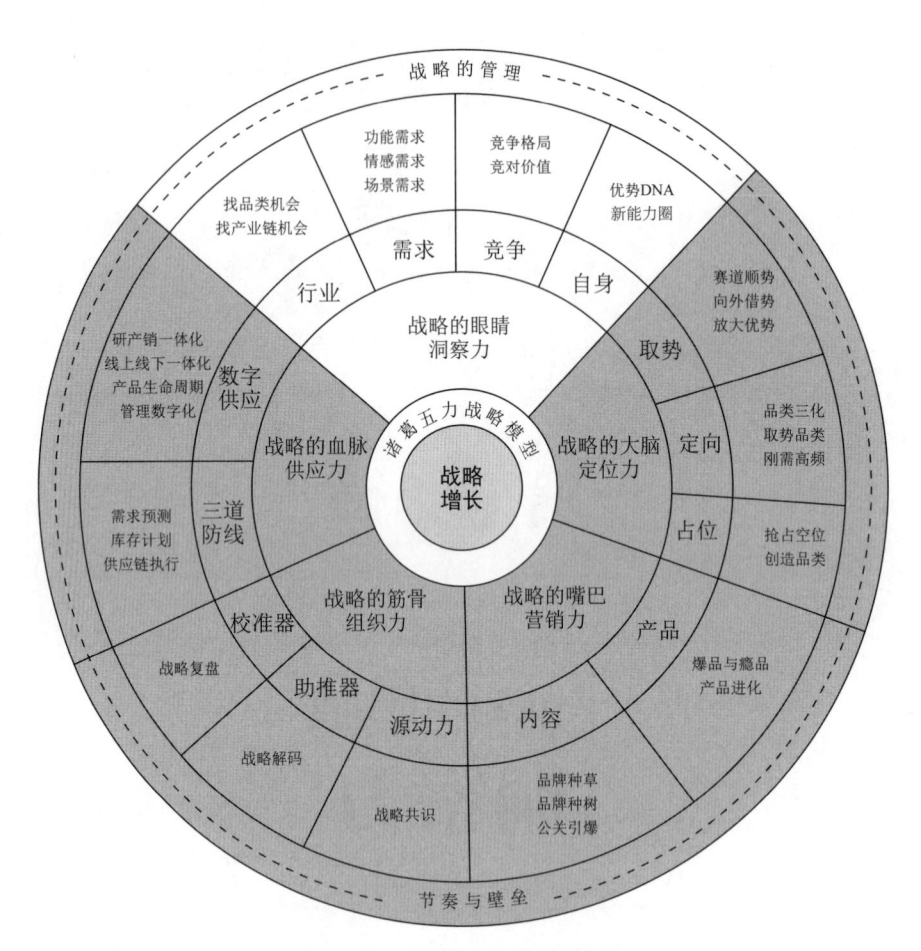

图 1-1　诸葛五力战略模型

"兵者，国之大事，死生之地，存亡之道，不可不察也。""知可以战与不可以战者胜。"——《孙子兵法》

洞察力是指深入分析事物或问题，通过表面现象精确判断出背后本质，从而为制定精准有效的战略定位提供洞察的能力。

洞察跟观察是有本质区别的，通俗来讲，观察靠眼，洞察须用心。观察消费者主要是记录消费者的行为或相关数据，比如淘宝、京东、抖音等平台提供的后台数据分析功能，能够追踪和记录用户的购

# 第一章
## 战略的眼睛：洞察力

物习惯、浏览数据以及互动方式等。而洞察消费者是透过消费者的行为，分析其背后的心理需求、动机和偏好。普通的观察只能发现事物的表象；真正的洞察可以发现事物背后的规律。

同样一份数据报告，不同的人可能洞察到的结论是不一样的。

在辽沈战役中，东北野战军迅速攻下锦州后，立即北上迎战廖耀湘兵团，双方在辽西地区展开了激烈的混战，指挥官要求各部队每天上报战斗情况和战果，以便及时掌握战场动态。

一天深夜，值班参谋正在汇报某部的战况和缴获情况。当读到胡家窝棚战斗的报告时，指挥官敏锐地注意到了三个异常的数据：短枪与长枪的比例、小车与大车的比例、军官与士兵的比例，它们均高于其他战斗。指挥官连问三遍为何这些比例异常，但无人能够立刻回答。

凭借丰富的军事经验和敏锐的洞察力，指挥官断言："敌人的指挥所就在这里！"他指向地图上的胡家窝棚。随后的行动证实了他的判断，廖耀湘的指挥所就在附近，这条"大鱼"最终被成功捕获。

从这个案例中可以看出，观察只是记录人们做了什么，洞察则能回答人们为什么会做。消费者的内心需求如同一座冰山，能观察到的仅是行为、动作等浮出水面的部分，而消费者的真实需求往往隐藏在水面之下，只有深入洞察，才能从根本上了解消费者的购买动机，从而为战略决策提供有效的洞察结论。

战略的起点是找到新的增长机会，增长机会的起点是市场洞察。企业能否发现市场潜藏机会，取决于战略的眼睛——洞察力。通过对行业发展、消费需求及竞争态势全面而深入的理解，市场洞察帮助企业发现潜在机遇，匹配自身能力，规避经营风险，确保战略决策的正确性和前瞻性。搭乘趋势的"电梯"，借东风，使巧劲，是市场给战略勤奋者的捷径。

本章主要从行业洞察、需求洞察、竞争洞察和自身洞察四个维度出发，洞察市场潜在趋势，发现心智空位和战略机会，并结合自身的禀赋为战略输入方向，四维洞察战略机会如图1-2所示。

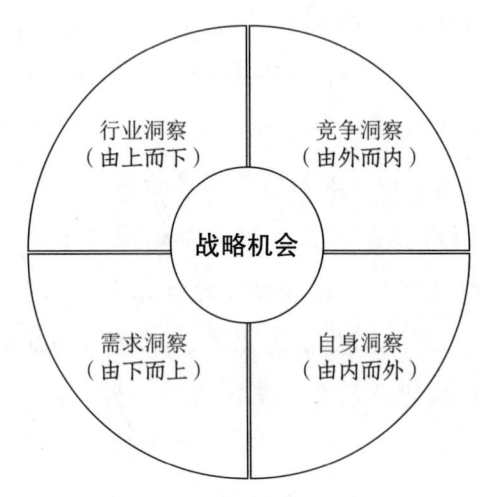

```
         行业洞察        竞争洞察
       （由上而下）    （由外而内）

              战略机会

         需求洞察        自身洞察
       （由下而上）    （由内而外）
```

图 1-2　四维洞察战略机会

# 第一章
战略的眼睛：洞察力

## 第一节 由上而下：行业洞察

行业洞察是通过全面分析特定行业的关键要素和市场动态，为企业决策提供战略性信息，以识别机遇、评估风险并制定有效战略和策略的过程。行业洞察需要考虑宏观经济指标（如 GDP 增长率、人均 GDP、人口结构、利率水平等）、市场规模、集中度、增长率、市场渗透率、政策法律法规、行业老技术的新应用场景、老场景的新技术应用以及新商业模式的影响等。

### （一）俯瞰全局：找品类机会

"遇到问题，多站在更高的维度去审视和思考。"在进行消费品行业洞察时，我们一般遵循一看宏观经济（人均 GDP 等）、二看产业、三看行业、四看细分市场（赛道）、五看品类的原则，层层递进、抽丝剥茧，寻找多种可能的战略机会，行业洞察递进推导如图 1-3 所示。

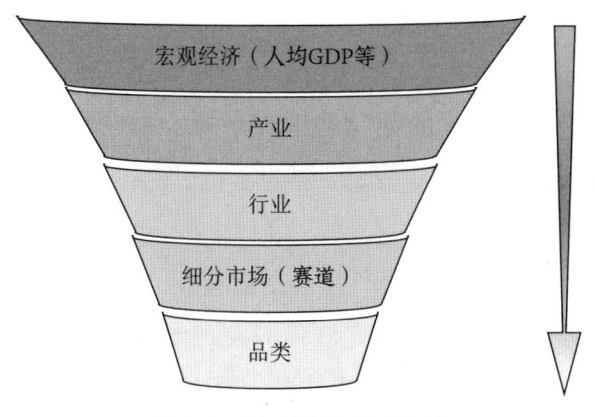

图 1-3 行业洞察递进推导

一位创业者现在想进入健康与保健产业创业，有没有机会呢？如果有机会，他应该从哪个行业、哪个细分市场、哪个品类切入来做呢？类似这样的问题经常出现在我们身边。

针对这个问题，企业该如何由上而下对健康与保健产业及行业进行全链路洞察呢？

第一，宏观经济指标是分析的基石，对消费品行业来说，人均GDP是一个关键数据。在商业世界中，"结构性趋势永远大于运营优势"。企业需要充分考虑这些宏观经济因素，以确保战略决策具有前瞻性和全局性。

历史数据显示，当国家的人均GDP达到一定阈值时，消费结构会发生显著变化，为市场带来新的增长点。以美国为例，其消费模式随着人均GDP的增长，经历了从非耐用品到耐用品，再到服务型消费的转变。值得注意的是，这种消费趋势的转变并非美国所独有，欧美其他国家以及亚洲的日本和韩国也呈现了类似的市场变化。

中国人均GDP于2019年首次突破1万美元，尽管近年来消费市场出现了一定程度的波动，但从长远来看，中国的消费潜力释放将提升对全球经济增长的贡献率。

第二，在此背景下，对照美国、日本、韩国、欧洲国家的经济发展史，预计中国接下来的健康与保健产业、高性价比和高端消费品产业、环保与新能源产业等会迎来大的发展。所以，健康与保健产业的创业方向没有问题。

第三，聚焦健康与保健产业，企业需要识别出哪些行业具有更大的增长潜力。经过深入研究，我们发现健康与保健产业中的无糖茶饮料行业、保健食品与功能性饮品行业、健康管理服务行业、传统中医康养产业、健康家居与环保防疫行业等表现出强劲的增长势头。

# 第一章
## 战略的眼睛：洞察力

我们逐个去研究这些行业，比如在研究日本市场时发现中国的无糖茶饮料行业与日本市场存在高度相似性。1980 年日本人均 GDP 突破 1 万美元后，三得利无糖乌龙茶应运而生，迅速崭露头角，并很快成为日本健康饮料市场的领导品牌。

在中国，无糖茶饮料的发展也呈现出相似的轨迹。尽管农夫山泉早在 2011 年就推出了中国首款无糖茶——东方树叶，并在强大的渠道支持下进行了广泛的市场渗透，但其初期市场表现并不突出，上市后几年均处于亏损状态，然而，随着中国人均 GDP 的攀升和消费者消费观念的转变，东方树叶在 2019 年左右开始迎来销售额的爆发式增长。根据尼尔森相关数据，2023 年东方树叶全年销售额突破 100 亿元，其增速超过即饮茶行业整体增速的 9 倍以上。显而易见，无糖茶饮料的行业增长趋势正盛，这股力量也成就了元气森林等主打健康概念的饮料品牌。

第四，以健康与保健产业中的无糖茶饮料行业为例。经过分析，我们认为在无糖茶饮料行业中，高品质无糖茶饮料、功能性无糖茶饮料、低糖低卡茶饮料、特色口味无糖茶饮料、便携包装无糖茶饮料等细分市场具有更大的发展潜力。

第五，在选定的细分市场中，我们进一步定位具体的品类机会。如在高品质无糖茶饮料细分市场中，无糖植物茶饮、具有特殊功效的高品质无糖茶饮料等品类将会有较大的战略机会。

通过以上一系列的洞察和分析，可以清晰地看到从宏观经济到产业、行业、细分市场以及品类机会的完整逻辑链条。

## （二）扫描结构：找产业链机会

产业价值链展示了产品或服务提供价值的全过程，包括产品研发、原材料采购、生产加工、物流配送、市场销售等各个环节。通过分析产业价值链，企业可以明确自己在链条中的位置，了解上下游企业的情况，从而更好地把握市场动态，优化自身的业务布局。

小米移动电源和理想汽车的崛起，在很大程度上都得益于它们善于洞察产业结构，并找到产业价值链机会。

### 1. 小米移动电源：洞察到尾货电芯的价值

2013年12月10日，小米科技有限责任公司（以下简称小米公司）推出了小米移动电源，这一产品在随后的五年内全球销量突破1亿个，确立了其在全球市场的领导地位。小米公司之所以能够在移动电源领域取得巨大成功，是因为它深入分析了移动电源产业的价值链结构，并精准洞察到了电芯作为整个产业链中的核心价值。

电芯作为移动电源的主要原材料，其成本直接决定了移动电源的生产成本。小米公司最初推出的"4000毫安"移动电源成本较高，销量有限。小米生态链负责人刘德通过市场调研，了解到苹果等公司在出售价格低廉的尾货电芯，这一发现让小米公司意识到电芯尾货的巨大潜力，并预见电芯价值的波动将对移动电源行业产生深远影响。

小米公司面临的一大挑战是如何确保大规模生产的电芯具备稳定性。2013年4月，联想集团成为全球最大的电脑供应商的消息为小米公司带来了转机。刘德洞察到Pad销量的增长和笔记本电脑销量的下降趋势，预见将有大量"18650"标准电芯尾货出现，这为小米公司提供了低成本获取电芯的机会。

小米公司迅速投资了一家电源配件公司，让其转型生产移动电源，并以优惠价格从联想集团、三星集团和LG集团等大厂获取了大量电芯。得益于这些战略举措，小米公司成功推出了69元的高性价比移动电源，仅用10个月便占据了中国市场40%的份额，成为行业领导者。

# 第一章
## 战略的眼睛：洞察力

当然，随着市场环境的变化，小米移动电源面临的新挑战也随之而来。新兴替代品如车载充电器和共享充电宝服务等的出现，正在逐渐改变移动电源在产业链中的价值。这也提醒我们，企业必须持续扫描产业价值链的结构变化，以便及时调整战略，保持市场竞争力，实现可持续发展。

**2. 理想汽车：把"落后的技术"变废为宝**

2023 年，理想汽车以其卓越的业绩在造车新势力中独占鳌头，全年营收 1238.5 亿元，净利润 118.1 亿元。理想汽车自上市以来推出了四款车型，包括理想 ONE、理想 L7、理想 L8 和理想 L9 系列，其中 L 系列在 30 万元价格以上高端 SUV 市场销量上超越了"BBA"，成为市场的领头羊。

这一成绩的背后，是理想汽车创始人李想对产业结构的深刻洞察。回顾 2015 年，当众多中国新能源汽车企业纷纷选择纯电动汽车技术路线时，李想却选择了当时被视为"落后"的增程式电动技术。

李想意识到，要打造一款超越用户期待的电动车，必须同时解决充电难题和高售价问题。他洞察到，尽管雪佛兰的首款增程式电动车沃蓝达 Volt 在美国市场表现不佳，6 年内仅售出不到 10 万辆。但这并不意味着增程式电动技术本身有问题。相反地，他认为增程式电动技术存在产业结构性的机会，雪佛兰增程式电动汽车产品的失败在于其纯电续航能力不足（只有 50 千米左右），且沿用了燃油车的技术研发思路。

凭借对产业结构的深入洞察，李想还预见到随着电池技术的快速发展，增程式电动车的纯电续航能力可以提升至 200 千米以上，这样就能彻底解决城市内纯电续航的问题。因此，他坚持采用增程式电动技术，将油和电的优势结合起来。

另外，从产业结构的成本角度来看，理想汽车在 30 多万元价格的车型中，电池加上增程器的成本仅占整车成本的 25%，而其他纯电动车品牌的电池成本占比高达 40%。这节省下来的成本使得理想汽车的整车价格更具竞争力，并能增加用户高频可感知的价值，如车载冰箱、全系标配的座椅按摩通风、高级别的智能辅助驾驶等。

总之，小米移动电源和理想汽车的成功，都体现了扫描产业结构、寻找并抓住产业链机会的重要性。小米公司通过捕捉电芯尾货的机会，大幅降低了移动电源成本，并以高性价比产品快速占领市场。理想汽车选择"被视为落后"的增程式电动技术路线，结合油和电的优势，降低成本并提供超越用户期待的产品，从而在高端 SUV 市场取得领先地位。

洞察力之行业洞察如图 1-4 所示。

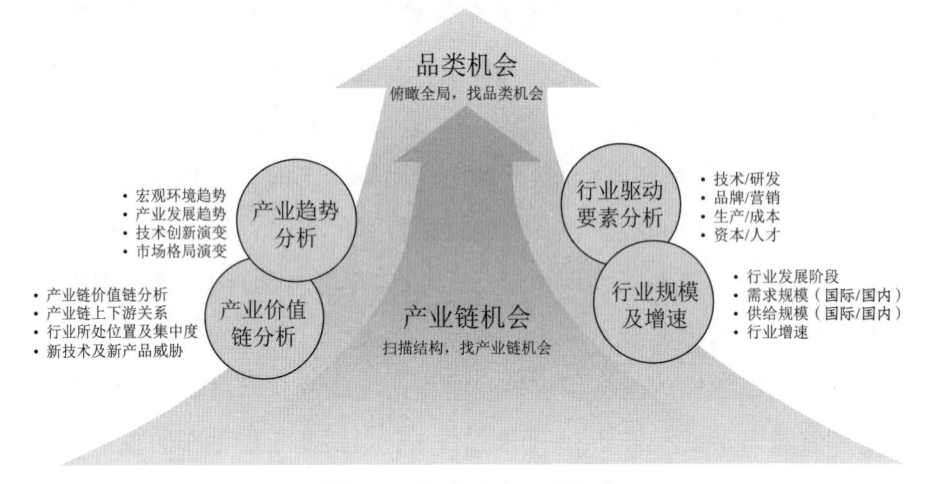

图 1-4　洞察力之行业洞察

## 第二节 由下而上：需求洞察

需求洞察是指对用户需求的深入理解和分析，它超越了表面的用户反馈和简单的数据收集，涉及对用户背景和场景、人性欲望、痛点痒点和爽点、购买动机和行为模式、所获价值和收益等的深层次挖掘。

在对消费品进行需求洞察时，我们一般遵循一看人群（个体）、二看需求、三看品类的原则，由下到上，层层递进，寻找品类的战略机会。

需求洞察递进推导如图1-5所示。

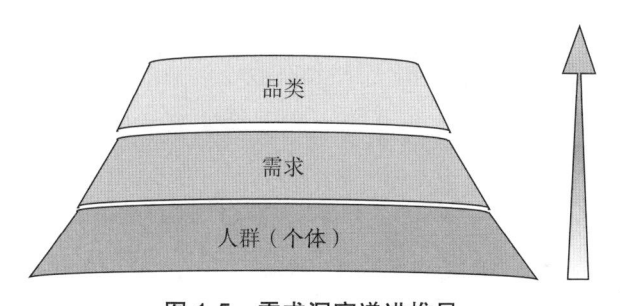

图1-5 需求洞察递进推导

首先，研究不同个体或人群，明确目标人群的主要画像特征，这是需求洞察的起点。

从企业视角来看，需求洞察的核心目的在于发掘战略品类。品类的根本在于满足特定需求，而不同的个体和人群又具有差异化的需求，因此，企业必须深入探究每一个个体或特定人群的需求源头。

从消费者视角来看，需求洞察旨在深入理解消费者的真实购买路径。这一洞察过程的起点，是研究不同个体和人群在特定情境下产生的具体需求，进而促发其寻找具体品类满足需求并完成相关产品的购买行为。

在日常需求洞察中除了常规的定性调研外，企业还要充分利用互联网各平台的定量数据分析功能。以抖音平台为例，抖音后台把人群分为八类：Gen Z（Z 世代）、精致妈妈、新锐白领、都市蓝领、小镇青年、资深中产、都市银发、小镇中老年。

其次，进行消费者需求的研究和分析。独立营销专家"李叫兽"曾经提出过十大需求清单：低价需求、过程体验需求、新颖式需求、便携式需求、可达性需求、定制化需求、性能需求、高端需求、降低风险需求和理想自我需求，这些都是很好的需求分析视角。我们一般从功能需求、情感需求和场景需求三个维度来进行综合分析和研究。

最后，通过需求洞察识别出潜力的品类和战略机会。市场上琳琅满目的产品形态都是为了满足消费者的各种需求，需求洞察的主要目的是从这些产品中精准地识别出那些具有战略价值的品类。

值得注意的是，产品与品类之间存在明显的区别。产品是具体的商品或服务，旨在满足特定的消费者需求。而品类则代表一系列具有相似特征或用途的产品的集合，它体现了消费者对这类产品的共同认知和分类。

以湘菜为例，辣椒炒肉虽然是一道普通菜品，但这道菜在湘菜中具有极高的代表性和受众基础。费大厨敏锐地捕捉到消费者对湘菜日益增长的热爱，因此，他们并未停留在将辣椒炒肉仅视为一款普通产品的层面，而是将其战略性地提升至品类的高度。这一转变不仅更好地回应了消费者对湘菜的期望，也在消费者认知中建立了战略层面的差异化。这种从产品到品类的转变，正是通过深入的需求洞察实现的。

总体来说，需求洞察是由下而上进行思考的，它首先深入研究目标人群的特征，然后逐步分析消费者的具体需求，并最终识别出具有潜力的品类和战略机会。接下来，我们从功能需求、情感需求和场景需求三个方面进行深入诠释。

# 第一章
战略的眼睛：洞察力

## （一）立足之地：盘点功能需求

功能需求是人生存的底层需求，也是市场中最广泛的一个需求层次，大部分品类都要优先考虑在功能维度上是否能洞察到消费者的新需求，找到定位的新机会。

2015年，三顿半在长沙成立，在创立三顿半之前，吴骏和他的朋友们在长沙经营了7年咖啡馆，因此他们对消费者喝咖啡的趋势变化非常敏感。在快节奏的城市生活中，白领们可以在早上或下午冲泡一杯速溶咖啡来提神醒脑，或在有闲时走进咖啡馆，慢慢品尝一杯现磨咖啡，感受咖啡的浓郁香味和午后的惬意。但是Z世代的年轻人们既注重口感，又看重咖啡的便捷性，他们对咖啡的功能性需求在发生着变化。

2018年，三顿半推出的"超速溶精品咖啡"迅速爆红，这款产品的创新之处在于，结合了现磨咖啡的低温萃取技术和医药食品领域的冻干技术，这一独特技术工艺保证咖啡在排除水分的同时，最大限度地保持咖啡原有的风味，咖啡粉只需三秒即可溶于冷水、冰牛奶中，高保真还原了冷萃咖啡的风味和细节。随后，三顿半在经典老牌云集的咖啡市场脱颖而出，并逐步成为年轻人的"社交货币"。

三顿半通过洞察到Z世代人群喝咖啡的新功能需求，利用产业中成熟的老技术，开创了"超速溶精品咖啡"这一新品类，为整个咖啡市场带来了新的活力和发展方向。

类似的案例，比如薇诺娜洞察到敏感肌人群的特殊护理功能需求，利用云南高原特有植物活性成分，如青刺果、马齿苋等，结合先进的现代科技，精心开发出专为敏感肌肤设计的护肤品，找到了"敏感肌护肤品"的战略机会。

从功能需求洞察的维度来看，三顿半和薇诺娜都针对特定消费群体的新需求，结合技术创新，找到了新的品类战略机会。

## （二）进阶之梯：识别情感需求

如果说功能需求满足了马斯洛需求层次理论底层的需求——生理和安全的需求，那么情感需求则是满足中上层的需求——爱和归属、尊重及自我实现。现代社会，人们面临着越来越多的压力和挑战，焦虑、孤独或失落成为普遍体验，"我太难了""鸭梨山大""精神内耗"……一个个网络热词背后彰显的是现代人焦灼的心灵。哪里有需求，哪里就有商机，能够带来心灵安慰和放松的产品与服务越来越受市场青睐，疗愈经济、悦己经济应运而生。

2020年12月11日，泡泡玛特在港交所上市，开盘价77.1港元，较发行价大涨100.26%，市值突破千亿港元。

泡泡玛特的成功，在于其精准地洞察到消费者，特别是年轻群体在情感寄托与收藏方面的浓厚兴趣。这一人群身处繁忙的都市生活，渴望找到一种能够表达情感、获得心灵慰藉的方式。

泡泡玛特针对年轻人对新奇、惊喜和个性化的追求，巧妙地设计了盲盒机制。购买盲盒的过程不仅是对玩具的期待，更是对未知惊喜的探索。盲盒的神秘性和不确定性激发了消费者的好奇心，满足了他们对新奇和惊喜的内在情感需求。泡泡玛特成功地将传统玩具转化为富有情感价值和收藏意义的艺术品。

大众传统品类也可以被赋予情感价值，让品牌获得增长动能。我们的合伙人罗凯亮与头等传媒从0孵化的甜老虎辣酱就是这样一个案例。辣酱在大众认知中非常传统，为赢得年轻消费者的青睐，我们赋予了这个传统辣酱新的情感价值，在与湖南农业大学共同开发好产品的同时，我们在产品包装和价值呈现上，巧妙融合了长沙文化与国潮文化，开创出了一个以湖湘风味为特色的新中式国潮辣酱品类。

甜老虎辣酱在成立后展现出强劲的增长势头，于长沙市五一广场这一核心商圈连续开设了15家线下直营连锁门店。同时，在线上天猫电商平台，其表现同样亮眼，已成功跻身辣酱类目品牌前三名，总销售额突破 6000 万元大关。

2024 年"五一"假期，零食很忙旗下的"超级零食很忙"和"零食很大"两个门店成了"5A 景区"，冲上了热搜。一桶桶、一件件超大零食亮相街头，吸引了众多游客打卡。能"盖"的超大双仔辣片，"扛"着走的大包装奥利奥，"背"着走的卫龙辣条，"抱"着吃的大桶泡面……来长沙市打卡的游客们许多人手一件，成为一道新风景线。

这些巨型零食不仅为人们提供了独特的购物体验，更满足了他们追求新奇、有趣和社交分享的情感需求。人们在购买和携带这些超大零食的过程中享受着与众不同的乐趣，并通过社交媒体进行分享，获得了情感上的满足和认同感。

从情感需求洞察的维度来看，现代社会中人们追求新奇、有趣和社交分享的体验，以寻求心灵慰藉和满足。如泡泡玛特、甜老虎和零食很忙等，都通过精准洞察并满足这些情感需求，创造了品类新价值，实现了市场的阶段性成功。

## （三）触发之境：洞察场景需求

洞察场景需求的意义在于，能够帮助企业或品牌更准确地理解目标消费者在特定环境下的行为模式、心理状态和潜在需求，这种洞察对后续重新定义品类价值、持续提升定位力等都至关重要。

值得注意的是，消费者的场景需求往往与功能和情感需求紧密相连，不能孤立地看待这三者。

浴见是长沙市的一家新消费品牌，目前是身体护理中高端国货头部品牌，其创始人曾带领团队两次走进我们的战略总裁班课堂。

浴见洞察到东方女性与西方女性在肌肤特性上存在显著差异。相较于西方女性，东方女性的皮脂腺更为敏感，皮肤屏障功能也相对较弱。然而，市面上的中高端身体护理产品多以欧美体系为标准，常含有强力清洁或可能破坏皮肤屏障的成分，如高浓度果酸等，这并不适合东方女性的肌肤特点。

为了解决这一问题，浴见从中国特有树种红松中提炼出珍贵的红松籽油，这种油中含有的天然皮诺敛酸对东方女性肌肤具有特别的益处，它不仅能有效调节油脂分泌，还能润养肌肤、帮助修复较弱的皮肤屏障。

浴见通过不断挖掘品牌背后独有的中国元素成分，结合中国文化和东方身份认同等，不仅满足了东方女性身体护理的功能需求，还满足了她们向往轻松自在的生活方式的情感需求，从而形成了品牌独特的理念和差异化价值。

总之，需求洞察是由下而上的。浴见以对高品质生活有追求的东方女性为核心目标人群，以沐浴场景为切入点，结合消费者的功能需求和情感需求，从浴刷和沐浴工具等小众品类逐渐拓展至身体油和护理油两大战略品类。这种由下而上的需求洞察和市场策略，为品牌开辟了广阔的发展空间。

洞察力之需求洞察如图 1-6 所示。

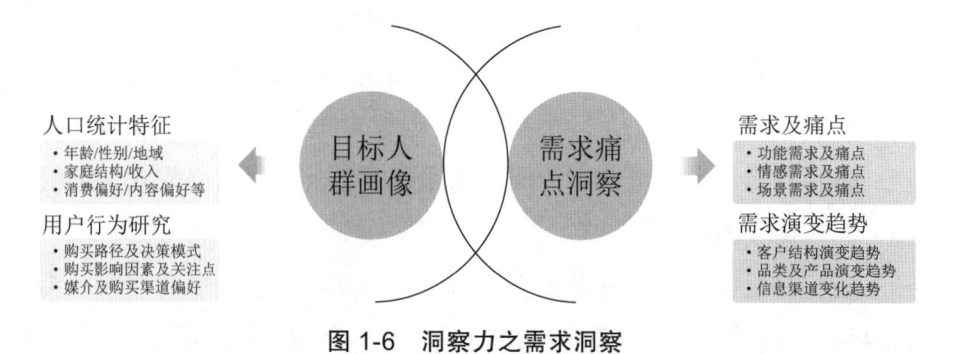

人口统计特征
- 年龄/性别/地域
- 家庭结构/收入
- 消费偏好/内容偏好等

用户行为研究
- 购买路径及决策模式
- 购买影响因素及关注点
- 媒介及购买渠道偏好

目标人群画像 ↔ 需求痛点洞察

需求及痛点
- 功能需求及痛点
- 情感需求及痛点
- 场景需求及痛点

需求演变趋势
- 客户结构演变趋势
- 品类及产品演变趋势
- 信息渠道变化趋势

图 1-6 洞察力之需求洞察

## 第三节 由外而内：竞争洞察

竞争洞察是一个全面分析竞争对手的过程，它涉及深入了解对方的战略定位、营销和运营策略等核心要素。这一过程使企业能够识别市场中的机会与威胁，衡量自身相对于竞争对手的优劣势，并据此调整战略和计划。

《毛泽东选集》第一卷开篇第一句话就是："谁是我们的敌人？谁是我们的朋友？这个问题是革命的首要问题。"

竞争洞察主要分为四大步骤：①界定竞争范围；②厘清竞争格局；③找准竞对价值；④列出备选空位。

竞争洞察筛选路线如图1-7所示。

| 界定竞争范围 | 厘清竞争格局 | 找准竞对价值 | 列出备选空位 |
| --- | --- | --- | --- |
| • 地域范围：全球、全国、区域等<br>• 渠道范围：线上、线下、全域等<br>• 品类范围：品类内、品类外等 | • 学习对象：标杆品牌<br>• 攻击对象：竞争品牌 | • 学习标杆品牌的成功路径与做法<br>• 找到主要竞对的价值和结构性弱点 | • 扫描顾客心智<br>• 盘点现存空位<br>• 研究潜在空位 |

图1-7 竞争洞察筛选路线

具体来说，界定竞争范围就是锁定战场；厘清竞争格局就是知己知彼；找准竞对价值就是学标杆和找到竞对的价值和结构性弱点；列出备选空位就是找到现存或潜在的心智空位（潜在的战略机会）。

商业竞争无处不在，企业发展的各个阶段，竞争对手可能都不一样。如何界定竞争对手，找准竞对价值锚点，建立自己的品牌认知优势，始终赢得顾客的首选，是企业经营的核心命题。

本节主要介绍竞争洞察中两个重要内容：厘清竞争格局和找准竞对价值。

## （一）洞若观火：厘清竞争格局

无论在商战中还是在军事战争中，界定竞争范围、厘清竞争格局都很重要。

1933年10月，毛泽东在《怎样分析农村阶级》一文中，清晰地划分出地主、富农、中农、贫农和工人（雇农）五个阶级及其社会经济地位，在厘清各个阶级相应的革命态度后，清晰地判断了他们在革命中的地位。他认为，无土地又无充足农具的贫农"极易接受革命宣传"。而有土地和有较充足工具的贫农，他们的革命性"优于半自耕农而不及另一部分贫农"。但不论哪一部分贫农都"是我们最接近的朋友"。

在革命战争年代，能否认清社会阶级状况，就如同今天在市场竞争中厘清竞争格局一样重要。毛泽东运用阶级分析法对中国社会各阶级进行了分析，并在此基础上得出了"无产阶级团结一切可能的同盟军进行民族革命"的重要结论。这种对社会阶级状况的科学认识，在当时起到了定海神针、凝聚人心和鼓舞斗志的作用，为后来中国革命的胜利指明了战略方向。

商业竞争也是如此，由于市场随时在发生变化，企业必须时刻洞察竞争格局，找准自身的优势生态位和心智位，让品牌永远处于竞争的有利位置。

2012年7月28日，一家名为黄太吉的煎饼果子店正式开业。这家小店因其独特的营销策略在微博营销元年迅速走红。

随后，黄太吉的火爆程度超出了预期，资本的追逐也随之而来。黄太吉从一个不起眼的餐饮小店，迅速成长为网红餐饮品牌。

# 第一章

**战略的眼睛：洞察力**

2014 年，在资本、欲望和野心的助推下，黄太吉同时推出多个子品牌，殊不知，多品牌导致公司资源分散，在竞争格局中都处于不利位置。

紧接着，2015 年黄太吉又做出了一个重大的决策——投入巨资打造外卖平台。然而，美团、饿了么等外卖平台是黄太吉的重要销售渠道和合作伙伴，但由于对当时的竞争格局缺乏清晰的认识，黄太吉决定自行开发外卖 App，试图从产品品牌转型为渠道品牌。这一战略选择无形中把原本的合作伙伴变成了直接的竞争对手。

结果，这一决策导致各大外卖渠道集体下架了黄太吉的煎饼店。曾经盛极一时的黄太吉因此遭受了巨大的打击，随后烟消云散，令人扼腕叹息。

所以，无论是在军事战争中还是在商业竞争中，对竞争格局的敏锐洞察和精准驾驭都是至关重要的。只有准确把握竞争态势，企业才能在激烈的竞争中立于不败之地。

具体来说，在新消费品牌战略制定过程中，企业该如何厘清竞争格局呢？

以我们服务的一个运动服饰品牌为例。首先，我们要界定竞争范围。竞争战场到底是线上还是线下？是品类内战还是品类外战？如果只是在线上，是天猫或抖音单渠道还是线上全域？如果是品类内战，是品类内哪几个品牌在竞争？当时我们对欧美日等成熟市场运动服饰行业发展趋势进行研究，发现该行业有两大竞争趋势，一个是价格维度，一个是专业和潮流维度，后面我们结合相关报告，摸清了运动服饰竞争格局，如图 1-8 所示。然后我们再从品牌、品类、产品、价格和渠道等维度，逐步锁定了竞争范围。

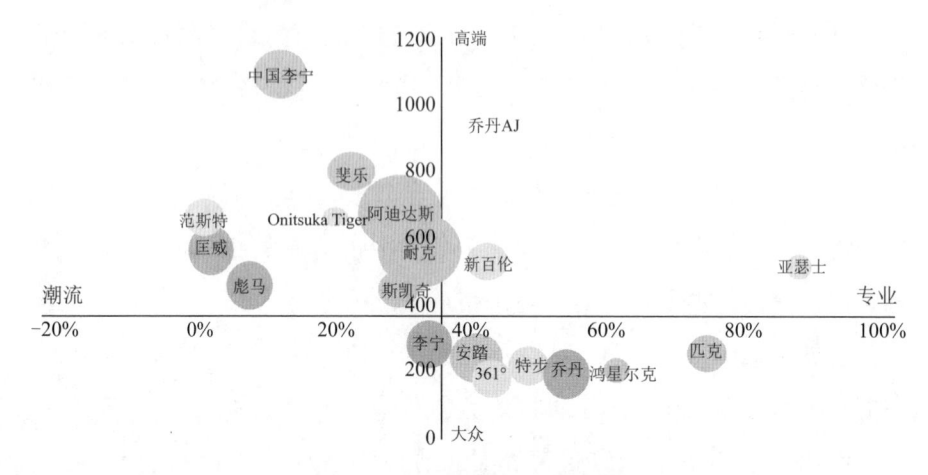

图 1-8　运动服饰竞争格局

最后，进一步厘清竞争格局。在锁定竞争范围后，我们对所有竞争对手逐个进行全方位研究和对比，找到标杆品牌和进攻品牌，真正做到知己知彼、百战不殆，先胜而后求战。

## （二）火眼金睛：找准竞对价值

在界定竞争范围、厘清竞争格局后，竞争洞察还有两个步骤：找准竞对价值、列出备选空位。

在企业发展过程中，竞争对手可能是某个品牌，也可能是具有相似价值特征的某类型品牌。厘清竞争格局、明确竞争对手后，就要对其在顾客心智中的价值进行分析，只有了解了竞争对手的价值点，才能找准品牌自身的差异化价值。

美国有一个创可贴品牌叫邦迪，主打防水阻菌、加速愈合，曾在中国防水愈合创可贴市场上具有统治地位。如果这个时候有企业也想做一个创可贴品牌，会怎么做？"防水愈合"是创可贴的主要价值点，如果该企业也主打"防水愈合"或相似概念，那么将难以脱颖而出。后来者最明智的选择是避开这个强大竞对的价值点，走出一条属

# 第一章
## 战略的眼睛：洞察力

于自己的与众不同的路。云南白药就是这样做的，它在锚定邦迪创可贴的"防水愈合"价值点后，走了另外一条差异化路线，它没有跟邦迪比防水、比愈合，而是借用云南白药"止血效果好"的已有品牌心智资源，直接诉求"云南白药创可贴，有药好得更快些"，"有药好得快"就成了它有效区别于邦迪创可贴品牌的价值点。

找准竞对价值有四个主要步骤。

①全方位扫描消费者的心智，绘制出心智认知地图；
②在心智认知地图上，标好已经被品牌占据的位置；
③识别主要竞争对手的价值点，找到其结构性的弱点；
④在结构性弱点处寻找心智空位或竞争不激烈的位置。

以上说的是以竞争对手单个价值点为锚定对象，我们再讲一种以竞争对手价值链为锚点对象并找寻自身品牌差异化价值的方法。比如开一家经济型连锁酒店，怎么找准竞对的价值链，明确品牌自身的独特价值呢？法国雅高酒店集团旗下的 Formule 1 酒店（简称 F1 酒店）价值或特性集合曲线如图 1-9 所示。

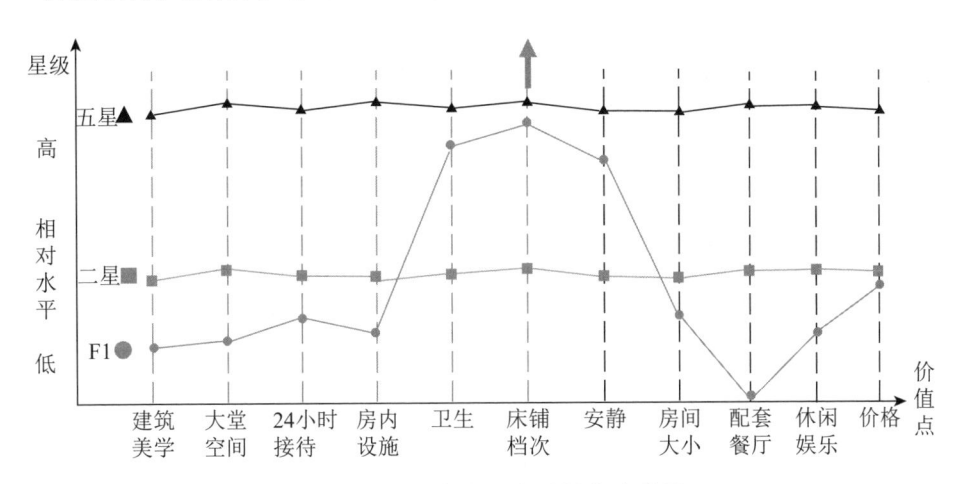

图 1-9 F1 酒店价值或特性集合曲线

如图 1-9 所示，横坐标代表顾客在购买酒店服务时所关心的价值点，也是酒店品类"价值或特性的集合"（建筑美学、大堂空间、休闲娱乐……），纵坐标代表酒店的星级（五星、二星……）。

图中最上面的三角形组成的线条代表的是五星级酒店"价值或特性的集合"（价值链），下面一条正方形组成的曲线是二星级酒店"价值或特性的集合"（价值链）。

法国 F1 酒店以"五星级酒店、二星级酒店"的价值链为锚点，开创了一条属于自己的独特的价值链。这条价值链有什么与众不同呢？如果回到顾客需求角度来思考，其实就比较容易理解了。

针对长期出差在外的商旅客人来说，"睡一宿好觉"是大部分人最核心的需求，跟"睡一宿好觉"相关的价值点就是"床铺档次、卫生、安静"，而其他价值点不仅是冗余的，还大大影响酒店整体运营效率。

于是，法国 F1 酒店把跟"睡一宿好觉"核心需求相匹配的"床铺档次、卫生、安静"三个价值点进行重点加强和投入，并且把其顾客感知价值拉到接近或超过五星级酒店，其他不做过多投入。

法国 F1 酒店集团通过重塑价值链，重新定义了"经济型连锁酒店"的品类价值，并通过其他战略配称动作的加持，迅速成为法国经济型连锁酒店的头部企业。汉庭酒店诉求"爱干净，住汉庭"，背后的战略逻辑跟法国 F1 酒店如出一辙。

值得注意的是，当找准竞对价值点或价值链后，就要锚定它们，然后列出备选心智空位或战略机会（找出在顾客心智中的空位或竞争不激烈的位置）。

总之，厘清竞争格局、找准竞对价值，为寻找心智空位及品牌定位提供了重要的洞察基础。通过这种策略，企业能够避免与竞争对手的直接对抗，在激烈的市场竞争中找到品牌自身的差异化价值，并创

# 第一章
## 战略的眼睛：洞察力

造出新的市场空间，从而实现可持续发展。

洞察力之竞争洞察如图 1-10 所示。

step1 画出竞争格局地图
step2 剖析主要玩家及其优劣势
step3 研判潜在进入者
step4 分析新技术威胁

厘清竞争格局 — 找准竞对价值

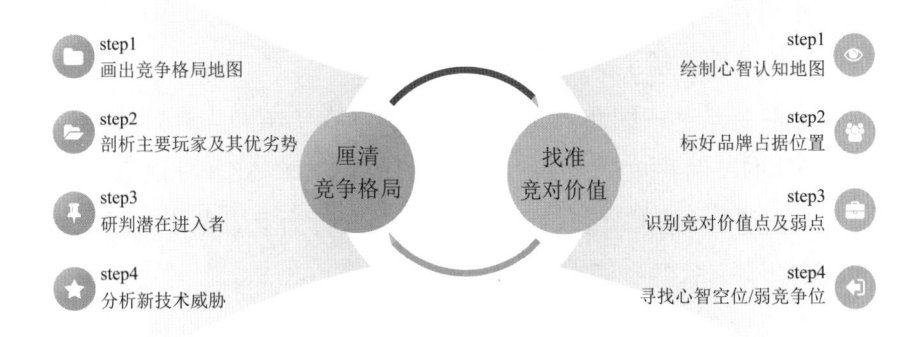

step1 绘制心智认知地图
step2 标好品牌占据位置
step3 识别竞对价值点及弱点
step4 寻找心智空位/弱竞争位

图 1-10　洞察力之竞争洞察

## 第四节 由内而外：自身洞察

毛泽东在其著作中多次强调，分析问题应从内因和外因两个维度进行。他明确指出，内因是问题存在的根本和主要原因，而外因仅是促成问题的条件，居于次要地位。

自身洞察是从内因角度出发，是企业深入了解其内在特质和潜力的洞察（DNA 洞察）。正如人类与黑猩猩的 DNA 序列相似度高达 99%，但正是 1% 的差异造就了两者在生理和行为上的显著区别，企业之间的竞争差异往往也源自其独特的 DNA。

企业自身洞察有两个主要目的：其一在于如何更好地匹配在行业、需求和竞争洞察中发现的战略机会；其二在于如何超越现有业务范畴，探索更多战略机会，利用企业 DNA 中的优势，拓展新的能力圈和市场领域。第一个目的比较容易理解，本节主要就自身洞察的第二个目的来进行探讨。

### （一）优势挖掘：寻找优势 DNA

企业 DNA 并不是指具体的物理实体，而是指那些能够决定企业特性、行为和发展模式的抽象元素，如企业文化、决策模式、行业认知、创新基因、运营能力等方面。接下来我们列举一个关于企业 DNA 的反思案例：西贝快餐项目。

2012 年，西贝抓住购物中心发展趋势，创新性地将上千平方米的城市郊区传统大店模式，转型为购物中心内 300 平方米左右的精品店模式。西贝对外不压供应商货款，引领供应商提升食材标准，做到良币驱逐劣币；对内实行创业合伙人模式，给予核心高管巨额的年终奖励，把利润分给奋斗者。2023 年西贝餐饮集团整体营收超 62 亿元。

## 第一章
### 战略的眼睛：洞察力

不难看出，从各个维度上来说，西贝都是一家优秀的正餐领域企业。

但正餐投资大、扩展慢，为实现"西贝在全球开出10万+门店"的梦想，自2015年起，西贝投入巨资进入快餐领域，先后尝试了包括燕麦工坊、燕麦面、超级肉夹馍、酸奶屋、弓长张、贾国龙功夫菜和贾国龙中国堡在内的8个快餐项目，但均以失败告终。目前其在尝试第9个快餐项目——贾国龙小锅牛肉，正处于探索阶段。

西贝在快餐领域面临的挑战或许可以用乡村基创始人李红的话来解释："我这一辈子只做快餐，绝不做正餐，因为我身上没有正餐的基因。"这句话启示我们，西贝可能正受到其成功的正餐基因的束缚，难以真正理解和把握快餐行业的本质。

快餐与正餐在运营模式、消费者需求和市场策略上存在显著差异。西贝在正餐领域的成功经验未必能够直接应用于快餐市场。快餐行业对出餐速度、便捷性和成本控制的要求更高，而这些可能并非西贝的企业DNA优势。

我们也看到很多做工厂的老板转型去做一个消费品牌，最后的结果往往是10个有9个会失败，赔了夫人又折兵。这背后更深层次的原因就在于，工厂老板在成本管理和质量控制方面可能拥有深厚的专业知识和实践经验，这些能力在制造业领域至关重要，然而当他们转向消费品牌经营时，对战略、品牌、营销等领域的认知其实比较陌生，面对的是全新的挑战，这些挑战往往超出了他们原有的认知和能力范围。

总之，对企业DNA的洞察至关重要，企业需要深入了解自身的优势和局限，并在不同的市场环境中做出适应性调整。同时，企业在追求多元化发展时，应避免将原有经验简单照搬，而应结合自身DNA优势，制定符合市场特点的策略，实现可持续发展。

## （二）优势辐射：建立新能力圈

当企业认清自身DNA中的核心优势后，在条件具备的情况下，可以尝试通过"同心辐射"的策略，将自身的能力扩展到更广泛的领域。对那些DNA优势明显的企业来说，这无疑是一种强有力的战略手段，既能够巩固现有优势，又能建立新能力圈，开拓新的发展空间。当然，认清自身DNA中的劣势并进行规避和提前处理也很重要，比如西贝快餐项目。

自身洞察能力辐射如图1-11所示。

企业DNA识别
财务资源识别
技术能力识别
组织实力识别

企业DNA
内核能力

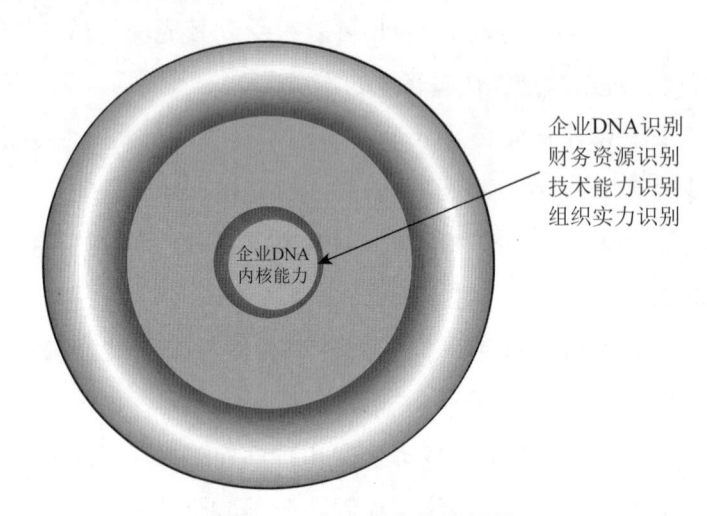

图1-11　自身洞察能力辐射

在商业世界中，不少企业通过深度挖掘并放大自身的DNA内核能力，成功实现了业务版图的拓展，如本田、云南白药和洽洽食品等，它们运用同心辐射思维，将核心优势从原有的业务领域辐射至新的市场，获得了更大的发展空间。

本田早年以制造纺织机械起步，逐渐发展成为全球领先的发动机制造公司。本田在"发动机制造"技术上不断创新和优化，并运用同心辐射思维，把"发动机制造"技术DNA逐步拓展至汽车、摩托车、

# 第一章
### 战略的眼睛：洞察力

割草机、火箭和汽艇等多个领域，都取得了不错的成绩。如本田汽车在2023年以397万辆的销量，位列全球汽车销量排行榜第七名；本田目前是全球销量第一的摩托车品牌。

云南白药则是凭借其"高效止血"的核心能力和心智资源，赢得了广泛的市场认可。该品牌没有满足于在止血药品领域的成功，而是将这一能力和心智资源同心辐射至中药、创可贴、牙膏等多个品类。特别是云南白药系列牙膏，近年来已成为企业净利润的重要来源，展现了同心辐射思维的巨大商业价值。

洽洽食品股份有限公司（以下简称洽洽）作为瓜子行业的领军企业，也通过同心辐射思维实现了业务的成功拓展，不仅在瓜子包装市场占据半壁江山，更将其在品牌营销、渠道管理、供应链控制等方面的DNA优势成功辐射至坚果品类，尤其是"每日坚果"系列产品。自2017年推出小黄袋每日坚果以来，该品类的迅猛增长为企业带来了新的利润增长点，也进一步巩固了洽洽在食品行业的领先地位。

综上所述，本田、云南白药和洽洽的成功案例充分展示了同心辐射思维在企业发展中的重要作用。通过深入挖掘并放大企业的DNA内核能力，不仅可以在原有行业内扩大能力圈，更可以实现跨行业的能力迁移，为企业带来新的发展机遇。

洞察力之自身洞察如图1-12所示。

挖掘优势DNA，辐射拓展新能力圈

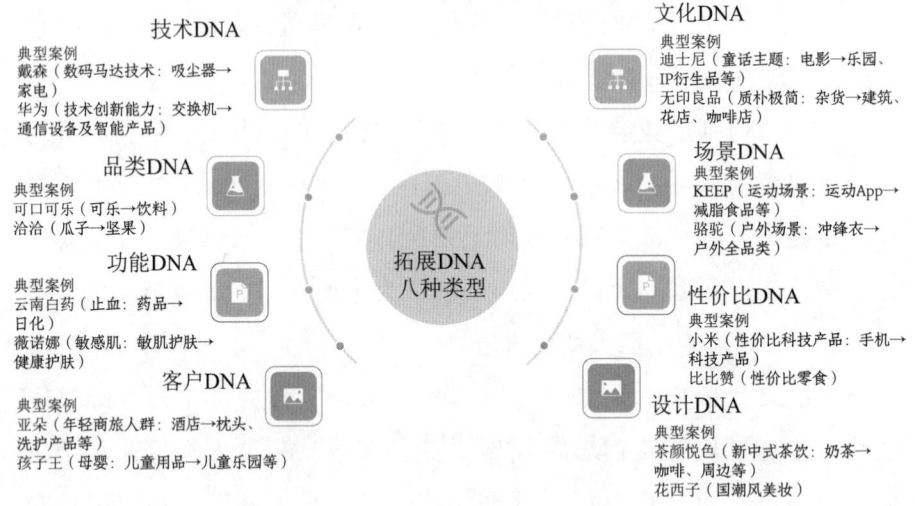

**技术DNA**
典型案例
戴森（数码马达技术：吸尘器→家电）
华为（技术创新能力：交换机→通信设备及智能产品）

**品类DNA**
典型案例
可口可乐（可乐→饮料）
洽洽（瓜子→坚果）

**功能DNA**
典型案例
云南白药（止血：药品→日化）
薇诺娜（敏感肌：敏肌护肤→健康护肤）

**客户DNA**
典型案例
亚朵（年轻商旅人群：酒店→枕头、洗护产品等）
孩子王（母婴：儿童用品→儿童乐园等）

**文化DNA**
典型案例
迪士尼（童话主题：电影→乐园、IP衍生品等）
无印良品（质朴极简：杂货→建筑、花店、咖啡店）

**场景DNA**
典型案例
KEEP（运动场景：运动App→减脂食品等）
骆驼（户外场景：冲锋衣→户外全品类）

**性价比DNA**
典型案例
小米（性价比科技产品：手机→科技产品）
比比赞（性价比零食）

**设计DNA**
典型案例
茶颜悦色（新中式茶饮：奶茶→咖啡、周边等）
花西子（国潮风美妆）

拓展DNA
八种类型

图 1-12　洞察力之自身洞察

## 洞察力实操 小贴士

A. 洞察的主要分类（见表1-1）

表1-1　洞察的主要分类

| 名称 | 解决问题 | 应用场景 | 内容要点/类型 |
|---|---|---|---|
| 进入性洞察《××可行性研究报告》 | 做不做（Yes/No） | • 投资<br>• 转型<br>• 进入新市场 | • 行业：宏观环境、行业现状、痛点及趋势<br>• 竞争：竞争格局、主要玩家及其优劣势<br>• 需求：需求规模、需求偏好、演变趋势等<br>• 自身：自身基因、进入优势及短板分析<br>• 结论：进入机会及风险、可行性评估、投产比预判 |
| 策略性洞察《××行业营销策略报告》 | 怎么做（How） | • 品牌及营销策略<br>• 产品策略<br>• 投资策略<br>• 商业模式设计<br>• …… | • 行业：产业链及结构、行业规模及增速、趋势及壁垒<br>• 竞争：竞争格局、标杆企业/直接竞对分析<br>• 需求：人群画像、需求分类及评估、潜在需求挖掘<br>• 自身：对标杆/直接竞对的找差关差分析、自身优势挖掘<br>• 结论：品牌/营销/产品等模块策略建议 |
| 描述性洞察《××市场零售监测报告》 | 当前什么样（Now） | • 了解产业链<br>• 了解新赛道/风口<br>• 了解竞争格局<br>• 了解标杆/竞对<br>• 了解消费者喜好<br>• 评估品牌/广告<br>• …… | • 产业链构成及代表企业<br>• 行业市场结构及市占率<br>• 赛道/风口现状及典型案例<br>• 标杆研究/竞对分析<br>• 消费者行为研究<br>• 效果评估及监测（广告投放评估/运营监测等）<br>• …… |

续表

| 名称 | 解决问题 | 应用场景 | 内容要点/类型 |
|---|---|---|---|
| 趋势性洞察《××行业未来5年趋势研究报告》 | 未来什么样（Future） | • 寻找发展新机会<br>• 洞悉市场新变化<br>• 战略规划制定<br>• …… | • 宏观趋势（PEST）<br>• 中观趋势（产业/行业）<br>• 微观趋势（消费者）<br>• 洞察结论 |

### B. 洞察的六种方式（见图1-13）

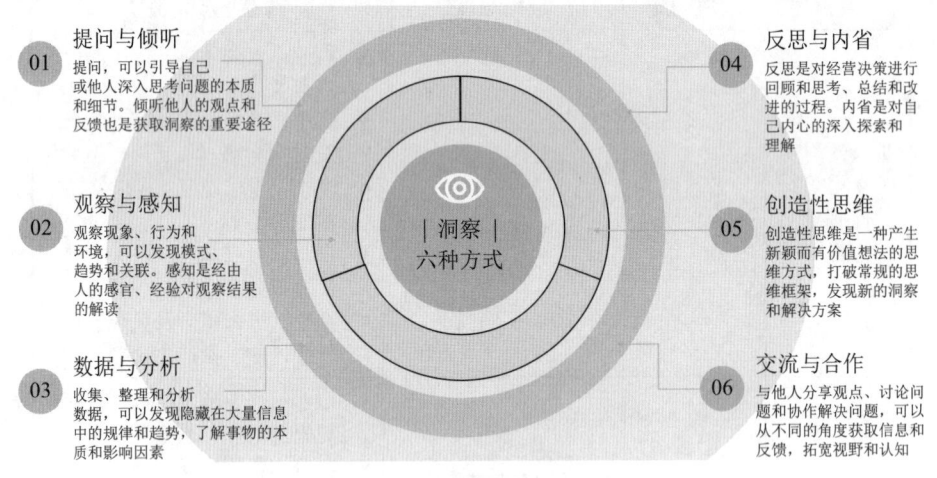

**01 提问与倾听**
提问，可以引导自己或他人深入思考问题的本质和细节。倾听他人的观点和反馈也是获取洞察的重要途径

**02 观察与感知**
观察现象、行为和环境，可以发现模式、趋势和关联。感知是经由人的感官、经验对观察结果的解读

**03 数据与分析**
收集、整理和分析数据，可以发现隐藏在大量信息中的规律和趋势，了解事物的本质和影响因素

**04 反思与内省**
反思是对经营决策进行回顾和思考、总结和改进的过程。内省是对自己内心的深入探索和理解

**05 创造性思维**
创造性思维是一种产生新颖而有价值想法的思维方式，打破常规的思维框架，发现新的洞察和解决方案

**06 交流与合作**
与他人分享观点、讨论问题和协作解决问题，可以从不同的角度获取信息和反馈，拓宽视野和认知

图1-13 洞察的六种方式

### C. 洞察的数据来源（见图1-14）

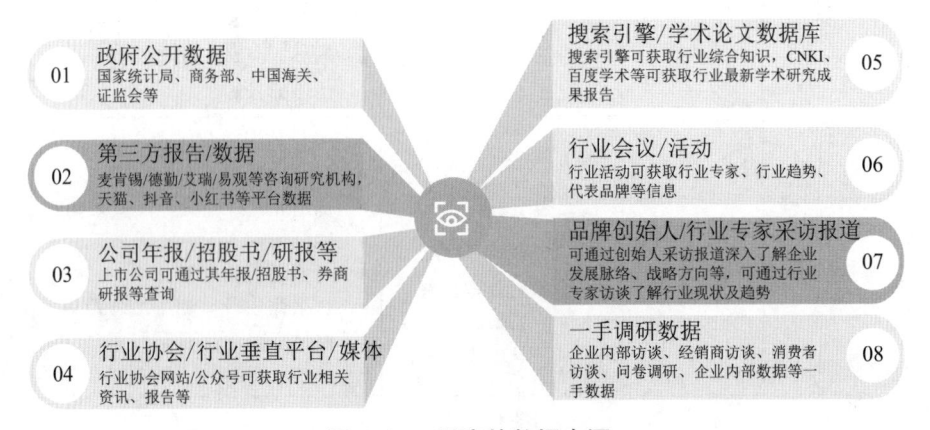

**01 政府公开数据**
国家统计局、商务部、中国海关、证监会等

**02 第三方报告/数据**
麦肯锡/德勤/艾瑞/易观等咨询研究机构，天猫、抖音、小红书等平台数据

**03 公司年报/招股书/研报等**
上市公司可通过其年报/招股书、券商研报等查询

**04 行业协会/行业垂直平台/媒体**
行业协会网站/公众号可获取行业相关资讯、报告等

**05 搜索引擎/学术论文数据库**
搜索引擎可获取行业综合知识，CNKI、百度学术等可获取行业最新学术研究成果报告

**06 行业会议/活动**
行业活动可获取行业专家、行业趋势、代表品牌等信息

**07 品牌创始人/行业专家采访报道**
可通过创始人采访报道深入了解企业发展脉络、战略方向等，可通过行业专家访谈了解行业现状及趋势

**08 一手调研数据**
企业内部访谈、经销商访谈、消费者访谈、问卷调研、企业内部数据等一手数据

图1-14 洞察的数据来源

# 第一章
## 战略的眼睛：洞察力

### D. 洞察的四大步骤（见图 1-15）

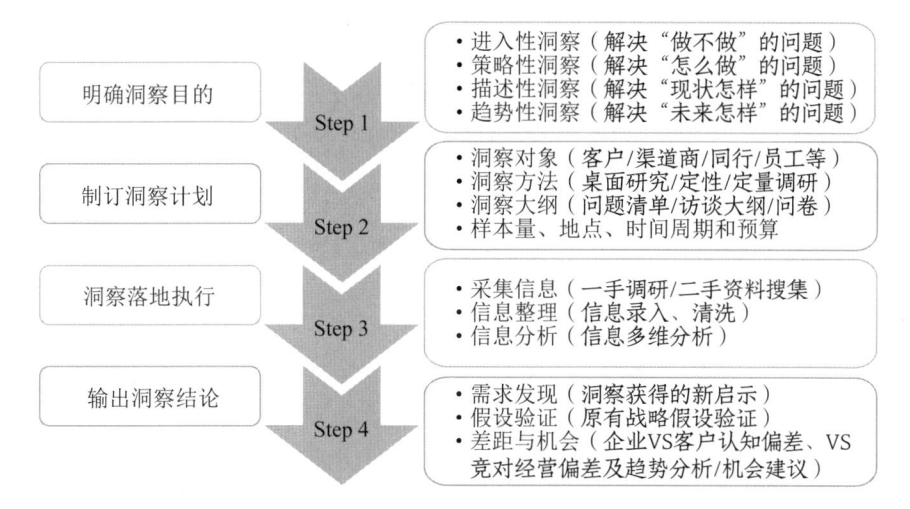

**Step 1** 明确洞察目的
- 进入性洞察（解决"做不做"的问题）
- 策略性洞察（解决"怎么做"的问题）
- 描述性洞察（解决"现状怎样"的问题）
- 趋势性洞察（解决"未来怎样"的问题）

**Step 2** 制订洞察计划
- 洞察对象（客户/渠道商/同行/员工等）
- 洞察方法（桌面研究/定性/定量调研）
- 洞察大纲（问题清单/访谈大纲/问卷）
- 样本量、地点、时间周期和预算

**Step 3** 洞察落地执行
- 采集信息（一手调研/二手资料搜集）
- 信息整理（信息录入、清洗）
- 信息分析（信息多维分析）

**Step 4** 输出洞察结论
- 需求发现（洞察获得的新启示）
- 假设验证（原有战略假设验证）
- 差距与机会（企业VS客户认知偏差、VS竞对经营偏差及趋势分析/机会建议）

图 1-15　洞察的四大步骤

**本章小结**　洞察力就是战略的眼睛。

在激烈的市场竞争中，寻找心智空位和战略机会需要企业持续关注。洞察力作为诸葛五力战略模型的首要能力，对企业全面而深入地洞察市场至关重要。为此，企业须从四个维度出发：由上而下的行业洞察、由下而上的需求洞察、由外而内的竞争洞察以及由内而外的自身洞察。这四个维度相互交织，共同指引着企业寻找心智空位和战略机会的方向。

# 第二章

## TWO
## 战略的大脑
## **定位力**

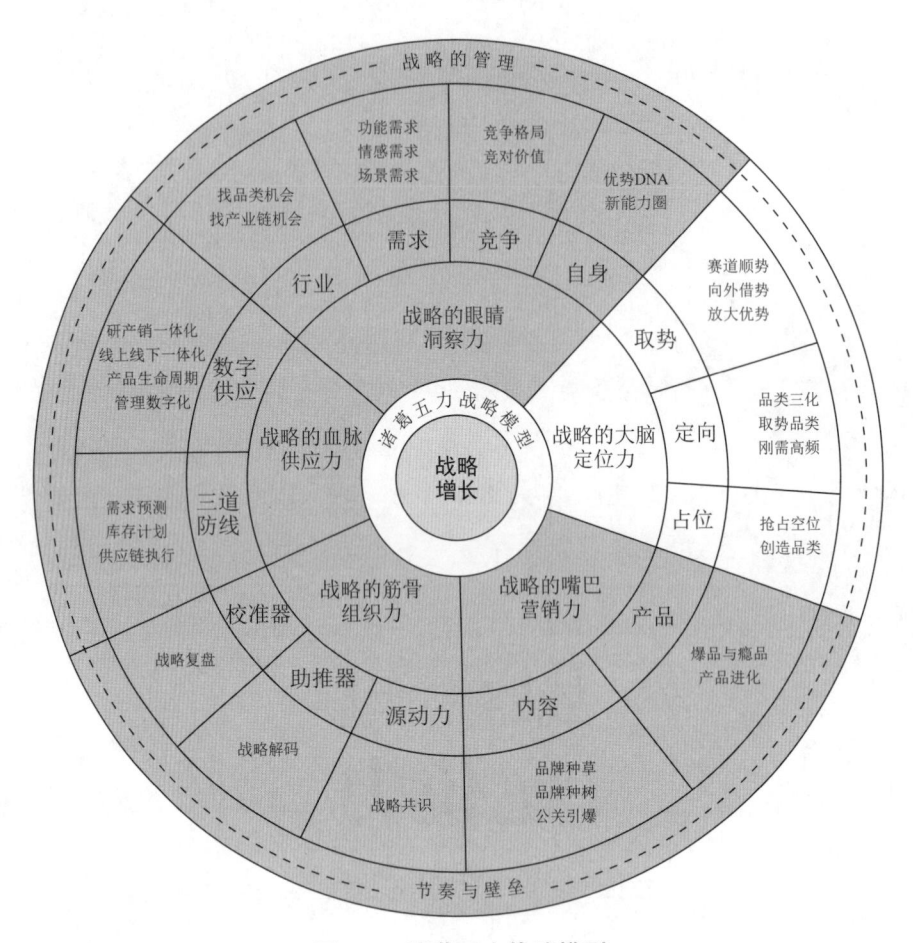

图 2-1 诸葛五力战略模型

"故善战者,求之于势,不责于人,故能择人而任势。""上兵伐谋,其次伐交,其次伐兵,其下攻城。"——《孙子兵法》

定位力指的是企业在激烈的市场竞争中,通过洞察行业、需求、竞争和自身,找到顾客心智中的空位或竞争不激烈的位置,通过品牌去占据这些有利位置,以建立品牌差异化和持续竞争优势的能力。

定位力是战略的大脑,它在企业战略制定和执行过程中起着至关重要的作用,对企业明确市场目标、塑造品牌形象、指导产品开发、优化

## 第二章
### 战略的大脑：定位力

营销策略、提高决策效率、实现差异化竞争等具有重要价值。

在第一章洞察力部分，由上而下、由下而上、由外而内和由内而外的洞察，都是为了识别出潜在的战略机会，但是在众多的机会面前，企业到底该怎么选择呢？这就是本章需要回答的问题。我们总结的方法是：取势、定向和占位。

# 第一节 取势：顺势者昌、逆势者亡

中国著名宏观经济"周期天王"、中信建投前首席经济学家周金涛先生，因成功预测了2007年次贷危机、2013年房地产周期拐点，以及2015年全球资产价格动荡等一系列事件，让其在行业中声名鹊起。周金涛先生当年有一句名言叫"人生发财靠康波"，意思是，每个人的财富积累一定不要以为是自己多有本事，其实完全来源于经济周期运动带来的机会。

对企业经营而言，不同阶段的经济周期会产生不同的影响，正如季有春夏秋冬、人有生老病死，周期是客观存在的，虽然每次的长度和深度不完全相同，但经济总是从繁荣到衰退周而复始地发生着，每个人都深处其中，"历史不会重演，但总压着同样的韵脚"。

从宏观层面来说，如何让企业顺应周期、穿越周期，是每一个致力基业长青的企业必须面对的课题。

从微观层面来说，企业学会驾驭趋势、顺势而为，将变成在寻找定位、制定战略时需要考虑的首要问题。趋势、借势和优势是取势的三个关键。

## （一）趋势：赛道顺势

"世界潮流，浩浩荡荡，顺之则昌，逆之则亡！"正所谓"时势造英雄"，制定战略一定要善于顺势而为，借势而行，乘势而起，不重视趋势的力量就会落伍，甚至被淘汰。

美团创始人王慧文2020年在清华做了一个题为《规模效应、马太效应和战略选择》的主题演讲，他提到一个观点：制定战略，千万不要忽视趋势的力量。

## 第二章
### 战略的大脑：定位力

王慧文说当年美团为了拿下外卖业务，前前后后总共花了大概 130 亿元，近 20 亿美元，当时的投资人觉得王慧文在外卖业务上的投入过于激进了，但是当美团打赢外卖商战后，投资人都觉得这个钱花得超值。

这是为什么呢？因为后面外卖业务在美团体系中的估值是 1000 亿美元，用 20 亿美元换来 1000 亿美元，可以说性价比非常高。

美团经过估算，认为外卖是会成长为和淘宝一个量级的生意，而投资人对外卖市场的发展判断完全不一样，没有看到未来市场的巨大增长趋势。

又如新消费品牌花西子，通过敏锐捕捉东方美学复兴、社交媒体和国潮崛起等多个趋势的力量，并结合自身的品牌特点和产品优势，成功实现了品牌在激烈的化妆品市场竞争中脱颖而出。

相反地，忽视趋势的代价可能是惨重的。人人网曾是中国最大的社交网络之一，但随着移动互联网的兴起和其他社交平台的发展，人人网在转型和创新方面显得迟缓，它未能及时跟上行业趋势，没有加强移动端的产品研发和用户体验，逐渐失去了用户和市场份额，从而被市场淘汰。

诺基亚曾是功能手机市场的领导者，享有极高的市场份额和消费者忠诚度。然而，面对智能手机的时代来临，诺基亚未能及时调整其产品设计和用户体验来满足新兴的市场需求和趋势。结果，苹果和三星等品牌凭借创新的智能手机迅速超越，而诺基亚手机逐渐失去了市场地位，最终退出了历史舞台。

汇源果汁曾以其高浓度果汁和健康形象深受消费者喜爱。但在消费升级趋势下，消费者对健康果汁的要求日益提高，趋向于选择更天然的鲜榨果汁。汇源果汁未能及时布局 NFC 果汁市场（非浓缩还原果汁，将新鲜原果洗净压榨出果汁，经杀菌后直接灌装，完全保留了水果原有的新鲜风味），在时代趋势面前接连败退，创始人出局，公司负债超百亿元。

企业在取势及制定战略时，必须充分考虑市场、需求、人群、品类、场景、渠道和媒介等多方面的趋势。将定位建立在趋势之上，才能事半功倍，实现企业的长远发展。反之，忽视或误判趋势，则可能付出沉重的代价。

## （二）借势：向外借势

在物理学中，势能是物体由于其位置或状态而存储的能量。它与物体的移动或运动状态无关，而与物体相对于某个参考点的相对位置或条件有关。势能有几种不同的类型，比如重力势能、弹性势能、化学势能、电势能等。势能可以通过适当的机制转换为动能，即物体因运动而具有的能量。这种转换遵循能量守恒定律，即在一个封闭系统中，能量既不能被创造，也不能被消灭，只能从一种形式转换为另一种形式。

定位要善于借势，利用潜在势能，并在营销过程中把势能转化为动能，实现品牌真正的动销和增长。

对消费品来说，有一种势能常常被大家所忽视，那就是心智资源，其是经由历史积累而形成的心智中具有相对优势认知的资源，把品牌定位建立在心智资源上，本质上就是"择高而立，占据制高点"。

一个国家具备的优势认知经积累便形成了国家心智资源，如法国的红酒、瑞士的手表、中国的茶叶和丝绸等。同样地，不同区域的优势认知也能造就各自所独有的心智资源，如云南普洱茶、山西醋、内蒙古大草原等。从微观层面来看，"心智资源"也包括对某个品类和品牌的认知积累，甚至是普遍记忆。

换句话说，企业从事的事业和寻找的定位方向，最好有心智资源和认知优势，这样战略定位才有"以一敌十，四两拨千斤"的效果。

## 第二章
### 战略的大脑：定位力

飞鹤奶粉凭借其精准的定位，成功借用了"中外宝宝体质不同，一方水土养一方人"的心智资源。"更适合中国宝宝体质的奶粉"这一定位广告语，如同一把钥匙，精准地打开了消费者的心智之门，并将这一心智资源源源不断地转化为品牌发展的强大动能，推动了飞鹤奶粉在市场上的迅速发展。

同样地，近几年，位于乌兰察布市的兰格格乳业也通过精准的定位，借用了消费者心中潜在的心智资源，实现了品牌的快速发展。乌兰察布市位于北纬 40°～43° 的黄金奶源带，拥有得天独厚的自然条件，包括适宜的昼夜温差、充足的日照时长以及优质的牧草资源。兰格格乳业充分利用这些自然优势，将自己定位为"兰格格草原酸奶"，调用了"草原奶源优质性"的心智资源。这一定位为兰格格草原酸奶的发展注入了动力，推动了品牌的迅速崛起。

而在知识分享领域，罗振宇的《时间的朋友》跨年演讲也通过独特的定位，成功借助了心智资源之势。自 2015 年 12 月 31 日在北京水立方首次举办以来，该演讲已经连续举办了 9 年，成为知识跨年的一大盛事。罗振宇通过精准把握每年最后一天这个特殊的文化母体、讲述引人入胜的共享故事、充分展示传统记忆符号以及创造独特的仪式感等方式，成功地将演讲与听众的心智资源紧密结合。这种独特的定位不仅提升了演讲的品牌影响力，也开创了知识分享领域的先河。

除了心智资源这种容易被大家忽视的潜在势能外，还有很多定位借势的方法，如借地理位置之势、借用户反馈与口碑之势、借历史故事与人物之势、借节日或热点之势、借互联网技术之势、借竞品之势、借个人 IP 之势、借大牌联名之势等。如果能综合借好这些势能，任何品牌实现突围都存在极大可能性。

我们从 0 孵化的"刘端香青树坪米粉"就是综合借势从而实现品牌崛起的一个成功案例。

湖南省娄底市双峰县青树坪镇，是中国 40 多万个乡镇中普通的一员，总人口不到 7 万人，当地人喜欢吃镇上的米粉，"青树坪米粉"选用纤细而质地紧密的青树坪干粉，加上精心熬制的汤料和盖码，米粉韧性十足、爽口，汤汁油而不腻、辣而不燥。虽然这种特色的产品在中国广袤的土地有很多，但如何把这么小众的产品推向全国，做成一个全国性品牌，实则是一个比较有挑战的事情。

朱增辉老家就是青树坪镇的，基于对发扬家乡特色产业的深厚情怀，他联合青树坪米粉第三代传人龙金玉联合办厂，以朱增辉老妈名字为品牌名的"刘端香青树坪米粉"正式推出。从 2024 年 2 月上市以来，借助"青树坪米粉"品类的历史沉淀心智资源、视频号的流量红利和朱增辉个人 IP 在湖南省企业家圈层的影响力等综合势能，品牌逐步在身边朋友及青树坪镇、双峰县和娄底市等原点人群中破圈，"刘端香青树坪米粉"随即入选抖音香辣速食榜 TOP20，视频号"青树坪米粉"品类第一名，同时也成为湖南米粉在抖音、视频号破万单最快的速食米粉品牌。

### （三）优势：放大优势

木桶原理又称短板理论，是由美国管理学家彼得提出的一个观点，其核心思想在于一个组织的效能受限于其最弱环节。然而，在战略制定的过程中，这一理论可能会产生误导。如果说管理侧重于弥补不足，那战略的核心就在于发挥自身的优势，而非仅仅关注补齐短板。

2014 年 12 月上映的《鸣梁海战》中，朝鲜舰队竟然以 12 艘战舰打败了日本的数百艘战舰。12 艘对决数百艘，表面上看难以破局，但朝鲜舰队却有一个关键优势：战舰质量好且水兵经验丰富，所以单艘战舰的战斗力很强。如何才能发挥朝鲜舰队的优势（单艘战舰的战斗力强），并且限制敌方的优势（战舰数量多）？

## 第二章
### 战略的大脑：定位力

朝鲜舰队最后找到了一个可以"扬长避短"的地方，就是鸣梁海峡。鸣梁海峡水流湍急且十分狭窄，一方面，朝鲜舰队可以最大化地发挥自己战舰的质量优势（水流湍急，一般战舰很难航行）；另一方面，狭窄的海域创造了更多一对一对决的机会，限制了敌方发挥数量优势。最终，朝鲜舰队以少胜多，击败了数量庞大的日本舰队。

"鸣梁海战"这一历史事件给企业的启示是，优秀的创业者在面对竞争时，不应盲目跟随对手或仅仅专注于补齐自己的短板。相反地，他们应该深入思考如何找到自己的优势生态位，最大化地发挥自身的优势，同时使得自身的劣势变得不那么关键。

在面对传统胶卷市场迅速萎缩的趋势下，与柯达公司形成鲜明对比的是，富士胶片及时调整战略，利用其在胶片技术中积累的专业优势，如抗氧化技术、纳米技术等，成功转型进入护肤品、医疗健康和高性能材料行业等领域，如推出了护肤品牌艾诗缇 ASTALIFT 和生物细胞培养基等产品，让企业重获生机，成功实现转型。

值得一提的是，很多企业优势的发掘往往不在办公室里，而在终端一线。稻盛和夫说，"答案在现场，现场有神灵"。任正非说，"让听见炮声的人去呼唤炮火"！老板电器早些年陷入与方太电器的胶着竞争中，始终没有找到能打动消费者的差异化定位，直到一家咨询公司进场到一线进行市场调研后，一位门店销冠的销售动作被重视。这位销冠描述，"只要我用这个板子演示我们油烟机的吸力效果，客户就能成交，就算当场不成交，客户回去之后也会给我打电话说要那款能吸木板的油烟机"。所以，老板电器后来聚焦"大吸力"油烟机，并放大"大吸力"的优势认知，帮助老板电器超越方太电器，成长为中国厨电市场里油烟机品类之王。

总结来说，企业在面对市场竞争时要学会发现优势、放大优势，并把优势转化为市场的核心竞争力。

## 第二节 定向：把握规律、精选方向

彼得·德鲁克曾说："任何成功的企业，其成就和其所具备的潜力相比较而言，都是微不足道的。"而企业如何才能最大限度地释放自己的潜力呢？把握商业规律，选择最适合自己的方向最为重要。本节主要阐述在完成市场洞察及取势后，企业如何把握规律，精选方向，界定品类。

### （一）演化规律：品类三化

品类是消费者在考虑购买决策时，对产品或服务进行的最后一级分类，它是消费者心智中对产品或服务的基本识别单位。品类的存在，为消费者在众多选择中快速找到满足特定需求的产品或服务提供了便利，同时也为品牌在激烈的市场竞争中找到差异化的路径和定位提供了可能。

品类不仅是区分竞争对手的界限，也是统一消费者共识的基础，更是降低品牌与消费者之间交易成本的关键。品类的背后代表着消费者的需求，消费者通过品类来思考，而通过品牌来表达自己的选择。例如，在炎热的夏天，消费者想要降温，他们脑海中会浮现出扇子、电风扇、空调等不同的品类，这些品类都能满足降温的需求，但每个品类所提供的价值和体验是不同的。比如当消费者决定选择空调这一品类后，他们的脑海中会浮现出格力、美的等品牌，最终可能基于对格力品牌的认知和信任选择购买格力空调。这就是消费者的真实购买路径：从需求到品类，再到品牌。

消费者对某一品类的第一联想，往往决定了品牌的客流基数和市场潜力。因此，品类的准确把握对企业制定有效的品牌战略至关重要。

需要注意的是，品类的划分不应仅仅基于行业中的专业分类，而应从消费者的角度出发。行业中的专业分类如白色家电、智能家电、服饰、口腔护理产品、管家机器人、厨房电器等往往过于宽泛，不能精准对接消费者的具体需求。相反地，从消费者视角出发的品类分类，如空调或冰箱（白色家电）、取暖器或电饭煲（智能家电）、T恤或内裤（服饰）、牙刷或漱口水（口腔护理产品）、扫地机器人（管家机器人）、油烟机或燃气灶（厨房电器）等，更能准确反映消费者的需求和购买意愿。

企业在制定战略时，应深入理解消费者心智中的品类分类，只有以此为基础构建品牌定位，才能更有效地与消费者沟通，满足其需求，从而建立差异化的竞争优势。

品类作为商业战略的核心抓手，不仅承载了满足消费者需求的功能，还展现了其作为商业物种的自然演化属性。品类演化通常包含三大方向：进化、分化和退化，这些方向为品牌提供了成长、创新和转型的路径。

品类的进化意味着品牌通过不断迭代产品价值，更好地满足目标顾客的需求。例如，苹果手机的持续迭代，从第一代到如今的第十五代，正是品类进化的典型体现。品类的每一次进化都伴随着技术革新和用户体验的升级，使得品类价值得以做大做强。

品类的分化是市场发展的必然趋势。随着技术升级迭代、人群需求细分以及场景细分等条件的出现，品类会自然分化出新的子品类或细分市场。这种分化为新兴品牌提供了弯道超车的机会。最近几年，许多新品牌如做原叶鲜奶茶的霸王茶姬、做零食量贩集合店的零食很忙、做湿厕纸的德佑、做东方植物香氛的观夏、做无尺码内衣的ubras等，都是抓住了品类分化的机遇，迅速崛起成为市场中的佼佼者。

品类的退化是品类背后的需求出现不可逆的萎缩。当面对品类退化的挑战时，品牌需要及时兑现品类红利，并寻找新的增长点。诺基亚就是一个典型的例子。在功能性手机品类衰亡之际，诺基亚迅速转型到 5G 通信服务领域，成功跨越了企业非连续性的增长，如今已成为华为在海外的重要竞争对手。

企业应密切关注品类的演化趋势，以便在激烈的市场竞争中找到自己的立足点，并实现可持续发展。通过深入洞察品类演化的方向，企业可以制定更具前瞻性的战略，把握市场机遇，推动品牌不断成长和创新。

## （二）首选方向：趋势品类

对中小企业而言，当洞悉清楚品类的演化规律后，如何精选方向选择品类呢？我们的建议是，趋势品类是第一选择。趋势品类是指那些因市场变化、技术进步或消费者偏好转变而需求日益增长的产品或服务，趋势品类有一个典型特征：市场现在小，但未来大。

2007 年，长城汽车进军轿车领域，开始了著名的"307 计划"，长城汽车计划从 2007 年 6 月 1 日到 2010 年 12 月 31 日，用 3 年 7 个月的时间，计划投资 100 亿元，把轿车品质做到国际同类产品水平，期间计划销售 100 万辆车。

随后，被寄予厚望的长城精灵轿车、长城炫丽轿车、长城酷熊轿车等车型纷纷上市，但结果事与愿违，其盲目推出的轿车并不被消费者认可，销售惨淡。

当轿车业务出师不利，长城公司在 2008 年导入了战略定位咨询，经过行业调研、竞争格局、顾客需求和自身能力四个维度的综合分析后，咨询公司说服长城汽车逐步放弃了已经投资几十亿元的轿车业务，聚焦到 SUV 品类上来，并启动专家品牌哈弗，最后成就了长城汽车 5 年间销售额从 80 亿元增长到 1000 亿元，净利润曾超过保时捷，

## 第二章
### 战略的大脑：定位力

成为汽车行业第一。

为什么哈弗能创造这样的商业奇迹，最关键的是长城汽车切换了赛道，聚焦到SUV这样一个趋势品类上。SUV之所以在当时成为一个趋势品类，核心原因有三个：①在美国近40年的汽车发展史中，轿车业务市场占有率逐年萎缩。而SUV品类的市场占有率从1965年开始逐年上升，到2006年已经翻了将近6倍。对比美国成熟市场的汽车品类发展史可以明显看出，当时SUV虽然在中国的市场份额不到5%，但属于市场现在小但未来大的趋势品类；②当时虽然也有其他汽车品牌在做SUV，但是没有哪一家把其作为战略性品类进行聚焦投入；③长城汽车是做皮卡起家的，具有打造专业SUV汽车的实力和基础，放大自身的优势就是最好的战略。

今天的长城汽车，通过企业战略不断发现众多趋势品类及定位机会，打造了坦克、长城炮等新品牌，当然也由于没有all in布局新能源汽车这个最大的趋势性赛道，正在错失巨大的战略机遇窗口期。而蔚来、小鹏和理想等没有任何造车经验的新势力品牌，却借助着新能源汽车的趋势品类之风乘势而起。

要特别注意的一点是，趋势品类跟潮流型品类是两个概念，趋势品类是缓慢增长的潜力品类，而潮流型品类容易昙花一现，火一两年后可能就烟消云散了。8个消费品牌所属品类列举如表2-1所示。

表2-1　8个消费品牌所属品类列举

| 序号 | 品牌名 | 品类（趋势型或潮流型） | 所属行业 |
| --- | --- | --- | --- |
| 1 | 百丽 | 黑天鹅马丁靴 | 时尚鞋履 |
| 2 | 帕森 | 一体式黑框墨镜 | 眼镜 |
| 3 | 鸿星尔克 | 石墨烯黑科技服饰 | 户外运动 |
| 4 | 阿道夫 | 零硅油洗发水 | 个人护理 |
| 5 | 官栈 | 植物奶小嫩胶 | 生鲜 |

续表

| 序号 | 品牌名 | 品类（趋势型或潮流型） | 所属行业 |
|---|---|---|---|
| 6 | 大希地 | 原切家用牛排 | 生鲜 |
| 7 | 认养一头牛 | 认养模式 | 乳饮料 |
| 8 | 原始黄金 | 新疆原产驼奶 | 乳饮料 |

## （三）次选方向：刚需高频

趋势品类无疑是创业者的首选，紧随其后的是刚需高频型品类。

刚需高频型品类可分为"强品类"和"弱品类"两种，这两种品类都蕴含着巨大的市场潜力，但针对不同的创业者或企业，其选择策略应有所不同。

如果企业有运营和资金能力，建议选择刚需高频强品类。比如元气森林的唐彬森，他的战略定位哲学就是"红海法则"，因为红海意味着市场大、机会多，所以他选择了饮料这个强品类大赛道，并创新地使用天然甜味剂（如赤藓糖醇）替代传统糖分，推出了"0糖0卡0脂"的元气森林，聚焦资源，乘势而起。

中小企业建议选择刚需高频弱品类。由于中小企业欠缺资金和能力，无法在大品类中与大品牌竞争，因此最佳的方式就是采用"农村包围城市"策略，从小切口切入大赛道。比如小鹿妈妈从小小的牙线这个刚需高频弱品类开始，做到全国第一后逐步切入口腔健康大赛道。

自2020年起，我们为一家专注于篮球运动服饰的创业型企业提供战略咨询服务。该企业选择了篮球运动这个大赛道，但是这个赛道十分拥挤，行业前五名市场占有率达到70%～80%，竞争激烈，对手不是耐克、阿迪这样的跨国巨头，就是李宁、安踏这样的国内巨星，作为身上只有10万元的创业者，到底该如何进行战略破局呢？他们最初就是选择篮球运动赛道里面非常弱的篮球袜品类切入的，虽然当时篮球袜在天猫和淘宝的全部市场容量仅约 1.5 亿元，非常小众，但篮球袜属于刚需高频弱品类，能吸引精准的篮球运动爱好者消费，正是由于这个战略选择和品类聚焦，加之该企业不断在篮球袜产品上进行创新，做精做透，以点带线、带面，并逐步切入运动袜、篮球服饰等品类，2023 年这家新锐篮球运动品牌的销售额已达到数亿元。

除了刚需高频，刚需低频品类要视情况而定，无论是强品类还是弱品类，客单价都要尽可能相对高。

2024 年 3 月，年销售额曾经达 8 亿元的网红品牌熊猫不走宣布破产，令人惋惜。一家企业的生死存亡有很多因素，如果从高频或低频这个视角来看，生日蛋糕这个品类，先天具有低频需求，跟消费者链接的触点密度太小，并且熊猫不走在一个低频需求的赛道里，切单一场景、单一需求、低客单价、低复购率，从而造成高获客成本、高运营成本等，这也许就是它破产的一个潜在因素。

总之，企业在选择战略方向时，应优先考虑趋势品类和刚需高频品类。强运营和资金能力强者可选强品类，中小企业适合弱品类。刚需低频品类须谨慎选择，尽量确保客单价较高。

# 第三节　占位：抢心智位、争当第一

万事俱备，只欠东风。我们在前文用了大量的篇幅阐述如何洞察，如何取势，如何定向，最后的落脚点都在品牌定位，也可以理解为品牌占位。

在信息大爆炸的今天，消费者面临众多的选择，品牌一旦占据顾客心智中的优势位置，就更容易被消费者识别和记忆，从而在购买决策时成为首选，并且能让品牌与竞争对手区分开来，形成独特的品牌认知，降低品牌与顾客的沟通和交易成本，获得长期发展的差异化竞争优势。

以探寻内衣市场的品牌占位机会为例。企业需要进行市场洞察，据此绘制出内衣市场的品类分化图，从品类分化图中找到趋势位和空白位，趋势所在的心智空位就是最佳品牌占位点。

内衣品类分化如图2-2所示。

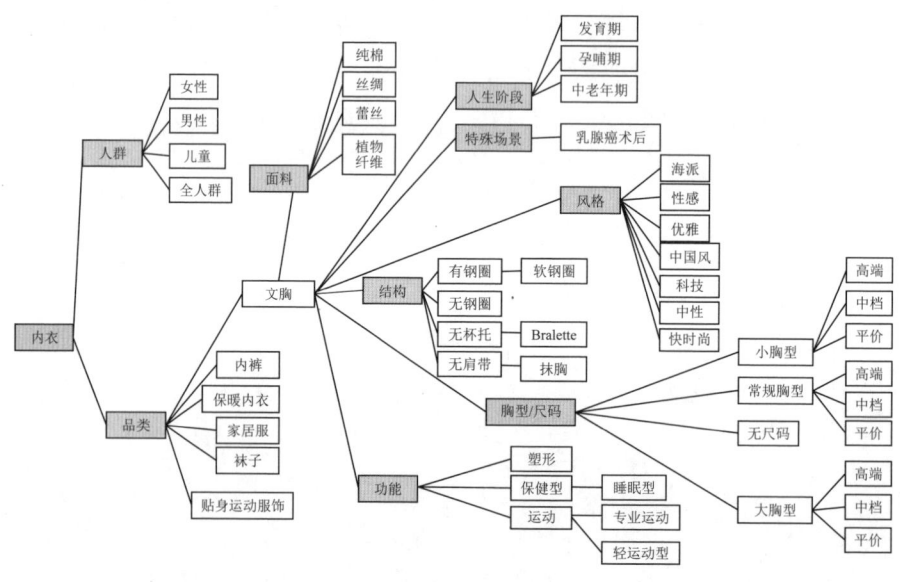

图2-2　内衣品类分化

## 第二章
### 战略的大脑：定位力

内衣作为日常穿着中不可或缺的一部分，其品类分化日益细化。

从目标人群角度来看，内衣可分为女性内衣、男性内衣、儿童内衣和全人群。值得注意的是，在这四个细分市场中，国内尚未出现具有显著心智份额的代表品牌，这为新的品牌提供了抢占心智空位的机会。

若从产品品类来细分，内衣又可分为文胸、内裤、保暖内衣、家居服、袜子和贴身运动服饰。在这些品类中，保暖内衣、家居服和袜子已有明确的代表品牌，如"猫人""红豆"和"浪莎"等。然而，内裤和贴身运动服饰两个品类仍缺乏代表性品牌，这同样是潜在心智空位的机会所在。

进一步聚焦文胸品类，若从面料角度来看，有纯棉、丝绸、植物纤维等多种选择，且各自已有如"全棉时代""金三塔"和"有棵树"等品牌占据一定市场份额。小众面料如蕾丝也有"LOU"等品牌进行深耕。

从风格角度来看，文胸市场同样丰富多彩。无论是海派风格的"古今"，还是性感的"维秘"，或是优雅的"爱慕"，以及科技感十足的"蕉内"和舒适至上的"内外"，都体现了消费者对个性化和舒适度的追求。

文胸还往胸型和尺码方向进行了分化。小胸型、常规胸型、大胸型以及无尺码文胸，每一种都有相应的市场追随者。特别是大杯文胸市场，"奶糖派""Comfit"和"HSIA 遐"等品牌已经各自占据了一定的心智份额，而无尺码内衣的代表"ubras"也受到了消费者的喜爱。

尽管上述品牌在某些细分市场中已有一定的影响力，但整体而言，它们的心智份额并不高。这为新兴品牌提供了切入市场、抢占消费者心智的机会。

此外，文胸市场还有更多分化的可能性。按功能划分，如塑形、保健型、运动等特定用途的文胸；按人生阶段设计，如针对发育期少女、孕妇、中老年女性的专用文胸；甚至还可以针对特殊使用场景，如为乳腺癌术后患者设计的文胸等。这些细分市场目前仍存在大量的心智空白，亟待有远见的品牌去发掘和占据。

综合上述分析，内衣市场，尤其是文胸市场仍然充满了商机。对有意进入该行业的企业来说，了解品类的分化方向和潜在的心智空位机会和找准品牌定位和差异化竞争优势，将是成功的关键。

定位的核心就是洞察分化趋势、精准识别并占据消费者心智中的有利位置。定位的两种主要方式为：抢占空位（抢占老品类或特性）和创造品类（开创新品类），这也是品牌把握战略机会点的两大主要方法。

## （一）宣示主权：抢占空位

当一个品类处在成长发展期，还没有哪个品牌占据时，心智空位明显，最佳的定位方式就是直接抢占空位，也可以理解为抢占品类或某特性，品类或特性都是品牌的心智流量入口。

抢占老品类是新消费品牌的常用策略。妙可蓝多进军儿童奶酪市场时，行业龙头为外资品牌百吉福，但由于后者没有在顾客心智中占据儿童奶酪这个品类，因此给了妙可蓝多战略机会，2019年妙可蓝多销售额为1亿元左右，百吉福销售额超10亿元，但不到3年时间，妙可蓝多聚焦抢占儿童奶酪的品类第一，销售额增长30多倍，市值超100亿元，成为儿童奶酪品类的心智代名词，心智份额和市场份额遥遥领先，重塑了整个行业竞争格局。

还有如王小卤勇夺"虎皮鸡爪"品类之冠，奶糖派独领"大杯文胸"风骚等，皆是抢占品类的典范之作。它们通过定位发现了这类老品类在顾客心智中头牌位置的空缺，于是发动市场战役，在空荡无人的品类心智山头插上了自己品牌的旗帜，抢占品类第一位置，宣示品类主权，摘取胜利果实。

若品类市场规模庞大，而品牌自身的运营能力尚显薄弱，该品牌可选择直接抢占品类中尚未被占据的、更具价值的特性。比如洗发水品类有许多特性：去屑、柔顺、防脱发等，而这些特性目前都有品牌成功占据，比如海飞丝占据去屑的特性、飘柔占据柔顺的特性、霸王占据防脱发的特性等，如果企业想做一个新锐洗发水品牌，那么最佳的方式就是避开这些特性，去抢占还没有被品牌占据的品类新特性，比如无硅油、香氛等趋势特性都是打造新品牌的机会。

在抢占老品类或特性时，最常用的三种方法是：直接抢占、关联法和对立法。

### 1. 直接抢占

市场上已经有某品类或特性存在，但是没有哪个品牌在顾客心智中占据，这个时候品牌可以利用资金、渠道、管理等方面优势直接抢占，致力于让品牌成为该品类或特性的代名词。如前面讲的妙可蓝多、王小卤、奶糖派等，还有最近几年比较火的白小T等，都是直接抢占品类或特性的典型代表。

### 2. 关联法

企业先找到顾客心智中的强势价值点，这个价值点有三种类型——"强势品牌、价值品类或优势认知"，然后再进行关联，关联有三种方式。

（1）关联"强势品牌"。

比如青花郎直接关联茅台：青花郎，中国两大酱香白酒之一。

（2）关联"价值品类"。

比如东阿阿胶直接关联人参和鹿茸两大价值品类，直接提升了阿胶的品类价值：滋补三大宝——人参、鹿茸与阿胶——《神农本草经》。

（3）关联"优势认知"。

比如固安工业园关联"天安门"这个优势认知：固安工业园，天安门正南五十千米。

### 3. 对立法

对立法的精髓在于精准界定竞争对手，并找到竞争对手强势背后结构性的弱点，然后攻其所不守。

百事可乐以"年轻人喝的可乐"，对立可口可乐"中老年人喝的可乐"；宝马以"驾驶乐趣"，对立奔驰的"乘坐舒适"；巴奴毛肚火锅以"产品主义"，对立海底捞火锅的"服务主义"等。

企业应该认识到，品牌定位并没有一成不变的好与坏、对与错，只要能匹配顾客需求、创造顾客价值、建立品牌优势认知和市场地位的，就是好的定位。正如东汉时期蔡伦改进造纸术，他所造的纸以"书写专用纸"为定位，颠覆了传统的书写材料，成功取代了竹简和缣帛。而蔡伦的哥哥蔡莫，虽然造纸技术不如蔡伦，生产的纸张也粗糙，但他却巧妙地将自己的产品定位为"焚香烧纸专用纸"，最终也在市场上取得了成功。

我们鼓励企业在品牌定位上不断探索和尝试，直到找到最适合自己的定位，并不断提升品牌的定位力，逐步建立起品牌的系统性竞争优势。

## （二）从无到有：创造品类

创造品类是指开创新品类并成为该品类的代表，这是打造新品牌非常有效的方法，适合大部分中小型企业。但也是风险比较大的一种方式，风险主要来自对需求的洞察和对真伪需求的辨别。

简单来说，开创新品类就是发现并重新定义新需求。新品类开创者如果能抓住机遇，往往能成为新赛道的引领者和领导者。

某些品类随着市场规模发展壮大，非主流需求达到经济可行规模，于是市场上会出现一些产品，针对性地满足这些非主流需求，实现差异化竞争。而当这些差异显著到产生"认知隔离"时，就会分化为一个新品类，这就是"品类分化"，而品类分化是开创新品类最大的动力来源。

苹果是智能手机的开创者，特斯拉是纯电动车的开创者，农夫山泉是天然水的开创者。

新品类开创者在市场中拥有多方面的价值，包括市场先行优势、制定行业标准、品牌与品类关联、创新引领者形象以及高利润和增长潜力等。这些价值有助于品牌在激烈的市场竞争中脱颖而出，实现长期的发展和成功。

在诸葛五力战略模型中，创造品类（开创新品类）主要有四种方法：增加、减少、剔换和创造。如表 2-2 所示。

表 2-2 创造品类（开创新品类）的四大方法

|  | 方法简述 | 举例说明 |
| --- | --- | --- |
| 增加 | 在原有品类基础上增加或增强某些功能或特性，创造新品类 | 传统音箱仅用于播放音频。智能音箱在普通音箱的基础上增加了语音识别、智能家居控制、信息查询等智能功能。这些新增功能使得智能音箱不仅是一个音频播放设备，还能成为家庭中的智能中心，控制其他智能设备，提供天气查询、新闻播报等服务 |
| 减少 | 在原有品类基础上减少不必要的功能或特性，简化产品，形成新品类 | 传统榨汁机体积庞大，功能复杂，操作烦琐。便携榨汁机通过减小体积、简化功能，将榨汁机的核心功能保留在一个便于携带的杯子中。用户只需将水果放入杯中，盖上盖子，按下按钮，即可轻松榨出新鲜果汁。这种减少元素的方式使得便携榨汁机成为一种新型、便捷的榨汁工具 |

续表

| 方法简述 | 举例说明 |
| --- | --- |
| 剔换 | 替换或剔除原有品类中不符合市场需求或技术发展的功能，创造更精准的新品类 | 在饮料市场中，无糖饮料就是一个通过剔换传统饮料中的糖分，以满足消费者对健康、低糖饮食需求的创新品类。无糖饮料的出现，不仅满足了消费者的健康需求，也推动了饮料市场的多元化发展 |
| 创造 | 基于市场需求、技术发展或消费者习惯的变化，创造全新品类 | 无人机快递是一种全新的物流方式。它通过无人机技术，实现了快速、便捷的快递配送服务。无人机快递不仅解决了传统快递配送中的拥堵和延误问题，还能在偏远地区实现快速配送。这种基于新技术和市场需求创造的全新品类，不仅提高了物流效率，也为消费者带来了全新的体验 |

塔斯汀和足力健通过巧妙地"剔换"和"创造"品类特性，成功开创了新品类，从而在消费者心智中占据了有利位置，实现了品牌的迅速崛起。

### 1. 塔斯汀：剔换品类特性，开创新品类

窄门餐眼数据显示，2024年5月27日，塔斯汀全国门店达到7440家，这爆发式的增长动力正是来源于塔斯汀在2019年的一次品类创新，通过替换西式汉堡品类特性的方法，塔斯汀成功地开创了"中国汉堡"这一新品类。

在传统的西式汉堡品类中，汉堡胚通常是由机器快速制作的非现烤面包，而馅料也多是西式风味，如芝士、培根、生菜等。塔斯汀通过剔换这些传统的品类特性，创新出了独具特色的"中国汉堡"。

首先，塔斯汀剔换了汉堡胚的制作工艺和口感，摒弃了西式汉堡常用的机器制作面包胚的方式，转而采用中国传统面点的手工制作工艺，通过"慢发酵、精心揉搓、冷发、手工擀制、撒芝麻、现烤"等流程，独创了"手擀现烤汉堡胚"。这种汉堡胚不仅口感独特，嚼劲

十足，而且现烤的温度和仪式感也大大提升了顾客的用餐体验。

其次，塔斯汀在汉堡的馅料上也进行了剔换创新，融合了中国传统的"五味"，将经典的中国菜如北京烤鸭、麻婆豆腐等融入汉堡馅料中，创造出了独具中式风味的汉堡口味。这种替换不仅打破了西式汉堡的口味局限，也满足了中国消费者对传统美食的热爱和追求。

通过这些剔换品类特性的创新举措，塔斯汀成功地开创了"中国汉堡"这一新品类，它不仅具有独特的口感和风味，还承载着中国传统文化的内涵。在顾客心智中，塔斯汀的"中国汉堡"已经成了一个独特的新品类，与传统的西式汉堡形成了鲜明的差异化竞争。

### 2. 足力健：基于市场需求，创造新品类

2015年，北京孝夕阳科技发展有限公司创立了足力健品牌，专注于老年人专用鞋类的研发和销售。在短短5年内，足力健实现了超30亿元的营收，这一成就的背后是创始人张京康对老年人穿鞋需求的深刻理解和探索。

足力健基于需求创造老人鞋这个全新品类的5大步骤如下。

（1）深入洞察用户需求。

2013年春节，张京康回到了山西老家的村子里，他发现村里很多长辈都不喜欢出门，就在家里坐着，有的甚至下不来床。张京康仔细一问才知道，原来这些老人都没有合适的鞋穿。为什么会这样？随着年龄的增长，老年人的脚是会发生变化的。大多数老年人会出现大脚骨、足弓塌陷或高弓足等脚部问题。为了全面摸清老人穿鞋的真实需求，张京康去公园，去商场，甚至去家访，测量了大约4000个老人的脚后，找到了老人穿鞋会遇到的12个独特痛点问题，如挤脚、磨脚和鞋底打滑等。这种对用户需求的深刻洞察为足力健后续的产品设计和品类创新奠定了坚实的基础。

（2）定义并创造新品类特性。

基于对用户需求的洞察，足力健定义了老人鞋这个新品类的关键特性，通过专门设计的鞋楦、创新的鞋型（如鲶鱼头鞋型）和鞋垫设计（如 U 形跟）来解决挤脚和磨脚的问题。同时，足力健通过采用防滑材料和增大鞋底接触面积来增强鞋子的稳定性和抓地力，解决了鞋底打滑的问题，这些创新设计构成了老人鞋品类的独特性。

（3）明确品类价值。

足力健通过对上述品类特性的创造，明确了老人鞋的品类价值——为老年人提供舒适、安全和合脚的鞋子。这一品类价值直接回应了老年人的穿鞋需求，使得足力健的老人鞋在市场上具有明确的定位和差异化优势。

（4）先发优势与市场教育。

足力健在发现老人鞋品类的市场空白后，迅速采取行动，成为该品类的先驱者，利用先发优势，通过市场推广和教育活动，让消费者了解并认可老人鞋这个新品类及其价值。

（5）持续创新与维护品类特性。

足力健在开创老人鞋品类后并没有停止创新的步伐，继续深入研究老年人的穿鞋需求，不断优化产品设计和功能，以维护并巩固老人鞋品类的特性。

足力健通过深入洞察用户需求、定义并创造新品类特性、明确品类价值、利用先发优势进行市场教育，以及持续创新与维护品类特性等步骤，在顾客心智中成功开创了老人鞋这个新品类。

无论是抢占空位还是创造品类，本质上都是发现、占据并不断做大一个词语的过程。

有一点值得特别注意，企业应始终致力于捕捉和把握最大的战略机会和可能性，不断升级定位，避免陷入"明察秋毫，不见舆薪；只见树木，不见森林"的战略误区。

## 第二章
### 战略的大脑：定位力

**定位力实操小贴士**

打开战略空间的 10 大定位思路如表 2-3 所示。

表 2-3　打开战略空间的 10 大定位思路

| 定位类型 | 切入角度 | 定位思路 | 定位步骤 | 注意事项 | 定位表达举例 |
| --- | --- | --- | --- | --- | --- |
| 抢占空位 | 竞争角度 | 关联维度（搬个椅子坐竞争对手旁边） | 找到心智份额第一的竞对品牌→将自身与竞对品牌关联起来进行定位 | 需要有事实支撑，否则适得其反 | 青花郎，中国两大酱香白酒之一 |
| | | 对立维度（搬个椅子坐竞争对手对面） | 找到对标竞对品牌→找到其强势背后的结构性弱势区→在竞对结构性弱势区拔高自己进行定位 | 竞对结构性弱势区必须为自身的优势或可塑造出的优势区 | 七喜，非可乐 |
| | 需求角度 | 价格维度（找有心智空位的价格带） | 寻找价格带空位→空位价格带市场空间评判→选取符合发展要求的价格带空位进行定位 | 市场空间的评判或测试是关键 | 雅迪，更高端的电动车 |
| | | 人群维度（找有心智空位的人群） | 寻找人群空位→人群空位市场空间评判→选取符合发展要求的空位进行定位 | 市场空间的评判或测试是关键 | 飞鹤奶粉，更适合中国宝宝体质 |
| | | 功能维度（找有心智空位的功能属性） | 寻找功能空位→功能空位市场空间评判→选取符合发展要求的空位进行定位 | 市场空间的评判或测试是关键 | 怕上火，喝王老吉 |
| | | 场景维度（找有心智空位的使用场景） | 寻找场景空位→场景空位市场空间评判→选取符合发展要求的空位进行定位 | 市场空间的评判或测试是关键 | 今年过节不收礼，收礼只收脑白金 |
| | | 情感维度（找有心智空位的情感特性） | 寻找情感空位→情感空位用户共鸣评判→选取用户共鸣度高的空位进行定位 | 用户共鸣度的评判或测试是关键 | Just do it 想做就做 |

续表

| 定位类型 | 切入角度 | 定位思路 | 定位步骤 | 注意事项 | 定位表达举例 |
|---|---|---|---|---|---|
| 抢占空位 | 自身角度 | 优势维度（聚焦自身优势能力） | 自身核心能力挖掘→某单项能力或综合能力达行业领先水平→用户对该项能力的在意程度评估→在用户高在意度的能力处进行定位 | 用户在意度的评判或测试是关键 | 格力，掌握核心科技 |
| 抢占空位 | 自身角度 | 行业地位维度（聚焦自身领导地位） | 行业内单项或综合指标排序→某单项或综合指标达行业领先水平→用户对该项指标的在意程度评估→在用户高在意度的指标处进行定位 | 用户在意度的评判或测试是关键 | 波司登，畅销全球72国 |
| 开创品类 | 创新角度 | 从功能创新维度开始（创造有心智空位的新功能属性） | 寻找功能创新空位→功能空位市场空间评判→选取符合发展要求的空位进行定位 | 需求真伪评估、市场空间大小评测是关键 | 足力健，专用老人鞋 |

**本章小结** 定位力就是战略的大脑。

　　本章深入探讨了定位力在企业战略中的核心作用，强调其作为"战略的大脑"的重要性，通过引入"取势、定向和占位"三大原则和策略，为企业提供了在激烈的市场竞争中，实现品牌差异化竞争和持续发展的有效路径。企业需要在深入洞察市场趋势、消费者需求、竞争格局和自身优势的基础上，把握品类演化规律、精选发展方向，并通过抢占空位或开创新品类实现品牌定位。

## 中篇　战略配称篇

ZHONG PIAN

洞察力和定位力是探寻和明确战略机会的关键步骤，它们能帮助企业找到市场中的战略机会，确立自身的战略定位。然而，仅仅有明确的定位并不够，企业还需要通过一系列的战略配称动作来确保定位的实现。

战略配称，指的是企业的一切行动和决策都要与其所选的战略定位保持一致性，总体上它要遵循"一个中心、三个基本点"的原则，即以定位为中心，保证运营动作的"简单一致性、相互加强和投入最优化"。

从广义的角度来看，战略配称包括营销力、组织力和供应力这三大核心要素。从具体的层面来说，战略配称指的是产品、渠道、价格、推广、内容、传播、组织、研发和供应链等运营动作。

# 第三章

THREE
战略的嘴巴
**营销力**

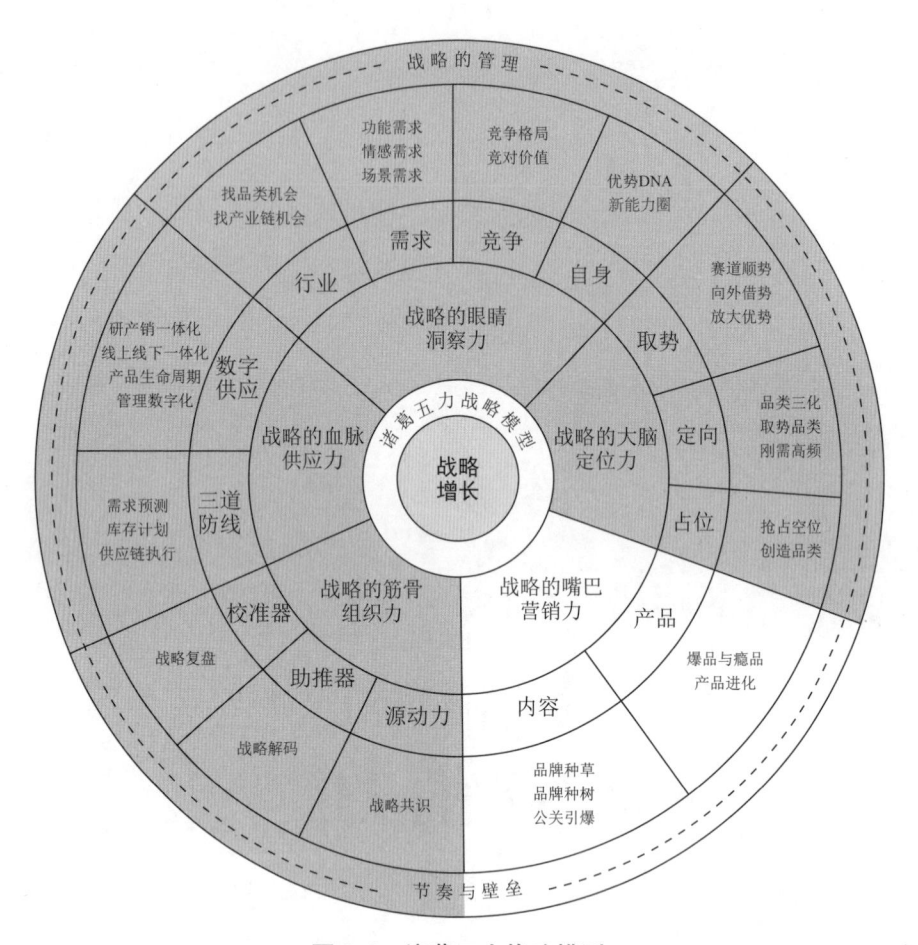

图 3-1 诸葛五力战略模型

"凡战者，以正合，以奇胜。""兵者，诡道也。""善守者，藏于九地之下；善攻者，动于九天之上。"——《孙子兵法》

营销力指的是企业在定位的牵引下，通过优化产品组合、合理定价，以及有效的渠道管理和推广策略，以实现市场渗透和品牌增长的综合能力。它是企业适应市场变化、满足顾客需求、提升市场竞争力和实现可持续发展的关键驱动力。

在诸葛五力战略模型中，营销力是非常核心的一个模块，涉及产品、价格、渠道和推广等。鉴于篇幅有限，本章主要探讨提升营销力的两个要素：产品和内容（指推广方面）。

# 第三章

战略的嘴巴：营销力

## 第一节　产品：营销力的引擎

产品泛指满足某种欲望或需要的一切东西，它可以是一瓶饮料、一件衣服、一架飞机，也可以是一次看电影、一次面部美容、一次就餐、一场音乐会、一次战略定位咨询等。产品是品牌与消费者之间交易的直接对象，它是满足消费者需求或欲望的基础。

新品开发流程及用户洞察方法如图 3-2 所示。

| 新品开发流程 | 策划阶段 | 设计阶段 | 试销阶段 | 推广阶段 | 售后阶段 |
| --- | --- | --- | --- | --- | --- |
| | ・消费者需求洞察<br>・概念测试 | ・样品测试<br>・使用体验 | ・卖点/主图测试<br>・购买因素研究<br>・口碑/复购率测试 | ・投放渠道测试<br>・投放内容测试<br>・投放效果测试 | ・满意度调研<br>・消费者反馈研究<br>・使用场景&习惯研究 |
| | Step1 | Step2 | Step3 | Step4 | Step5 |
| 用户洞察方法 | ・消费者访谈<br>・观察法<br>・问卷调查 | ・座谈会<br>・产品试用<br>・专家意见法 | ・问卷调研<br>・用户访谈<br>・试销数据分析 | ・投放数据监测<br>・投放数据分析<br>・用户访谈 | ・问卷调研<br>・入户观察&深访<br>・用户访谈/座谈会 |

图 3-2　新品开发流程及用户洞察方法

做对产品等于成功一半，做错产品等于噩梦出现。90% 以上的产品，就算将其中各个环节都做好，照样会失败，因为这些可能是错误的产品，这是商业竞争中真实又残酷的事实。

### （一）产品类型：爆品和瘾品

说到好产品，我们认为它的本质就是为目标用户的特定需求提供更好的解决方案。爆品和瘾品是值得企业重点关注的产品类型。爆品助力品牌快速进入市场，低成本带来新客；瘾品带来复购或推荐（一般情况下，快消品表现为复购，耐用消费品表现为推荐），助力老客户积累或"老带新",以实现可持续发展。瘾爆品,即战略单品,具有瘾品和爆品的双重属性,是产品的终极打造方向。

我们从产品复购或推荐率、销量两个维度生成了产品力(爆品—瘾品)矩阵分布(见图3-3),从而得出4个象限的组合,具体对应关系如下。

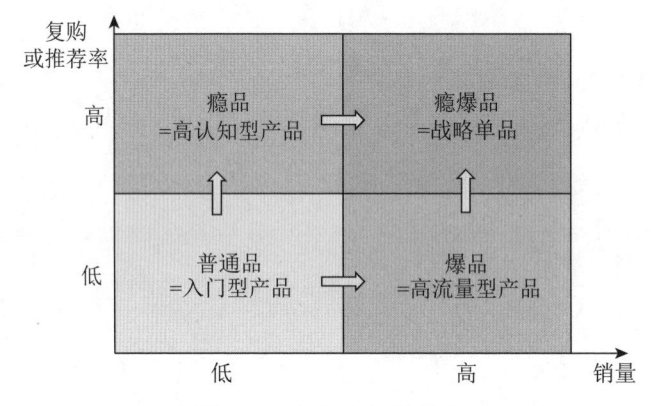

图3-3 产品力矩阵分布

### 1. 普通品

普通品也可称为入门型产品。这种组合代表的是那些产品复购或推荐率、销量都相对较低的产品。由于它们既不容易引起消费者的持续购买,也没有很高的市场需求,因此被视为"普通品"。这类产品可能主要用于试探市场反应或作为产品线的一个补充。

### 2. 爆品

爆品也可称为高流量型产品。在这种组合中,虽然产品复购或推荐率不高,但销量很高。这意味着产品有很高的市场需求,但可能由于品类特性、价格、品质、品牌忠诚度等因素,消费者并不频繁复购或推荐。这类产品因其高销量而能够吸引大量"流量",因此被称为"爆品"。

### 3. 瘾品

瘾品也可称为高认知型产品。这类产品虽然销量不高，但拥有很高的复购或推荐率。这表明产品在特定消费群体中建立了深厚的忠诚度，占领了这部分消费者的心智。但可能由于定价、市场推广或其他因素，其总体销量并不大。这类产品通常在消费者心中有强烈的品牌认知，且习惯性复购或推荐，因此被称为"瘾品"。

### 4. 瘾爆品

瘾爆品亦可称为战略单品。指的是那些同时具备高复购率或高推荐率以及高销量的产品，如苹果公司的 iPhone、瑞幸的生椰拿铁、霸王茶姬的伯牙绝弦、耐克的 Air Jordan 运动鞋等。这类产品融合了"瘾品"的吸引力和"爆品"的市场爆发力，不仅成为企业的销售核心，更能持续吸引并稳固消费群体，对企业长期发展至关重要。它们为企业带来了更高的用户终身价值、更迅速的增长动力以及更为显著的竞争优势。

下面以一个新消费（快消类）品牌为例，简要说明（爆品—瘾品）矩阵分布的实战应用，主要分为三大步骤。

第一步：利用二八法则，先对某一时间段产品销量排序，然后计算出销量占比达 80% 的产品。某产品销量分析如表 3-1 所示。

表 3-1 某产品销量分析

| 产品类型 | 销量（万件） | 销量占比 | 销量占比累计 | 销量判定 | 备注 |
|---|---|---|---|---|---|
| A1 产品 | 600 | 33.1% | 33.1% | 高 | 销量占比 80% |
| A2 产品 | 400 | 22.1% | 55.2% | 高 | |
| A3 产品 | 300 | 16.6% | 71.8% | 高 | |
| A4 产品 | 200 | 11.1% | 82.9% | 高 | |

续表

| 产品类型 | 销量（万件） | 销量占比 | 销量占比累计 | 销量判定 | 备注 |
|---|---|---|---|---|---|
| A5 产品 | 100 | 5.5% | 88.4% | 低 | 销量占比 20% |
| A6 产品 | 80 | 4.4% | 92.8% | 低 | |
| A7 产品 | 60 | 3.3% | 96.1% | 低 | |
| A8 产品 | 40 | 2.2% | 98.3% | 低 | |
| A9 产品 | 20 | 1.1% | 99.4% | 低 | |
| A10 产品 | 10 | 0.6% | 100.0% | 低 | |
| 合计 | 1810 | 100.0% | | | |

第二步：再利用二八法则排序复购率，然后计算出复购率靠前的 20% 的产品。某产品复购率分析如表 3-2 所示。

表 3-2 某产品复购率分析

| 产品类型 | 复购率 | 单个产品占产品总数的比例 | 单个产品占产品总数的比例累计 | 复购率判定 | 备注 |
|---|---|---|---|---|---|
| A3 产品 | 50% | 10% | 10% | 高 | 复购率靠前的 20% |
| A8 产品 | 40% | 10% | 20% | 高 | |
| A2 产品 | 30% | 10% | 30% | 低 | 复购率靠后的 80% |
| A9 产品 | 20% | 10% | 40% | 低 | |
| A7 产品 | 20% | 10% | 50% | 低 | |
| A6 产品 | 15% | 10% | 60% | 低 | |
| A5 产品 | 12% | 10% | 70% | 低 | |
| A1 产品 | 10% | 10% | 80% | 低 | |
| A4 产品 | 8% | 10% | 90% | 低 | |
| A10 产品 | 5% | 10% | 100% | 低 | |
| 合计 | | 100 | | | |

第三步：根据前两步销量与复购率的高低，填入四象限生成产品力矩阵。某产品的产品力矩阵分布如图 3-4 所示。

## 第三章
### 战略的嘴巴：营销力

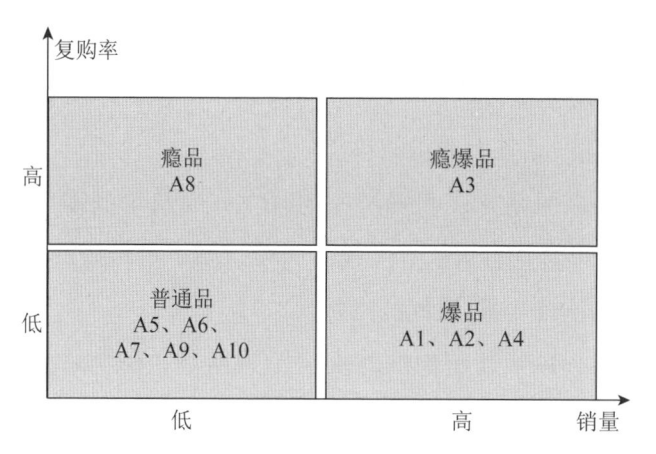

图 3-4　某产品的产品力矩阵分布

值得注意的是，对于某些品牌下产品价格差异巨大的，横轴的销量可换成净销售额或毛利额。

很多中小企业普遍处于缺爆品、缺瘾品的阶段。少数企业偶尔出现爆品，但易昙花一现，无法转换成瘾爆品。还有一些企业虽有小规模数量的瘾品，但迟迟不能破圈，也无法转换成瘾爆品。另外，并不是所有的普通品都可以转化为爆品或瘾品。爆品转化为瘾爆品需要强化客户的认知，实现持续购买。瘾品转化为瘾爆品须进行破圈，获得更大流量。

爆品是占领市场份额的尖刀，是流量逻辑的载体。瘾品是占领心智份额的利器，是品牌逻辑的载体。销售上量靠爆品；品牌上位靠瘾品；品牌长红靠瘾爆品。

## （二）产品进化：方法与路径

### 1. 产品角度打造爆品

（1）深入了解市场和用户需求。

企业要对市场进行深入的调研，明确目标用户群体和他们的具体需求，包括分析用户的消费习惯、购买力以及喜好等，从而找到市场的真正痛点和潜在机会。

（2）开发产品强大的价值锚点。

根据市场调研结果，明确产品的开发方向及价值锚点。价值锚点可用四个词来形容：有价值、有差异、可感知、易传播。

（3）注重用户体验设计和定价。

产品的用户体验和超预期的定价至关重要。在产品开发过程中，应注重提供简单易用、直观、美观的界面和功能，以及超预期的定价，要让消费者产生尖叫情绪。

（4）精益化产品设计和快速迭代。

采用精益化思维进行产品设计，尽快推出最小可行性产品（MVP）以测试市场反应。通过用户反馈和数据分析，不断优化和迭代产品，确保其能够快速适应市场变化。

### 2. 产品角度打造瘾品

人们普遍容易想到的瘾品特点是高频刚需，实际上并非如此。真正的瘾品打造，是要在顾客心智上做文章，"激发用户联想、引发用户共鸣、获得用户参与"是打造瘾品的三大关键要素。

（1）激发用户联想。

社会心理学家杰克·布雷姆进行了一项有趣的实验。他邀请了一些家庭主妇来评价一些家居用品，如咖啡壶和烤面包机等，并让她们挑选出最喜欢的一件。在选择前，家庭主妇们普遍认为这些用品都不错，难以抉择。然而，当杰克·布雷姆告诉她们可以免费选一件带回家时，她们开始认真挑选。挑选结束后，杰克·布雷姆再次让她们评价这些用品并按喜好程度排序。

结果出人意料：选择前她们觉得样样都好，选择后却有了明确的喜好排序。实验结束后，杰克·布雷姆告诉她们不能带走选中的物品，家庭主妇们显得非常不情愿，甚至有人当场落泪。

这种选择前后态度的巨大变化，源于选择后人们会围绕所选物品编织美好的故事（即激发用户联想），畅想着与之相关的各种美好可能。对于关联品牌认知的产品或联名的产品，设计美好的品牌故事就显得非常重要了（用于激发用户联想）。

（2）引发用户共鸣。

戴比尔斯钻石品牌所创广告语"A diamond is forever"（钻石恒久远，一颗永流传），完美诠释了钻石的物理性质（坚硬和稳定）以及它象征的永恒爱情。钻戒是西方承载两人爱情的最美好信物，也深深改变了中国人婚庆佩戴黄金、翡翠的传统习俗，这就是通过价值观的输出引发用户共鸣。

科比·布莱恩特的24号、勒布朗·詹姆斯的23号（在迈阿密热火队时期）或6号（在洛杉矶湖人队时期）等号码的球衣都是热销产品。对喜欢他们的球迷来说，"球衣号码"就代表着精神共鸣（引发用户共鸣）。将产品变成一种精神或文化象征物更易于让人上瘾。

（3）获得用户参与。

宜家出售的家具通常需要消费者自行组装。这种特殊的销售模式让消费者在购买家具后，需要投入一定的劳动和情感来完成组装工作。研究发现，消费者对自己投入劳动和情感而创造的物品，往往会产生价值判断上的偏差，即容易高估该物品的价值。

经济学家丹·艾瑞里、丹尼尔·莫雄和迈克尔·诺顿通过研究发现，人们在一件事情上投入越多就会越喜欢，这是一种具有普适性的心理效应。他们将这种在宜家购买和组装过程中出现的心理现象命名为"宜家效应"。

小米早期将消费者定位为手机发烧友，这是一群对数码产品极为热衷，对手机的每个部件性能都有深入了解的消费者。小米积极邀请发烧友参与手机的设计和改进过程，例如通过社区论坛收集他们的建议和反馈，并将这些意见融入产品设计中。小米还曾邀请 100 名技术发烧友参与 MIUI 操作系统的软件开发测试，根据他们的反馈进行快速迭代改进。这些发烧友由于付出了劳动和情感，因此更加喜欢小米手机。让用户参与到产品的打磨中来，其就更易对产品和品牌成瘾。

对中小企业来说，要想将普通品进化为瘾爆品（战略单品），可以参考如下路径。

将普通品进化成爆品：产品需要通过有效的市场推广和定位调整来提高销量，从而转变为爆品。值得注意的是，并不是所有的普通品都可以转化为爆品，这涉及用户需求的满足程度、价格策略、营销活动、品类价值等多种因素。

将爆品进化成瘾爆品：一旦产品销量提升，下一步就是增强消费者的复购意愿，这通常需要通过提升产品品质、增强品牌形象、建立消费者忠诚度等方式来实现，从而将产品升级为瘾品，这时就成了瘾爆品。

将瘾品进化成瘾爆品：通过持续的市场培育、品牌建设和产品创新，产品可以逐渐演变为同时具有高销量和高复购或推荐率的瘾爆品。

## 第二节　内容：营销力的燃料

随着移动互联网技术的发展和营销基础设施的完善，品牌通过文字、图片或短视频等内容进行营销，已经成为影响顾客心智认知的一种重要方式。国内最早关注社会化媒体及其商业应用的内容平台 SocialBeta 基于对 5875 个品牌与消费者的沟通实践进行了全景复盘，于 2024 年 5 月发布的《2024 年内容营销 10 大趋势》（见表 3-3），对于企业理解新消费品牌的内容营销也许有所启发。

表 3-3　2024 年内容营销 10 大趋势

| 序号 | 趋势名称 | 描述 | 具体案例 |
| --- | --- | --- | --- |
| 1 | 会玩"梗"的品牌先享受世界 | 品牌通过制造和传播网络"梗"，增加与年轻消费者的互动和共鸣，从而提升品牌影响力和用户黏性 | 麦当劳"麦门梗"，肯德基"疯搭子"联名活动，雪碧"82 年的雪碧"Campaign |
| 2 | 联名走向沉浸式 | 联名活动不再局限于简单的品牌合作，而是通过更丰富的内容共创和沉浸式的体验设计，加深消费者的参与感和品牌认同感 | 瑞幸 × 茅台"酱香拿铁"联名，喜茶 × FENDI "FENDI 喜悦黄"限定系列，MANNER × 祖玛珑焦糖可可系列联名 |
| 3 | 情绪的小题大做与大题小做 | 品牌更加关注消费者的情绪需求，通过细腻的情感营销和轻松幽默的方式，帮助消费者宣泄情绪，建立情感连接 | 乐乐茶"一拳！×××"系列新品，诗裴丝发疯宣言，好望水"好运市集" |
| 4 | 书写当地特色 | 品牌通过深入城市肌理或探索小众地域，挖掘和传播具有所在地特色的内容，与消费者建立更深层次的情感共鸣 | 饿了么"武汉夏至凉面节"，聚划算"汇聚广西"Campaign，快手"500 个家乡"系列广告片 |

续表

| 序号 | 趋势名称 | 描述 | 具体案例 |
|---|---|---|---|
| 5 | 中国文化叙事的高段位比拼 | 品牌在中国文化叙事上更加注重野广度和表达深度的拓展，通过非常规选题和传统文化与现代审美的结合，提升品牌的文化内涵 | 茉莉奶白"好运圣杯套餐"，天猫国际"全球定制为中国"文化大赏，霸王茶姬"千年茶史课堂"广告片 |
| 6 | 万物皆可媒介 | 品牌不断创新内容承载媒介，利用日常生活中的各种物品和场景作为创意舞台，打造耳目一新的营销体验 | 小红书"大家时装周"邀请函，聚划算"对折"艺术展，CASETiFY"奇想日常"Campaign |
| 7 | 策展思维下，线下体验再生长 | 品牌通过策展思维，将线下体验打造成具有沉浸感和社交属性的场景，提升消费者的到店体验和品牌忠诚度 | FREITAG上海旗舰店，观夏"女作家的书房"，始祖鸟博物馆 |
| 8 | 在趋势策源地，抓住新风口 | 品牌积极借助平台的趋势洞察能力，紧跟消费风向，通过预判和造势，抓住新兴趋势，为品牌带来增量 | 小红书"小红书生活灵感"IP，抖音电商"美拉德"趋势，小红书"吃货马拉松"活动 |
| 9 | "内容"仍有新红利 | 短内容和长内容各有其红利，品牌需要根据不同的传播场景和目标受众，选择合适的内容形式，创造有吸引力的内容 | 闲鱼自制短剧《傅太太全程开挂》，淘宝《这货哪来的》纪录片，LOUIS VUITTON《Extended》播客节目 |
| 10 | 内容能力，决定品牌上限 | 强调内容营销对于品牌的重要性，内容能力是品牌突破同质化竞争、提升品牌价值和影响力的关键 | — |

万变不离其宗，任何内容营销的本质都在于通过持续发布有价值的内容来"存钱"（积累品牌资产、建立信任关系、提升长期竞争力），同时激发消费者的购买欲望、优化购物体验以实现"取钱"（销售转化、销售卖货）。内容既是品牌建设的基石，也是促进销售转化的关键动力。以内容为原点的认知销售模型如图3-5所示。

## 第三章

战略的嘴巴：营销力

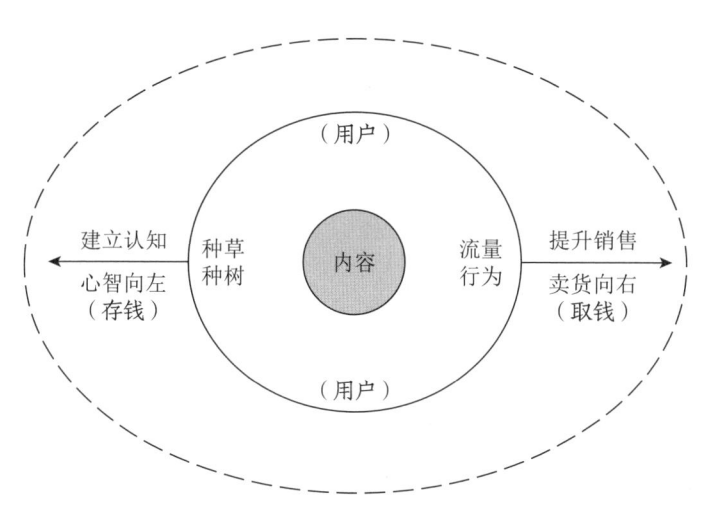

图 3-5 以内容为原点的认知销售模型

在这个短视频风靡的时代，消费者对新产品和新品牌的认知往往源于短视频内容或关键意见领袖（KOL）等的推荐。优质的内容首先通过种草效应激发了消费者的兴趣，大量内容的沉淀持续强化着产品或品类认知，并将长期形成其在消费者心智中的认知地位。但是，这种认知往往集中于产品或品类认知，而非附着于品牌。如何把消费者对产品或品类的认知转化沉淀到品牌认知上去，并形成品牌心智资产，对新品牌来说既是挑战，也是时代机遇。

品牌建设并非一蹴而就，需要时间的沉淀、大量 KOL 的种草发声、品牌主动的种草种树以及消费者口碑的积累等。在这个过程中，内容的沉淀与积累成为未来品牌建设的关键路径，如同一个"存钱"的过程，逐步累积品牌资产。

随着内容的传播，消费者被种草并产生流量行为，从而进一步转化为购买行动，为品牌带来销售收入。这一过程可能发生在线下、线上货架、小黄车、信息流广告、直播间等多个场景，构成了品牌"取钱"的过程。

建立品牌认知与提升品牌销售之间的关系呈现出"跷跷板效应",即品牌建设的投入越多、"存钱"越多,品牌势能就越大,进而在无形中提高销售过程中的转化率,从而带动销售收入的增长。如果品牌经常基于流量行为打折促销,会对品牌势能形成消耗,这个时候要及时种草种树,往品牌资产中"存钱",提升品牌势能,以实现两者的"动态平衡"。当然,品牌的"存钱"与"取钱"都只是相对而言的。

如果企业理解了品牌"存钱"与"取钱"的逻辑,就会明白很多品牌为什么在淘宝、抖音等平台昙花一现,烟消云散,其核心在于这些品牌的成长寄生于渠道,只知道打折促销和销售卖货,不断地"取钱",而不知道品牌还要不断"存钱"、不断增强品牌认知和增加品牌势能,以便让"取钱"行为具有可持续性。

在内容营销中,品牌通过"存钱"实现价值增长的三个维度是:品牌种草、品牌种树和公关引爆。

## (一)品牌种草:市场初探

种草一般分为品类种草和品牌种草。对新品类的开创者而言,建议企业在前期集中精力进行品类种草。如果是已经存在的老品类,建议企业直接进行品牌种草。

一般来说,品类种草是新品牌进入新市场、新领域的第一步。在这一阶段,品牌需要集中资源,通过有趣、有价值的内容向消费者展示新品类的独特价值和优势,内容形式可以多样,包括短视频、图文、直播等,关键是要能够迅速吸引消费者的注意,并激发他们对新品类的兴趣和好奇心。

品类种草的目的在于快速建立消费者对新品类的认知,为后续的品牌种草、品牌种树和公关引爆打下坚实的基础。

## 第三章
### 战略的嘴巴：营销力

如果用四个词来表达品类种草的核心，那就是人群（情，目标用户群体的情感需求）×内容（是否有趣）×场景（使用环境）×产品（品类本身），即针对核心的人群，通过有趣的内容，在特定的使用场景下，推广相关产品（品类）。这样的策略旨在让消费者对企业的产品（品类）产生兴趣，进而产生购买欲望。

营销学上有一个"1990法则"，即1%的核心人群影响9%的高潜人群，再影响90%的泛人群。

品类种草的关键在于精准定位核心人群，并将他们视为靶心。品牌需要深入研究核心人群的需求、兴趣和行为模式，以确保品类种草的内容、形式和传播渠道与核心人群高度契合，只有这样才能更有效地吸引他们的注意力，让他们直观感知到新品类的独特价值。

在品类种草中，核心人群通常指那些对特定品类或品牌有极高热情和影响力的消费者，如品牌忠实粉丝、意见领袖、行业专家、早期尝鲜者，以及私域活跃分子等，这是企业在品类种草中需要特别关注的。

小红书有一个种草营销方法论，分成科学洞察、目标设定、内容投放和效果度量四个步骤，在第四步骤评估种草效果时，一个重要指标是"判断内容是否成功占位品类心智"。这一指标凸显了小红书等平台在内容营销方面的底层逻辑。

尽管小红书等平台在内容种草方面展现出了强大的影响力，但不能忽视一个潜在的挑战：平台的核心考量是内容能否在品类心智中占据一席之地，而非品牌是否能占据顾客的心智。这两者之间存在明显的差异，前者更侧重于品类种草的公有化思路，而后者则强调品牌认知的私有化策略。

品类心智与品牌心智之间存在巨大的鸿沟。品类心智关注的是整个品类的集体认知和印象，而品牌心智则聚焦于特定品牌的独特价值和消费者情感连接。小红书等平台的内容种草策略往往倾向于提升品类整体的认知度，但品牌若要在竞争中脱颖而出，就需要超越这一层面，建立起与消费者之间的情感纽带和独特的品牌认知。

当新品类的种草不断深入后，它就会慢慢变成老品类，品牌要学会从品类种草转向品牌种草，即向消费者传达品牌的核心价值，而不仅仅是品类的价值认知，从而建立起品牌与消费者之间的价值认知沟通桥梁。这时候，企业还要善于拿起品牌这个"存钱罐"，去承载品类种草后的心智流量，不断往品牌认知和品牌心智资产上"存钱"。

## （二）品牌种树：认知深耕

在品牌营销中，品类种草和品牌种草是初步建立消费者认知和兴趣的关键步骤。然而，为了深化消费者对品牌的认知和信任，并确保品牌在激烈的市场竞争中脱颖而出，品牌种树成了不可或缺的一环。品牌种树的核心在于确立品牌在消费者心智中的独特地位，实现从品类认知到品牌认知的跃迁。

在当今信息爆炸、碎片化的时代，若想在消费者心中刻下品牌的烙印，一个清晰且与众不同的价值认知（或中心思想）至关重要。若品牌只是漫无目的地"种草"，品牌价值很可能被信息的洪流所淹没，导致其无法进入消费者的心智。相反地，若品牌能够"种树"，即围绕品牌的价值认知（或中心思想）进行营销传播，这样就会保证所传播的内容"形散而神不散"，从而让品牌的价值在消费者心中生根发芽，逐步长成参天大树。

品牌种树的过程可以通过一个简单的公式来表达。

种树效果 =［（中心化媒体传播 + 社交媒体传播）× 多元场景］<sup>价值认知</sup>

公式中，品牌的价值认知（或中心思想）是所有品牌种树活动的

## 第三章
### 战略的嘴巴：营销力

价值锚点，也是品牌种树效果的燃料剂。中心化媒体传播是放大品牌价值、实现品牌破圈的关键平台；社交媒体传播则通过用户、KOL等来持续扩大品牌的影响力；而多元场景能够润物细无声地持续强化消费者的价值认知。

品牌通过"种树"能建立社会共识，让决策者、购买者、影响者、使用者和传播者都对品牌有统一的认知。这种社会共识可以形成强大的品牌势能，帮助品牌在激烈的市场竞争中脱颖而出。

消费者在每天面对海量信息的冲击下，大脑只会选择性地记忆那些对他们有价值的信息。因此，如何让品牌的价值认知（或中心思想）有效地被消费者认知和感知到就显得尤为重要。在户外广告、电梯媒体、产品包装等品牌种树的场景下，能卖货的广告语、能促销的信任状和能竞争的视觉锤等元素成为传递品牌价值的关键。这些元素在加强品牌与消费者之间的沟通、传播品牌核心价值方面发挥着至关重要的作用。

**1. 能卖货的广告语**

广告语是战略定位的具体表达和传播工具，通过简洁、有力的语言向消费者传达品牌的独特卖点和核心价值。

具体来说，广告语体现了战略定位的具体化和生动化，要能"上承战略、下促销售"，通过精练的语言和生动的表达方式，将战略定位中的抽象概念和竞争优势转化为顾客容易理解和接受的信息。一个优秀的广告语不仅能够准确地传达品牌的核心价值，还能激发顾客的共鸣和兴趣，最终引起对方的购买和复购。

需要强调的是，广告语不是一成不变的，当品牌处于不同的战略阶段，或是战略目的发生改变时，广告语也要跟着发生变化，以便更好地传递战略定位。

澳优（HK01717）旗下的羊奶粉品牌佳贝艾特，在品牌发展的四大阶段中通过广告语完美地诠释了其阶段性的竞争战略（见表3-4）。

表3-4　佳贝艾特四个发展阶段的竞争战略

| 发展阶段 | 战略目的 | 广告语 |
| --- | --- | --- |
| 第一阶段 | 推广羊奶粉的功能价值 | 佳贝艾特羊奶，100%荷兰原装进口羊奶粉，好消化，易吸收（不上火，不过敏，不便秘） |
| 第二阶段 | 打赢国内竞争对手 | 10位购买羊奶粉的妈妈，6位选择佳贝艾特 |
| 第三阶段 | 打赢全球竞争对手 | 佳贝艾特羊奶粉，全球羊奶粉领军者 |
| 第四阶段 | 扩大羊奶粉品类价值和市场空间 | 佳贝艾特，给宝宝更好的营养，全球羊奶销量领军者 |

第一阶段的战略目的是推广羊奶粉品类的功能价值。广告语：佳贝艾特羊奶，100%荷兰原装进口羊奶粉，好消化，易吸收（不上火，不过敏，不便秘）；

第二阶段的战略目的是打赢国内羊奶粉品牌，抢占国内羊奶粉品类第一。广告语：10位购买羊奶粉的妈妈，6位选择佳贝艾特；

第三阶段的战略目的是打赢国外羊奶粉品牌，抢占全球羊奶粉品类第一。广告语：佳贝艾特羊奶粉，全球羊奶粉领军者；

第四阶段的战略目的是在夯实全球羊奶粉领军者的基础上，发动品类外战，向外诉求品类价值，抢占牛奶等品类的市场份额，发展壮大羊奶粉的品类价值。广告语：佳贝艾特，给宝宝更好的营养，全球羊奶销量领军者。

总之，广告语要达到三个核心目的：传递阶段性的竞争战略、顾客可感知可传播、能卖货促转化。分众传媒创始人江南春曾经对"什么是好的广告语"有个形象的定义，叫作"对手恨不恨、顾客认不认、自己说不说"。不管怎么样，企业只要记住，广告语的终极目标就是抢占顾客心智位，提升品牌心智份额，让品牌始终赢得顾客的首选。

## 2. 能促销的信任状

当一个陌生品牌出现在消费者面前时，获得信任是很重要的，因为这是人性使然，所有消费者都缺一样东西：安全感。由于消费者心智缺乏安全感，因此在商业购买上会表现为担心风险，一旦消费者感知到风险存在，很可能会取消购买。消费者感知的五种主要风险如下。

①金钱风险：这个东西可能买贵了。

②功能风险：可能不好用，或不如想象中那么好用。

③人身风险：看起来有危险，可能会受伤。

④社会风险：买了它，朋友们会怎么想呢？

⑤心理风险：买了它可能会产生心理负担。

所以，要赢得消费者信任，一定要消除这五种风险，给心智以足够的安全感，信任状的价值就在于此。

信任状是品牌用来增强其在消费者心智中的可信度和权威性的证明，也是支撑战略定位的事实依据，它是品牌与消费者沟通的重要内容，能够直接影响消费者的购买决策，也可以理解为支持定位、打消顾客疑虑的证据。

信任状的一大核心目的：降低品牌与顾客之间信任和交易的成本；两大要求：表述上具体不含糊＋有力量撑得起定位；三大类型：品牌自承诺、顾客自验证和权威第三方证明。

品牌自承诺：是品牌对消费者的某种保证或承诺，它能够降低消费者的购买风险，提高其购买信心，例如品牌无理由退货、假一赔十等服务承诺。

顾客自验证：指品牌提供的产品或服务，可以通过顾客的使用体验或效果进行验证，从而证明品牌所宣称的价值和优势是真实的，例如减肥品牌、美业品牌等经常会发一些顾客使用效果对比图等。

权威第三方证明：指由权威的第三方机构或专家对品牌的产品或

服务进行认证、检测或评价，以证明品牌所宣称的优势和特点是真实可信的，例如美团必吃榜、名人代言、市场地位证明书等。

以下是一些品牌的信任状表达。

①钱大妈：不卖隔夜肉（品牌自承诺）。

②百果园：不好吃三无退货（品牌自承诺）。

③电商公司：顾客购买后的评价内容（顾客自验证）。

④米村拌饭：朝鲜族非物质文化遗产（非遗机构第三方证明）。

⑤飞鹤奶粉：连续五年全国销量第一（沙利文市场地位确认证明）。

总之，信任状是品牌用来增强消费者信任、降低购买风险的沟通工具，它有助于提升品牌的可信度和权威性，品牌通过好的信任状表达，能够更好地与消费者建立信任关系，促进消费者的购买决策。

### 3. 能竞争的视觉锤

根据研究，人类大脑接收到的信息中，83%来自视觉、11%来自听觉、3.5%来自嗅觉、1.5%来自触觉、1%来自味觉，视觉接收信息的比例在人类感知中占据主导地位。这意味着，人们通过眼睛看到的事物，对认知和理解起着至关重要的作用。

视觉锤是通过文化母体符号，帮助定位用最简洁、最快速的方式进入心智的重要工具。

视觉锤与传统VI设计是有区别的。VI设计是由内而外的"理念表达"，而视觉锤是由外而内的，其核心是"视觉竞争"，通过视觉的表达形成品牌的认知区隔，建立品牌的认知势能。

视觉锤跟超级符号也是有区别的。它们背后的心理学原理相差不大，都是调用认知母体和文化母体的力量，使顾客产生一种熟悉的陌生感，超级符号比较有代表性的案例是西贝的"I LOVE YOU"和蜜雪冰城的"雪王"。但是视觉锤跟超级符号不同的是，除了要考虑认知和文

## 第三章
### 战略的嘴巴：营销力

化母体外，还要考虑符号的竞争性，要体现品牌的竞争性战略，一言以蔽之，视觉锤就是具有竞争性的超级符号。

有力的视觉锤能够强化品牌的定位，使其在消费者心智中占据独特的位置。视觉元素通常比文字更容易被理解和记忆，一个鲜明、独特的视觉锤能够在短时间内吸引消费者的注意力，并传达品牌的核心价值，这种高效的传播方式有助于品牌在市场上迅速建立认知度和知名度。在激烈的市场竞争中，视觉锤是品牌实现差异化竞争的有效手段。通过独特的视觉元素和设计风格，品牌能够在众多竞争对手中脱颖而出。一个富有创意和感染力的视觉锤能够触发消费者的情感共鸣，使他们对品牌产生好感和忠诚度，这种情感联系有助于品牌在消费者心智中建立持久的印象。

品牌在设计视觉锤时，既要有熟悉的陌生感，又要有非常高的辨识度，企业可以从人们日常熟悉的，如形状类（麦当劳的拱门）、符号类（诸葛定位的孔明扇）、包装类（可口可乐的流线瓶）、人物类（真功夫的"李小龙"）、色彩类（柠季的绿色）等方面去进行战略性思考和设计。

视觉锤对战略定位落地的价值和意义，在于其能够帮助品牌强化定位、提高传播效率、触发情感共鸣以及实现差异化竞争，企业应充分重视视觉锤的作用，发挥其战略价值。

2023年，我们有幸为一家知名的潮牌服饰品牌提供战略咨询服务。在战略定位落地的过程中，我们曾一度面临挑战，难以找到有效的市场突破口。然而，当我们在抖音平台上进行推广时，市场数据反映出，只要突出展示该品牌的视觉锤"火苗标"时，相关视频就会莫名地爆火，吸引大量关注和互动。这一现象立刻引起了我们的高度关注。

基于这一发现，我们向客户建议将这个视觉锤"火苗标"提升到战略高度，并围绕它展开一系列品牌推广活动。在接下来的几个月里，无论是达人推荐、广告宣传还是线上线下活动，我们都把"火苗标"作为核心元素和宣传重点，同时配合其他战略性的配称动作，共同推动品牌的发展。

令人欣喜的是，在当年行业业绩普遍下滑的背景下，该客户在后几个月却实现了业绩的翻倍增长，成功逆势翻盘。

总之，视觉锤作为品牌种树过程中的重要工具，具有强化品牌定位、提高传播效率、触发情感共鸣和实现差异化竞争等多方面的价值。

## （三）公关引爆：声名远扬

公关引爆是品牌通过内容"存钱"的第三阶段，也是品牌实现声名远扬的环节。在这一阶段，品牌需要通过精心策划的公关活动，迅速提升知名度和影响力。

公关引爆的形式多样，可以是品牌发布会、跨界合作、社会热点事件借势等，关键是要吸引媒体和消费者的广泛关注，引发广泛讨论和传播。通过公关引爆活动，品牌可以在短时间内迅速扩大影响力，并吸引大量潜在消费者关注品牌和产品。

公关的关键在于创造冲突性、新闻性、时机性和真实性，以此来吸引公众的注意力和兴趣。在消费者心智的战场上，公关和广告是两种主要的武器。广告是品牌自我宣传，而公关则是通过第三方的声音来增强品牌的可信度和吸引力。消费者的认知是评判这两种手段效果的标准。

公关是品牌破圈的"王牌武器"，也是提升品牌势能、沉淀品牌心智认知的重要手段和方法。

2024年5月21日，霸王茶姬创始人张俊杰在"东方茶的现代化与全球化"上海发布会上,宣布霸王茶姬全球门店数量已经突破 4500 家,全球注册会员数达到 1.3 亿人,同时公布了霸王茶姬 2024 年的 GMV 目标为 200 亿元,总体销售额超越星巴克中国。通过这一发布会公关战役,霸王茶姬把自身定位升级为现代东方茶的代表,无形中与其他茶饮品牌拉开了差距,至少在顾客心智中拉开了品牌地位的差距。

回顾整场品牌公关战役,霸王茶姬的"定位公关传播"打法有五个核心关键点。

①利用节日借势:霸王茶姬选择国际茶日(5月21日)作为发布会的日期,这不仅凸显了其立志成为国际品牌的决心,也借助节日的情感共鸣,增强了品牌与消费者之间的情感联系。

②举办主题大会:通过"CHAGEE TOGETHER!大会",创始人张俊杰亲自讲述中国茶的故事,展示了霸王茶姬的成就和未来愿景,加深了公众对品牌理念的理解和认同。

③推出主题宣传片:《CHA》主题宣传片传达了"以东方茶,会世界友"的品牌使命,强化了霸王茶姬作为东方茶文化传播者的形象。

④新品发布:发布会期间,霸王茶姬推出了新品"万里木兰",以中国文化符号"花木兰"命名,展现了品牌走出国门、走向世界的决心,并将品牌理念具象化到产品中。

⑤发布会模式:霸王茶姬采用了在汽车和科技行业常见的公关策略——发布会模式,以新品发布为契机,以品牌价值为核心,与网友、消费者、行业专家、投资人、媒体、KOL 等各相关群体建立了深度对话。

通过一系列的公关活动,霸王茶姬不仅巩固了其在"原叶鲜奶茶"品类中的领导地位,而且巧妙地将品牌与"现代东方茶"联系起来,成功抢占了市场最强心智资源,赢得了大量的官方支持、媒体报道和资本关注。这一系列定位公关动作不仅提升了霸王茶姬的品牌知名度，也为其全球化发展奠定了坚实的基础。

我们服务的某新锐篮球袜品牌也是通过一系列的品牌公关事件（与数十个新锐消费品牌跨界合作营销、博物馆联名产品售卖、篮球校园行等典型事件营销等），不断提升篮球袜的品类价值和品牌势能，从而在15～25岁目标消费者心智中成为篮球袜品类的第一品牌，在心智份额上超过耐克和李宁等行业巨头。

综上所述，品类种草、品牌种树和公关引爆是品牌通过内容持续"存钱"，让品牌价值持续增值的三个重要维度（见图3-6）。通过综合运用这三个维度的策略和方法，品牌可以逐步积累品牌资产，提升品牌的知名度和影响力，为品牌的长期发展奠定坚实的基础。

市场初探
- 品类种草法则
  人群（情感）×内容（趣味）×场景（使用）×产品（品类）
- 品牌种草：传达品牌的核心价值，向"品牌心智"存钱

品牌种草　品牌种树

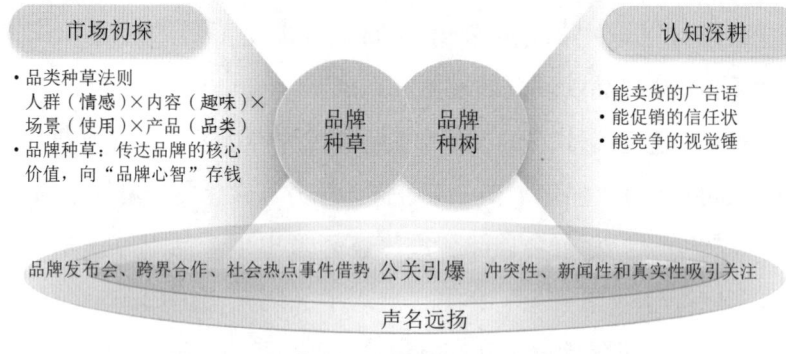

认知深耕
- 能卖货的广告语
- 能促销的信任状
- 能竞争的视觉锤

品牌发布会、跨界合作、社会热点事件借势　公关引爆　冲突性、新闻性和真实性吸引关注

声名远扬

图 3-6　品牌价值持续增值的三个重要维度

## 营销力实操小贴士

### A. 营销的四大维度（见图 3-7）

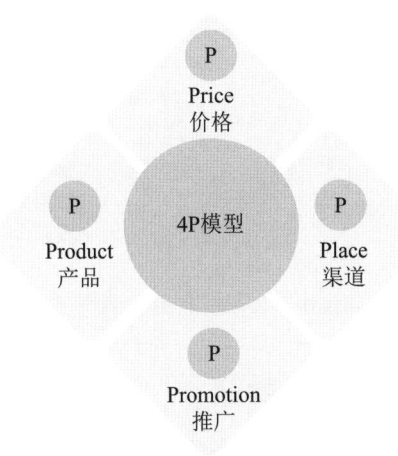

图 3-7 营销的四大维度

### B. 营销的四大步骤（见图 3-8）

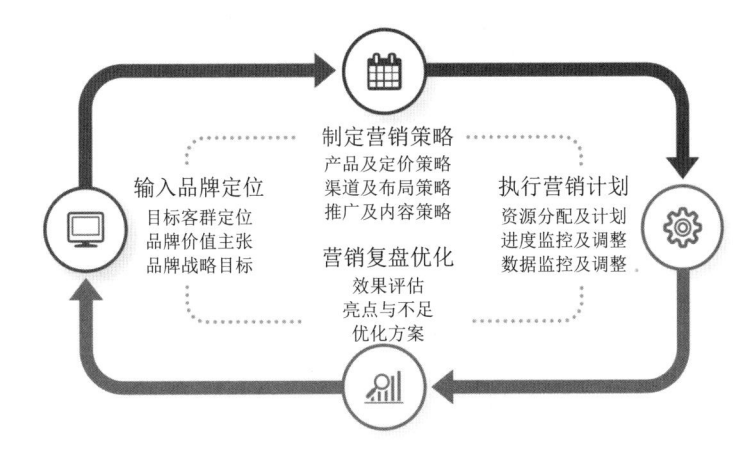

图 3-8 营销的四大步骤

C. 主流电商渠道的选择（见图 3-9）

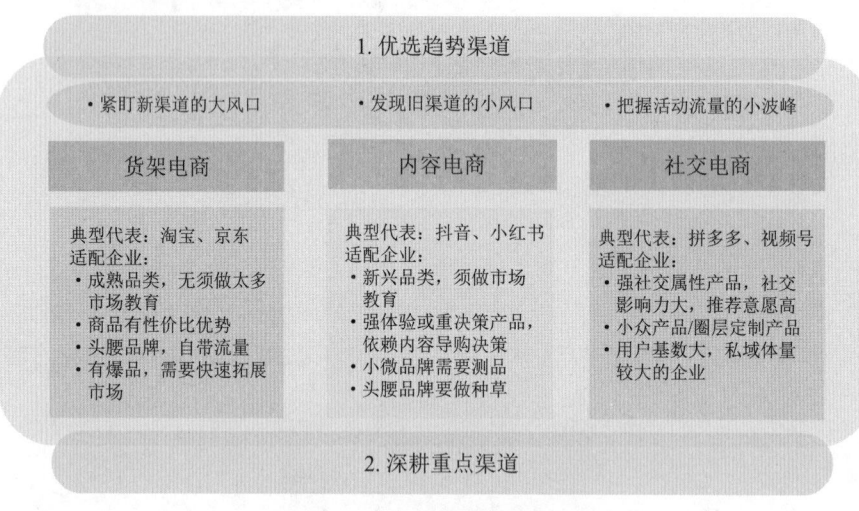

```
┌─────────────────────────────────────────────────────────────┐
│                    1. 优选趋势渠道                           │
│  • 紧盯新渠道的大风口   • 发现旧渠道的小风口   • 把握活动流量的小波峰  │
│                                                              │
│    ┌──────────────┐  ┌──────────────┐  ┌──────────────┐     │
│    │   货架电商   │  │   内容电商   │  │   社交电商   │     │
│    ├──────────────┤  ├──────────────┤  ├──────────────┤     │
│    │典型代表：淘宝、│ │典型代表：抖音、│ │典型代表：拼多多、│   │
│    │京东          │  │小红书        │  │视频号        │     │
│    │适配企业：    │  │适配企业：    │  │适配企业：    │     │
│    │• 成熟品类，无│  │• 新兴品类，须│  │• 强社交属性产│     │
│    │  须做太多市场│  │  做市场教育  │  │  品，社交影响│     │
│    │  教育        │  │• 强体验或重决│  │  力大，推荐意│     │
│    │• 商品有性价比│  │  策产品，依赖│  │  愿高        │     │
│    │  优势        │  │  内容导购决策│  │• 小众产品/圈层│    │
│    │• 头腰品牌，自│  │• 小微品牌需要│  │  定制产品    │     │
│    │  带流量      │  │  测品        │  │• 用户基数大，│     │
│    │• 有爆品，需要│  │• 头腰品牌要做│  │  私域体量较大│     │
│    │  快速拓展市场│  │  种草        │  │  的企业      │     │
│    └──────────────┘  └──────────────┘  └──────────────┘     │
│                                                              │
│                    2. 深耕重点渠道                           │
└─────────────────────────────────────────────────────────────┘
```

图 3-9　主流电商渠道的选择

**本章小结**　营销力就是战略的嘴巴

在当今快速变化的商业环境中，企业要想实现可持续发展并保持竞争优势，必须深刻理解并有效运用营销力的核心要素。

产品作为营销力的引擎，其创新和质量直接影响消费者对品牌的信任和忠诚，企业需要通过爆品、瘾品和瘾爆品（战略单品）等来满足和引领市场需求。

内容是营销力的燃料，企业通过品牌种草、品牌种树和公关引爆等手段，能够让品牌在消费者心智中建立起强烈的心智认知，从而促进销售并增强品牌忠诚度。

# 第四章

FOUR
战略的筋骨
**组织力**

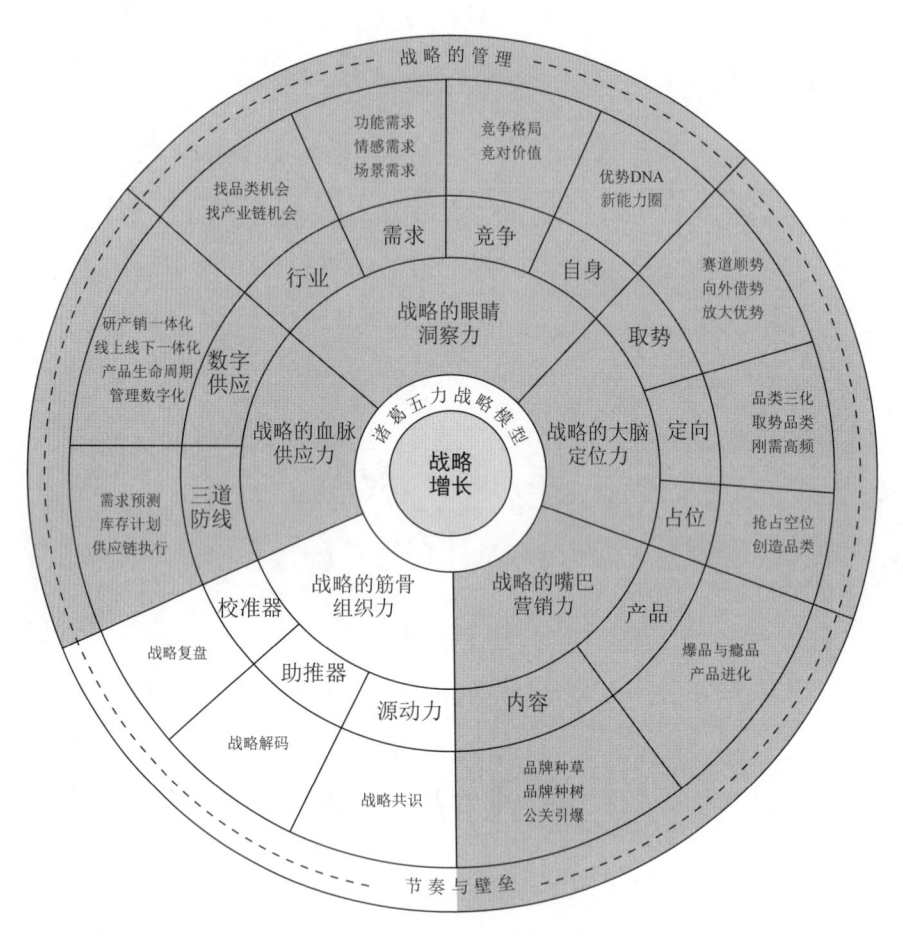

图 4-1 诸葛五力战略模型

"凡治众如治寡,分数是也;""斗众如斗寡,形名是也。""识众寡之用者胜。"——《孙子兵法》

组织力是一个组织在为顾客创造价值时所展现的内部协同合作的模式和能力。组织力将战略方向与日常运营紧密相连,如同企业的筋骨,支撑着整个战略体系。在组织内部,它体现为凝聚各种资源和能力的强大聚合力。而在组织外部,它则展现为灵活适应市场环境变化的进化力。

# 第四章

## 战略的筋骨：组织力

从现代组织管理层面来讲，关乎组织力的三大核心为：组织运营、人才队伍和企业文化；提升组织力的三大步骤为：明确经营目标、优化组织流程和改善经营绩效。这些都是关于组织力的基础知识，不再赘述。

在咨询实践过程中，我们注意到许多企业面临着战略难以落地的挑战。通常，企业可能会将这一问题归咎于自身规模尚小，缺乏战略落地的组织能力。然而，根据我们多年的战略辅导落地经验，根源并非企业规模小和组织能力弱，而是企业缺乏认知和方法，未从战略的视角去看组织并搭建好战略与组织落地的沟通桥梁。

本章主要从战略的角度来看组织，并从组织力的"源动力""助推器"和"校准器"三个方面来进行探讨。

## 第一节　源动力：方向共识推动战略落地

战略定位为组织提供了明确的发展目标和方向，指导组织如何最有效地分配有限的资源，为企业长期规划和日常运营的决策提供了依据，同时通过集中资源于关键领域产生战略绩效成果，帮助企业管理层在面对复杂多变的市场环境时，做出符合企业战略目标的决策。

我们每年都会接触数百名企业家，他们的企业处于不同行业，规模体量也不尽相同。对于企业在经营上遇到的最大的问题，大多数企业家倾向于从组织内部找原因，而忽视了战略定位，而实际情况往往是大部分企业定位不清晰、战略不聚焦，从而导致组织臃肿、资源分配不合理、经营效率低下等一连串组织方面的问题，任何事情一定要解决源头问题，而不是对表面现象进行修补。

实际上，组织内部的各种问题往往可以追溯到同一个源头——战略定位。一旦组织明确了自身的战略定位，即便企业面对纷繁复杂的管理问题，也能迅速找到那条关键的战略线头，抽丝剥茧地找到问题症结，还原本质，厘清秩序，一通百通。

战略定位帮助企业从外部的机会和风险来审视组织内部的各项经营活动，从而把有限的企业资源集中到顾客价值创造上，并以此来建立企业环环相扣的配称动作和系统竞争力，这就是提升组织力的不二秘诀。

志不立，天下无可成之事。任何组织一定要靠目标进行牵引，清晰的目标一定来自清晰的战略，而战略的核心就是定位，战略定位是组织力的"源动力"。

## 第四章
战略的筋骨：组织力

## 第二节 助推器：统一工具提升战略效率

我们作为一家陪跑型的战略咨询机构，除了帮助客户洞察市场机会，找准战略定位外，还要把战略定位落地到客户企业经营的方方面面，在这个过程中，方法和工具在战略的解码和实施中扮演着至关重要的角色。

我们坚信，这个世界上绝大多数问题都已有现成的解决方案和工具，关键在于如何识别这些方法和工具的价值，并有效地将它们应用于实际问题中。在众多工具中，OGSM 以其结构化的呈现力、清晰的逻辑分解以及全员适用性，成为我们推崇的战略落地工具。OGSM 包括 Objective（目的）、Goal（目标）、Strategy（策略）、Measurement（衡量指标）四个部分，它是一种目标计划与执行管理工具，也是思考和制定策略的强大结构化工具，帮助企业各层级人员将所负责的业务聚焦到战略定位和战略目标上，以便于时刻审视。

OGSM（目的、目标、策略和衡量指标）管理模型的核心基石源自彼得·德鲁克的"目标管理（Management By Objectives，MBO）"理念，它强调企业必须确保组织的目标能够转化为每个员工的个人目标，并转化为可执行的具体任务。OGSM 的雏形可以追溯到日本丰田汽车（TOYOTA）早期所设计并执行的工作计划表。

美国国家航空航天局（NASA）在其早期就采纳了 OGSM 模型，尤其是在二十世纪五六十年代，美国和苏联之间进行的太空竞赛如火如荼。当时，苏联成功发射了世界上第一颗人造地球卫星，时任美国总统肯尼迪提出了一个宏伟的目标：在 10 年内将美国宇航员送上月球并安全返回。这个目标在当时看来极具挑战性，因为美国的技术水平落后于苏联，民调显示有 58% 的人反对这一计划。

然而，肯尼迪在莱斯大学的著名演讲《We Choose to Go to the Moon》（我们决定登月）中，坚定地表达了这个意愿，并在全球范围内引起了轰动。这场演讲不仅标志着美国登月计划的启动，也成为美国历史上著名的演讲之一。

为了实现这个宏伟的愿景，NASA运用了OGSM模型，将登月计划拆解为一系列的策略、具体的计划和每个部门、每个员工需要执行的具体事项。通过这种方式，NASA成功地将每位员工的日常工作纳入了登月计划的宏伟目标中，使每个人都清楚自己的贡献对实现团队目标的重要性。

在这个进程中发生了一个小插曲。时任美国副总统约翰逊在视察项目进展时，与一位正忙着拖地的阿姨交谈。他原本预料阿姨会说自己正在拖地，但阿姨却给出了一个意想不到的回答："我正在为人类的首次登月任务贡献一份力量。"阿姨的回答深深地打动了约翰逊，让他更加坚信这个看似遥不可及的目标终将达成。

这个有趣的小插曲揭示了一个深刻的道理：只要组织内的每个人都清晰理解并认同共同的目标，就能将每个人的努力汇聚成一股不可阻挡的强大力量，推动组织不断向前，最终实现目标。而OGSM模型正是帮助组织将宏伟目标转化为具体可执行的计划的有效工具，确保每个成员都能为实现这一目标贡献自己的力量。

OGSM模型的精神在于追求简洁明了，力求一目了然，让沟通变得轻松便捷，无须依赖复杂的计算机系统。正因为其简单易懂，所以人人都能轻松上手，快速掌握。这一模型后来被快消品行业的领军企业宝洁所采用，演化为其内部执行的重要工作表格。借助这一页纸的精简信息，宝洁能够迅速调整策略，灵活应对市场变化。在清晰的企业战略指引下，宝洁旗下的数百个品牌、数十万名员工在每周、每月、每季的沟通和会议中都能够做到有条不紊，同时又能快速响应消

第四章
战略的筋骨：组织力

费者需求，从容应对市场的瞬息万变。

除了日本丰田汽车和美国宝洁之外，OGSM 模型还被广泛应用于美国可口可乐、德国大众汽车、法国欧莱雅、荷兰喜力等众多跨国企业中，成为它们解码战略和规划策略行动的重要工具。

战略解码体系 OGSMK 如图 4-2 所示。

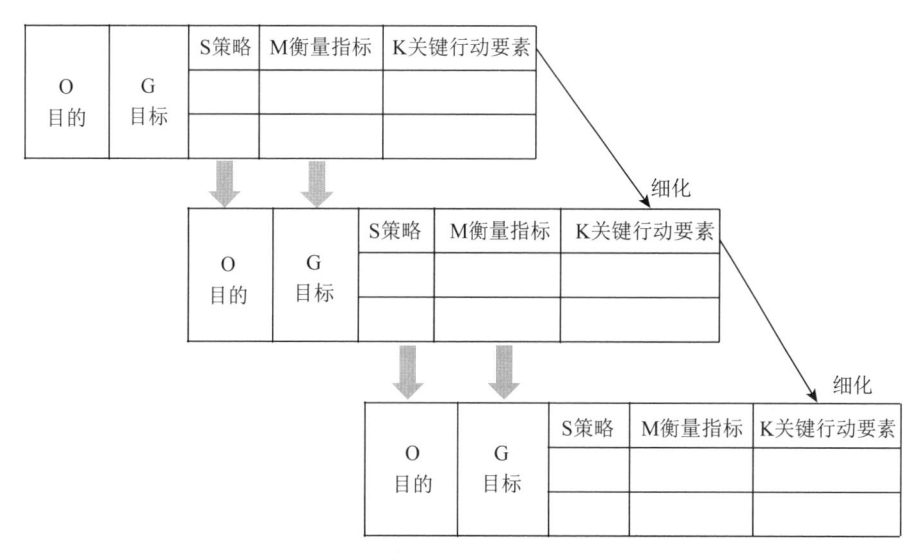

图 4-2　战略解码体系 OGSMK

在辅导企业进行战略落地的过程中，我们为 OGSM 这个战略解码和策略工具赋予了新的内涵，不仅为其注入了战略定位的视角，还给它加上了项目计划与执行的翅膀。

企业用同样的工具、语言进行讨论，在战略定位的牵引下，对战略目的、目标、策略和衡量指标体系进行思考和创新，并能在执行过程中动态跟进和追溯责任，最终抢占战略机会，实现战略目标。

企业级 OGSMK 示例如表 4-1 所示。

战略定位：胶原蛋白肽行业高端品牌领导者

表 4-1　企业级 OGSMK 示例

| 目的 Objective | 目标 Goal | 策略 Strategy | 衡量指标 Measurement | 关键行动要素 Key elements ||||
|---|---|---|---|---|---|---|
| | | | | 做什么 What | 谁来做 Who | 何时做 When |
| 高端市场销量排名第一…… | 高端市场份额占比大于 45%…… | 通过差异化高端产品研发，提升销售收入 | 差异化高端产品成功上市 3 款 | 完成 3 款产品的开发和客户试用 | 研发部负责人张三 | ×××年××月××日 |
| | | | 差异化产品销售收入 x 万元 | 全方位宣传方案审批通过 | 市场部负责人李四 | ×××年××月××日 |
| | | | | 新品上架销售 | 销售部负责人陈八 | ×××年××月××日 |
| | | …… | …… | …… | …… | …… |
| | | | | …… | …… | …… |

## 第四章
### 战略的筋骨：组织力

假如某企业的战略定位（P）是致力于成为胶原蛋白肽行业的高端品牌领导者。那么为了实现这一战略定位，企业在制定2025年的企业级OGSM时，首先需要确保企业上下对2025年度的战略目的达成共识。这些目的应紧密围绕战略定位，例如，其中一个核心目的可以是力争在高端市场的销量排名第一。一旦企业上下对这一目的达成共识，其对应的具体目标也须明确并达成共识，这些目标应具有定量维度，比如设定高端市场份额占比超过45%等。目的和目标都是更好地服务于公司的战略定位。

接下来，企业需要就实现这些目的和目标的策略和衡量指标达成共识。这些策略应详细阐述如何达成目标，而衡量指标则用于评估策略的执行效果。

最后，企业还需要确定项目计划的"K：3W关键行动要素"：包括明确"做什么（What）"，即具体事项及行动步骤；确定"谁来做（Who）"，即负责执行这些行动的人员或团队；设定"何时做（When）"，即行动的时间表和里程碑。通过确定这些关键行动要素，可以确保企业上下对如何实现战略定位有清晰的认识和明确的行动计划。

企业级的OGSMK完成后，部门级的OGSMK就要对齐企业级的OGSMK，部门级的O就是企业级的S（策略），部门级的G就是企业级的M（衡量指标）。

研发部OGSMK示例如表4-2所示。研发部赵六的个人级OGSMK示例如表4-3所示。

战略定位：胶原蛋白肽行业高端品牌领导者

表 4-2 研发部 OGSMK 示例

| 目的 Objective | 目标 Goal | 策略 Strategy | 衡量指标 Measurement | 关键行动要素 Key elements ||| 
||||| 做什么 What | 谁来做 Who | 何时做 When |
| 通过差异化高端产品研发，提高销售收入…… | 差异化高端产品成功上市3款…… | 通过消费者调研、竞品调研和品类趋势分析，开发出受Z世代女性欢迎的新品类 | 高端新品专利申请×××个；新品获专业杂志持续报道30次以上…… | 完成消费者、竞品、品类趋势分析报告 | 分析主管王五 | …… |
| | | | | 输出高端新品全年规划并经技术专家委员会审批通过 | 产品经理赵六 | …… |
| | | | | 输出高端新品专利规划时间表初稿 | 技术专家陈七 | …… |
| | | 通过与北京大学医学院合作，完成新产品配方的成功研制 | …… | …… | …… | …… |
| | | 通过新产品开发流程的标准化，实现多部门协同，缩短产品研发到样品上市时间 | 产品研发到样品上市的时间缩短×××天 | 完成客户试用，输出反馈报告 | 项目主管牛九 | …… |
| | | | | 3个高端新品样品获批生产及开发完成 | 产品经理赵六 | …… |
| | | | | 高端新品上架销售 | 销售部陈八 | …… |

## 第四章
### 战略的筋骨：组织力

**战略定位**：胶原蛋白肽行业高端品牌领导者

**表4-3 研发部赵六的个人级OGSMK示例**

| 定位 Position | 目的 Objective | 目标 Goal | 重点事项（策略） Strategy | 衡量指标 Measurement | 关键行动要素 Key elements ||| 
|---|---|---|---|---|---|---|---|
| | | | | | 做什么 What | 谁来做 Who | 何时做 When |
| 胶原蛋白肽行业高端品牌领导者 | 通过消费者调研、竞品调研和品类趋势分析，开发出受Z世代女性欢迎的新品类；通过与北京大学医学院合作，完成新产品配方的成功研制；通过新产品开发流程的标准化，实现多部门协同，缩短产品研发到上市时间 | 高端新品专利申请×××个；产品研发到样品上市时间短××天…… | 收集多部门负责人意见和建议；收集并整理各类调研报告；提出高端新品开发草案；召开2次高端新品开发预备会；组织召开高端技术专家委员会评审会；全年规划技术专家委员会评审会 | ××月××日对多部门反馈意见整理成稿；××月××日整理成稿；××月××日前撰写完成高端新品开发草案；××月××日前发布2次预备会会议纪要；××月××日前发布立项结果 | 指派本部门刘××负责收集；指派本部门刘××负责收集；亲自撰写高端新品开发草案；亲自主持2次预备会议并安排刘××负责整理会议纪要；负责组织技术专家委员会评审会并报批立项结果 | 赵六 | …… |
| | | | …… | …… | …… | …… | …… |
| | | | | …… | 结果：3个高端新品样品获批生产及开发完成 | …… | …… |
| | | | | …… | | | |

099

部门级的 OGSMK 完成后，个人级的 OGSMK 就要对齐部门级的 OGSMK，个人级的 O 就是部门级的 S（策略），个人级的 G 就是部门级的 M（衡量指标）。

通过这种统一语言、聚焦成果、上下对齐、左右拉通的战略解码过程，围绕着定位"明目的"，围绕着目的"定目标"，围绕着目标"定策略"，围绕着策略"定指标"，围绕着指标"立计划"，围绕着计划"做管理"，围绕着管理"抓考核"，从而形成战略落地的闭环体系，组织的所有资源和动作都会紧紧围绕战略定位进行，在不断动态的执行复盘调整过程中，企业的组织力会在无形中得到巨大的提升。

## 第三节 校准器：复盘总结保障战略航向

在快速变化的市场环境中，企业如何确保战略方向的准确性？复盘总结成了一种关键的校准工具。复盘不仅是对过去行动的回顾，更是一种深入思考、持续学习的过程。

柳生是一个围棋高手，他在家乡已经没有对手了，于是他去找全国最厉害的围棋手宫本挑战，输了三次。柳生很佩服宫本，想拜他为师。宫本说："你回去好好想想我们今天下的三盘棋，明年再来找我。"

一年后，柳生又来找宫本，想成为他的徒弟。宫本说："那我们再下一盘棋看看吧。"虽然柳生这一年进步很大，但还是输了。宫本又说："你再花一年时间，好好研究我们这次下的棋，明年我会考虑收你为徒。"

柳生觉得这次下的棋里有很多聪明的手法值得学习，他回家后非常认真地研究，每一步棋都想了好多遍，还做了很多练习和笔记。到了第二年，柳生再次去找宫本下棋。他们下了一整天，最后柳生赢了宫本一点点。柳生非常开心，立刻向宫本拜师。宫本笑着说："其实两年前，我就已经把你当作我的徒弟了，现在你已经成为一个真正的围棋高手了。"柳生这才明白，原来通过反复复盘、学习和练习，可以让自己变得更强。

战略复盘是组织在战略管理和持续改进中的重要环节，它要求组织对战略假设进行回顾和验证，确保战略建立在最新、最准确的信息基础上。通过重新评估行业趋势、竞争对手和顾客需求等关键因素，战略复盘使组织能够及时调整战略方向或行动计划，萃取经验或总结教训，以更好地适应外部环境的变化和内部资源的实际情况。

当今社会，时代在变，需求在变，渠道在变，竞争在变……企业经营涉及的因素都在发生着动态变化，面对高度的不确定性，快速的反应决策、高效的复盘迭代是企业的基本功，也是组织力的重要体现。

王小卤的成功法宝：王小卤通过不断的经营复盘，深入拆解关键变量，积累并沉淀经验参数，形成了一系列局部模型。在面对卤猪蹄失败的尝试后，王小卤通过赛马机制和数据分析，选出了虎皮鸡爪作为战略定位方向，并灵活调整核心渠道策略。这种不断进化、持续优化的能力，使王小卤在激烈的市场竞争中保持了持续增长。

华为的战略复盘实践：华为在面对全球通信市场的竞争和技术变革时，采用了"蓝军"和"红军"的对抗性战略复盘方法。通过内部对抗的方式，华为能够从不同的角度审视自身战略，识别潜在的风险和机会，推动组织内部的变革和战略的迭代更新。这种持续学习和改进的文化，使华为在全球通信设备市场中保持了领先地位。

总之，战略复盘通过对过去战略执行的深入分析和反思，帮助组织校准其战略方向和行动计划。通过这种持续的自我审视和调整，组织能够更有效地实现其战略目标，提升整体竞争力。

## 第四章
### 战略的筋骨：组织力

**组织力实操小贴士**

组织力实操方式对比如表 4-4 所示。

表 4-4　组织力实操方式对比

| 前置研究 | 组织力 | 主要内容 | 使用方法、工具 | 操作步骤 | 注意事项 |
|---|---|---|---|---|---|
| 定位力 | 战略共识 | 共识战略目标 | 方法：团队共创法 工具：思维导图、原型制作、角色扮演等 | 确定共创议题→组建共创团队→收集背景信息→召开共创会议→识别核心问题→生成创意和想法→优先排序→明确战略目标→细化战略行动→建立共识框架→进行模拟和角色扮演→反馈和迭代 | 创造平等氛围、激发人人参与 |
| | | 共识实施路径 | | | |
| | 战略解码 | 解码战略目标 | 方法：环环相扣法 工具：OGSMK（Objective 目的、Goal 目标、Strategy 策略、Measurement 衡量指标、Key elements 关键行动要素） | 展开线：Objective 目的→Goal 目标→Strategy 策略→Measurement 衡量指标→Key elements 关键行动要素（3W:What 做什么、Who 谁负责、When 何时完成） 层级线：企业级 OGSMK→部门级 OGSMK→子团队级 OGSMK→个人级 OGSMK | 前后逻辑承接、上中下多层承接 |
| | | 解码实施路径 | | | |
| | 战略执行 | …… | …… | …… | …… |
| | 战略复盘 | 复盘战略目标 | 方法：团队分析法 工具：GRAI 复盘法+KISS 复盘法 | GRAI 复盘步骤：G（Goal）回顾目标→R（Result）评估结果→A（Analysis）分析原因→I（Insight）总结规律 KISS 复盘步骤：K（Keep）需要保持→I（Improve）需要改进→S（Start）需要开始→S（Stop）需要停止 | 追求根因、严禁走过场 |
| | | 复盘实施路径 | | | |

103

**本章小结** 组织力就是战略的筋骨

战略定位作为组织力的源动力,为企业提供了明确的发展目标和方向,是激励组织成员共同努力的基础。OGSMK 工具作为组织力的助推器,帮助企业将战略定位转化为具体的行动和成果。战略复盘则是组织力的校准器,它要求企业对战略执行进行深入分析和反思,从而随时校准战略方向和行动计划。

# 第五章

FIVE

战略的血脉
**供应力**

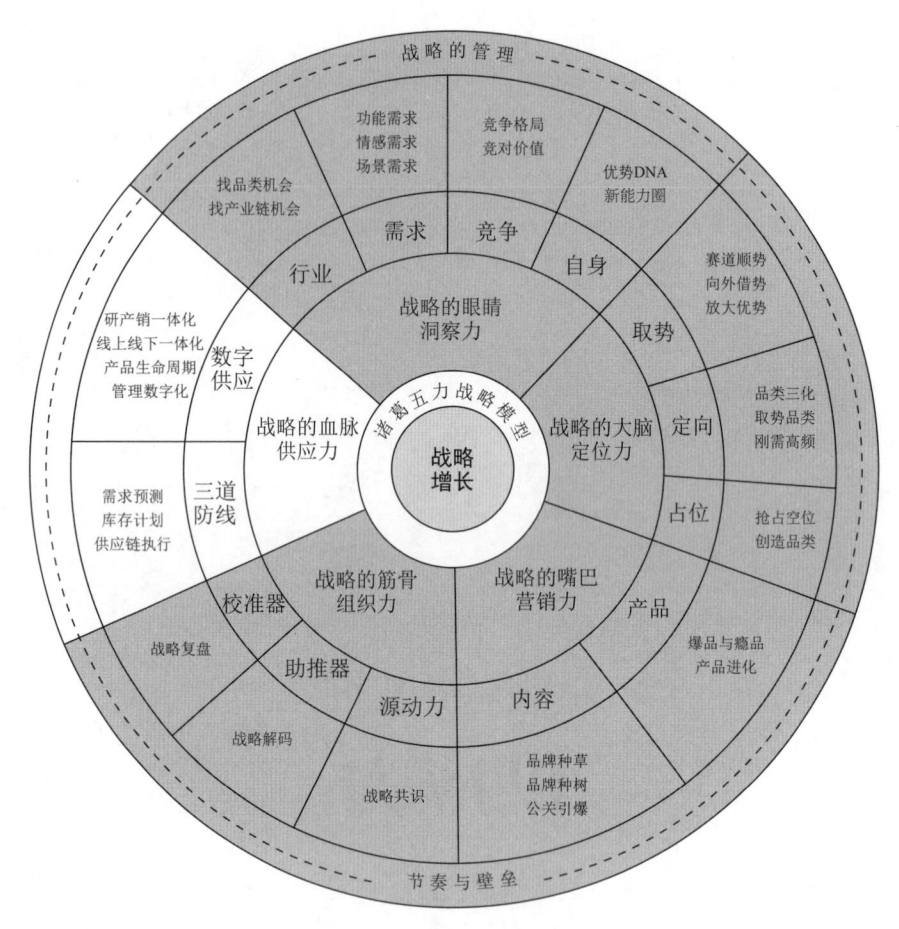

图 5-1 诸葛五力战略模型

"军无辎重则亡,无粮食则亡,无委积则亡。""国之贫于师者远输,远输则百姓贫。"——《孙子兵法》

预制菜赛道的黄总说:"我创业就选择预制菜,一开始推出多款菜肴,企图快速覆盖消费者的多样需求。然而,产品开发越多,意味着与工厂的沟通成本和产品监督管理成本也越大。每一款新品的推出,背后都是和工厂无数次的沟通和调整,非常考验沟通能力以及工厂的配合度。"

# 第五章
## 战略的血脉：供应力

直播带货的博主王女士说："我遇到过一个服装供应商叫张某，谈合作时他打包票说自己日产 5000 套完全没有问题。正式合作后，有一次直播间爆单，那次卖了 4000 套，结果他就嚷嚷着说原材料不足，无法准时发货。"

以上都是企业缺乏供应力的表现，在诸葛五力战略模型中，供应力指的是企业在定位的牵引下，在需求预测、库存计划和供应链执行以及产品研发和数字供应中，高效整合资源、优化流程、确保品质与效率，以满足市场需求并持续提供有竞争力的产品的能力。从全局来看，供应力是企业实现战略绩效的关键因素之一，它能够影响企业的成本、效率、可持续性和品牌形象等方面。

供应链管理是提升企业供应力的核心，本章主要探讨供应链管理的三道防线（需求预测、库存计划和供应链执行）及数字供应。

## 第一节　三道防线：做好供应力的基石

著名供应链专家刘宝红曾说："我每年拜访、服务几十家企业，这些企业年度营收上至千亿元，下至几千万元，规模大不相同，但问题却惊人地相似——供应链的成本做不低，交付做不快，库存水平居高不下。这些问题，表面上看是供应链的执行不到位，但仔细探究，根源却都离不开'计划'，比如需求预测变动频繁，紧急需求频发，没有给供应链足够的响应时间等。"

计划！计划！计划！重要的事情说三遍。但计划的预测性和可行性来自哪里？其核心就来自前文所讲的洞察力、定位力、营销力和组织力，企业经营的所有事其实都是一件事：赢得顾客的优先选择，把更多的货卖出去，把更多的钱收回来。

我们身边大部分企业规模越来越大，钱却越赚越少；或者说账面上赚了，却都赚到库存和产能里去了。要想解决这些问题，必须从计划或供应链的三道防线着手。在《供应链的三道防线：需求预测、库存计划、供应链执行》一书中，作者详细论述了需求预测、库存计划和供应链执行的关系。

第一道防线是需求预测。尽管预测难免有误，但追求"误差最小化的预测"本身也是一种能力，关键在于如何使预测尽可能接近实际。

第二道防线是库存计划。鉴于预测的不确定性，企业必须学会科学合理地设置安全库存，以平衡顾客服务水平和库存周转率，这是库存计划的核心任务。

第三道防线是供应链执行。市场环境瞬息万变，当需求预测出现偏差或安全库存不足时，供应链执行需要迅速应对，比如通过加急生产、缩短响应周期、整合供应商资源、集中采购以驱动供应商更快响应等措施来弥补。

这三道防线可以比作河流上的堤坝系统：需求预测是第一道堤坝，旨在拦截市场上 70% ~ 80% 的需求波动；库存计划是第二道堤坝，用于应对市场上 15% ~ 20% 的需求波动；供应链执行是第三道堤坝，负责处理那最后 5% ~ 10% 的需求波动。然而，在实际操作中，由于计划层面的不足，往往难以有效建立这三道防线，从而导致供应链执行面临重重挑战。

最常见的问题是需求预测的准确度太低，第一道防线因此经常被冲垮。当需求的"洪水"来袭时，它往往无法起到应有的拦截作用。这样一来，作为第二道防线的安全库存也难以支撑。最终，所有的压力都落在了执行者的肩上，供应链因此不可避免地陷入了疲于奔命的"救火"模式。

如果说计划是供应链的引擎，那么需求预测则是计划的引擎。有什么办法能提高需求预测的准确性呢？做好品牌定位和产品规划是关键。

以服装行业为例，优衣库自 1984 年成立以来，凭借其清晰的战略定位和专注于"基础款"的产品策略，在 2023 年大中华区实现了 15.2% 的业绩同比增长，销售额达到 304 亿元。同样地，鸭鸭也通过类似的战略迅速崛起，成为羽绒服界的"优衣库"。

鸭鸭的产品策略强调高性价比，其价格区间集中在 399 元至 799 元，覆盖了广泛的消费者群体。在货品结构上与优衣库也很相似，用基础款打大众市场，用系列款打造影响力。在产品结构上，鸭鸭进行了细致的划分，包括基础款满足大众需求，中层是设计师、IP 联名款满足年轻人的小众需求，顶层是品牌心智款，如 Goose、90+、冰壳系列等，代表品牌定位和理念。

为了进一步提升需求预测的准确性，鸭鸭采取了多种措施。首先，通过网络平台，如直播进行产品测试，利用少量备货来测试市场反应，包括点击率、浏览量等关键指标。其次，鸭鸭会在每年的6月~8月从众多设计中筛选出1000多个有效款式，这些款式能够满足全客群的基础需求。再次，在每年9月的大促节点，如天猫"99划算节"和抖音"开新日"，鸭鸭会将新品上架进行测试，并根据用户互动数据挑选出潜在的爆款产品。最后，鸭鸭围绕这些潜力款式进行市场营销推广，利用明星效应和社交媒体平台增加产品曝光度，为产品积累流量和热度。

通过这些策略，鸭鸭能够在每年11月~12月的销售旺季集中资源，实现销售的爆发式增长。如果没有清晰的品牌定位和系统化的产品规划，鸭鸭很难在短短3年内实现从8000多万元到100多亿元的销售额增长，供应链也可能因为需求预测不准确而面临崩溃的风险。总之，品牌定位和产品规划是提高需求预测准确性和企业成功的关键。

为了更好地理解供应链的三道防线内容，企业可以借用一个家庭场景来类比。假设你的孩子在幼儿园玩耍了一整天，回家后非常饿，声称要吃三大碗饭，这可以看作"销售预测"，即基于主观愿望的预测。然而，作为家长，你根据孩子过去的行为和今天的特殊情况（比如脸色发白）决定多做半碗饭。这个决策过程就是"需求预测"，它是供应链管理的第一道防线，旨在通过客观分析来减少预测误差，这也是最重要的一道防线。

当孩子吃完两碗饭后仍然觉得饿，这时你提供的小点心或水果就相当于"安全库存"，是供应链的第二道防线。安全库存是为了应对需求的波动和不确定性，确保在需求超出预期时仍能满足。

如果孩子吃完点心和水果后仍然觉得饿，你可能会选择做面条或外出购买小吃，这就启动了供应链的第三道防线——执行层面的调整。这表明，在预测和计划无法完全满足实际情况时，可以通过灵活的执行策略来弥补不足。

通过这个家庭案例可以看到,供应链管理的三道防线——需求预测、安全库存和执行调整是如何相互作用的。家长在处理孩子饮食需求的过程中,展现了对供应链管理原则的本能理解和应用。同样地,企业在供应链管理中,通过精确的需求预测、合理的安全库存设置和灵活的执行策略,可以有效地平衡供需关系,提高客户满意度,同时降低成本和库存风险。

我们长期服务的一家新消费电商企业,由于品类和流量的红利驱动,发展迅速,在短短几年内销售额增长数十倍,达数亿元,但货品供应等供应链问题成为制约其发展的症结。在我们为其梳理清楚战略定位后,如何提升企业的供应力,如何在千头万绪中抓住"牛鼻子"、提纲挈领地有序和系统性解决供应链问题呢?我们的客户把"供应链计划管理"作为第一核心,并成立 2～3 人的独立计划部,由财务负责人统筹管理,并逐步构建了需求预测、库存计划和供应链执行三道防线,经过短短一年时间,效果立竿见影,供应力大大提升:库存总额大大优化、释放现金流数千万元,库存周转次数提升近 3 次,核心商品有货率提升近 10%(总体接近 100%),呆滞库存占比下降超 60%,商品预测准确率提高超 100% 等,这些都为战略定位的落地提供了强大的供应保障。

## 第二节 数字供应：提升供应力的关键

消费品的竞争有三大阶段：第一阶段是产品和渠道的竞争，第二阶段是供应链的竞争，第三阶段是品牌的竞争。很多网红品牌依靠渠道红利迅速崛起，有不少掉队于第二阶段，走到第三阶段的更是寥寥无几。强大的供应链能力是企业核心竞争力的重要组成部分，也是品牌从短期红利增长转向长期系统性增长的关键。

过去几年我们服务和研究了很多新消费品牌，纵观这些品牌的发展史，我们发现一个共同的规律：它们均源于对消费需求的敏锐把握，发掘细分品类心智空白，以此为起点，要么升级现有供应端，要么与合适的供应厂商合作，将需求洞察转化为填补心智空白的产品推向市场，从无到有开启新消费品牌的缔造之旅。宠物食品的麦富迪和服装行业的衬衫老罗是从原有代工产品洞察到市场新机会，从代工厂转向自主品牌的代表；口服美容品牌五个女博士和休闲零食王小卤是发现赛道新机会后找工厂合作将战略落地，从无名小白成为行业头部的代表。

新消费品牌不仅需要满足消费者不断增长和变化的需求，还需要通过供应链的创新和优化来推动整个市场的升级。供应端在新消费中扮演着产品创新和品质保障的重要角色，需要具备强大的研发能力，开发出符合市场需求的新产品，并保证产品的品质和安全性，以赢得消费者的信任。供应端的高效和灵活性至关重要，在数字化和个性化的消费趋势下，供应端需要快速响应市场变化，及时调整生产计划和供应链布局，确保产品能够及时、准确地送达消费者手中。

对服饰供应链来说，核心在于"产品供应"部分，从产品规划开始，经研发与设计、样品制作、工艺技术标准管理、生产与采购管

## 第五章
战略的血脉：供应力

理、品质管理、面辅料资源管理、成本管理、仓储与物流、财务结算等多个管理模块的整合和统筹，从而完成产品供应。

但对当前服装行业而言，库存压力已成为企业运营中的一大难题。除了销售环节的成衣库存外，供应链管理的不足也导致了原材料库存的积压，增加了企业的时间、成本和质量风险。为了解决这一问题，SHEIN和鸭鸭两个品牌采用了"柔性快反"的供应链策略，以应对市场的快速变化和消费者需求的多样性。

SHEIN品牌通过实施按需生产的柔性供应链模式，利用实际市场需求来预测销售并控制生产，从而有效减少生产过剩。SHEIN对所有SKU采取小批量订单策略，一般起订量为100~200件，根据销售趋势及时返单或停止生产。这种模式通过实时跟踪时尚趋势和消费者反馈，结合线上数字化工具，实现了供应链的高效运作，使库存率降低至个位数，远低于行业其他品牌未销售库存的平均水平（30%）。

鸭鸭品牌同样实现了快速反应的供应链，能够在7~15个工作日内完成快速翻单生产。鸭鸭拥有超过30人的设计师团队，每年制定产品规划主题和核心款式，并拥有一个链接1000余名设计师的平台，形成了多风格设计生态。通过算法模型，鸭鸭将设计需求与设计师的能力进行匹配，实现远程派单，确保设计满足市场需求。所有开发款式经过统一审核后进入打样和审样流程，最终形成款式库。

羽绒服行业平均售罄率约为60%，库存周转天数约为150天。而鸭鸭羽绒服能做到平均售罄率约为90%，库存周转天数为60~70天。核心原因在于鸭鸭针对"柔性快反"做了三个动作：①对供应商进行分级管理，而且大部分都支持7~15日快返生产；②派品控小组入驻工厂，工厂是生产、仓储和发货物流中心；③开发BMS业务管理系统，形成从原料到销售的全流程可视化管理，如表5-1所示。

表 5-1　BMS 业务管理系统

| 运营环节 | BMS 系统功能与作用 |
| --- | --- |
| 原料环节 | 实时监测原料供给价格、集中采购、控制产品品质与成本 |
| 设计环节 | 设计款式数字化管理、款式资料标签化、在线报备和选款、进度可视化 |
| 生产环节 | 整合优质供应商、AI 和 IoT 技术监测供应链、动态调整产能和产量、快速响应市场变化 |
| 营销环节 | 数据化决策、选择代言人、评估营销决策效果 |
| 供应链管理 | 与 MES 直连、实时监控生产情况、快速响应市场爆款需求、优化供应链效率 |
| 产品企划与反馈 | 产品定义中枢、整合供应链、运营、营销团队反馈、资源调配、持续创新 |
| 全流程可视化 | 前端可视化驾驶舱、实时显示销量、销售件数、购买地区、供应商产品质检情况、全链条可视化管理 |

通过"企业 + 数字化"的模式，鸭鸭构建了一个前后端高效联动的产业互联网协同生态，实现了从原料采集、面辅料备货、设计、供应链管理，到运营、销售、动态库存管理等各环节的实时数据采集、处理和分析。这种模式不仅提高了产业效率，减少了库存浪费，还有助于保护环境，并通过降低成本实现产品的高性价比。这种模式更有助于企业完成产业的数字化升级，实现产销一体化，最终达成线上线下一体化的全商品数字化生命周期管理。

总之，消费品市场的竞争是一个动态的过程，品牌要想在这一过程中取得成功，就必须不断创新，优化供应链管理，提高市场响应速度，并通过数字化技术提高运营效率。只有这样，品牌才能在激烈的市场竞争中立于不败之地。

## 供应力实操小贴士

供应力实操方式对比如表 5-2 所示。

表 5-2 供应力实操方式对比

| 前置研究 | 供应力 | 主要内容 | 使用方法、工具 | 操作步骤 | 注意事项 |
|---|---|---|---|---|---|
| 洞察力<br>定位力<br>组织力<br>营销力 | 三道防线 | 需求预测 | 定性预测：销售团队综合法、市场调研法、高管意见评审法、德尔菲法；<br>定量预测：时间序列预测法（单纯方法、移动平均法、指数平滑法、预测季节性、预测趋势等） | 选择预测内容、预测的时间范围并确定预测模型→收集相关数据（销售预期、高管意见、市场调查等）→数据收集、整理与预测→核实预测结果→应用预测结果 | 需要专人负责预测和需求管理，需要建立从预测到计划达成，再到考核和提升的闭环管理体系 |
| | | 库存计划 | 方法与工具：JIT 库存、VMI 库存等 | 以 VMI 库存（供应商管理库存）为例：<br>主机厂采购订单下达→供应商生产包装→供应商成品仓储及出库→供应商干线运输→供应商预到货计划→VMI 仓入库→VMI 仓存储→主机厂下达物料需求计划→VMI 仓出库→VMI 配送入厂→VMI 仓向供应商日报及库存预警→供应商对 VMI 仓进行盘点、对账、调账追责 | |

续表

| 前置研究 | 供应力 | 主要内容 | 使用方法、工具 | 操作步骤 | 注意事项 |
|---|---|---|---|---|---|
| 洞察力<br>定位力<br>组织力<br>营销力 | 三道防线 | 供应链执行 | 方法：推动式供应链、拉动式供应链、推拉结合供应链；工具：ERP（企业资源规划）系统、SCM（供应链管理）系统、WMS（仓库管理）系统等 | 需求确认与计划制订→供应商选择与评估→采购执行→供应链协同与信息共享→绩效评估与持续改进 | 需要专人负责预测和需求管理，需要建立从预测到计划达成，再到考核和提升的闭环管理体系 |
| | 数字供应 | 数字化转型的持续改进和优化 | 方法：PDCA；工具：电子商务平台、物联网技术、人工智能技术 | 确定数字化转型的战略目标→评估现有供应链状态→选择合适的数字化工具和技术→制订详细的实施计划→逐步推进数字化转型→加强员工培训和沟通→持续监控和评估 | 数字供应需要从顶层设计，是一个战略问题，不是现有供应链简单的重组、拼接 |

**本章小结** 供应力就是战略的血脉

供应链管理是企业提升供应力、实现战略绩效的关键。通过建立有效的三道防线和数字供应能力，企业能够更好地应对市场变化，满足消费者需求，提高竞争力。同时，数字化运营的应用将进一步推动供应链管理的效率和响应能力，为企业的长期发展提供坚实的基础。

# 第六章

SIX

## 战略的管理
# 节奏与壁垒

"故其疾如风,其徐如林,侵掠如火,不动如山,难知如阴,动如雷震。""先为不可胜,以待敌之可胜。"——《孙子兵法》

在本书的前五章中,我们深入探讨了诸葛五力战略模型,从洞察力、定位力、营销力、组织力和供应力五个维度,为品牌在不同发展阶段的策略制定提供了理论支撑。

本章我们将探讨两件事情:战略的节奏和壁垒。

# 第六章
## 战略的管理：节奏与壁垒

### 第一节　进度管理：成败依赖于战略节奏

近几年，很多网红品牌接连爆雷，背后的原因可能有很多，但战略节奏出现问题一定是其中一个重要原因。很多新消费品牌的战略定位未经过市场全面验证，抑或单店、区域盈利模型未跑通等，在资本和欲望的驱动下，跑马圈地持续扩展，最后的结果可能就是能力驾驭不了欲望，企业经营现金流枯竭，从而出现摇摇欲坠、岌岌可危的局面。

如何让企业的战略和品牌的营销有着自己的节奏，这对企业经营意义重大。五力战略机会模型如图6-1所示。

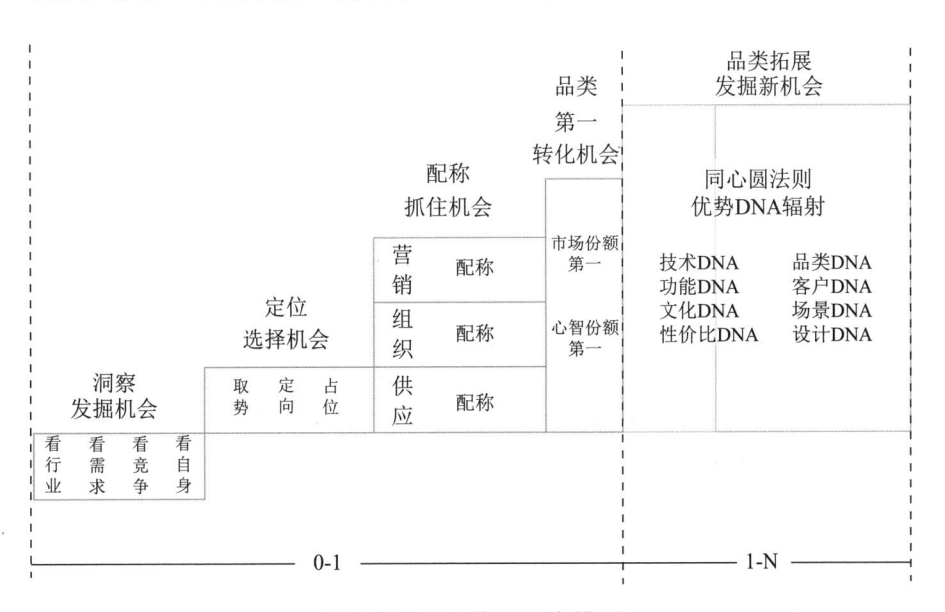

图6-1　五力战略机会模型

品牌依附于品类而存在，但品类是有生命周期的，任何品类都会经历从诞生到衰退的全过程。企业经营环境的复杂性和多变性，要求品牌必须适应其依附的品类生命周期，并在品类发展的原点期、成长期、成熟期和衰退期采取不同的战略节奏。五力战略模型中的品牌战略节奏如表6-1所示。

表6-1 五力战略模型中的品牌战略节奏

| 品牌战略节奏 | 品类原点期 | 品类成长期 | 品类成熟期 | 品类衰退期 |
| --- | --- | --- | --- | --- |
| 战略目标 | 1. 找准定位、验证定位；<br>2. 在原点市场取得领先优势；<br>3. 初步建立认知飞轮和增长飞轮 | 1. 放大定位成果，优化商业模式；<br>2. 乘胜追击，迅速扩大市场份额；<br>3. 抢占优势认知，控制发展风险 | 1. 升级定位，多样化产品满足需求；<br>2. 打赢竞争对手，掌握市场主动权；<br>3. 主导心智位，主导产业链控制权 | 1. 兑现老品类战略成果，储备战略资源；<br>2. 重新定位，开辟企业第二增长曲线 |
| 战略要点 | 1. 清晰界定品类；<br>2. 验证顾客需求价值；<br>3. 找到有效的增长方式；<br>4. 游击战 | 1. 攻城略地阶段，扩展速度要快；<br>2. 人才组织供应链资本要跟得上；<br>3. 战略节奏和战略管理能力是胜负手；<br>4. 侧翼战和进攻战 | 1. 持续的运营改善，持续的产品创新；<br>2. 扩大品类容量，提升战略配称能力；<br>3. 提升三大效率：认知效率、组织效率和商业模式效率；<br>4. 防御战 | 1. 找到市场上新需求、新人群、新场景、新技术等带来的新品类和新定位机会；<br>2. 防御战、游击战和侧翼战 |
| 战略风险 | 伪需求、伪品类；扩展太快易翻车 | 组织和供应链拖后腿；扩展太慢失先机 | 产品创新停滞，组织熵增严重；多元化发展；无战略控制点 | 被束缚在老业务的价值网中；无法孵化出第二增长曲线 |
| 洞察力 | 在物理战场和心智战场，持续洞察市场机会、顾客需求、竞争格局和自身禀赋，发掘战略机会 ||||
| 定位力 | 1. 选择大赛道、小切口进入市场；<br>2. 选好品牌名、界定好品类名；<br>3. 定义品类或特性的核心价值 | 通过品牌种草种树和公关事件营销，在心智战场加大对品牌定位的投入 | 1. 在心智战场打赢竞争对手，让品牌等于品类，心智份额遥遥领先；<br>2. 升级定位，不断扩大品类价值和市场容量 | 1. 逐步减少对原定位战略的资源投入；<br>2. 不断测试洞察到的多个新定位机会，找准后期的主战略方向 |

续表

| 品牌战略节奏 | 品类原点期 | 品类成长期 | 品类成熟期 | 品类衰退期 |
|---|---|---|---|---|
| 营销力 | 1. 在原点市场、原点渠道和原点顾客中测试、打磨、优化产品价值和商业模式；<br>2. 具有把产品价值推广出来的内容创作和流量运营基础能力 | 1. 围绕定位和高势能目标人群，规划和设计不同场景下的战略级大单品；<br>2. 不断提升内容创作、渠道管控和流量运营能力 | 1. 不断提高渠道渗透率及市场占有率；<br>2. 不断细分人群和场景，推出多样化的产品，满足多样化的人群需求 | 企业倾斜资源，对新定位机会进行投入 |
| 组织力 | 1. 0～1阶段，要有产品型和流量型人才；<br>2. 做好企业股权方面的顶层规划和设计 | 1. 组织需要具备市场洞察、战略定位、战略解码和战略执行的系统能力（用好OGSMK）；<br>2. 组织运营体系和人才梯度建设是重中之重 | 1. 具有强大的战略管理能力和反熵增能力；<br>2. 要有组织隔离孵化新业务的创新土壤 | 企业的组织力围绕新定位及时进行调整 |
| 供应力 | 找到匹配自身的3～5个优质供应商 | 1. 对供应商进行分级分类管理，形成强大的供应商库；<br>2. 对库存管理要高度重视，战略级品类可以开始考虑自建供应链；<br>3. 保障为前线提供强大的产品研发技术和稳定的现金流支撑 | 全面导入数字化技术，持续完善供应链规划和系统建设，聚焦战略成果，提升战略效率 | 企业的供应力围绕新定位及时进行调整 |

总体而言，根据品类的成熟度和生命周期，品牌的发展可以划分为四个主要的阶段：原点期、成长期、成熟期和衰退期。每个阶段都有战略目标、战略要点和战略风险，同时，洞察力、定位力、营销力、组织力和供应力这五个核心要素，在各个阶段也展现出不同的重要性和应用方式。

（1）原点期。

这是品牌和品类的起步阶段，战略目标集中在验证市场需求和明确品牌定位，并开始构建品牌认知。此时，洞察力的关键在于识别和理解市场的机会和挑战。

（2）成长期。

随着品类的成熟和市场接受度的提高，品牌需要通过快速扩张来巩固其市场地位。在这一阶段，营销力和组织力成为推动品牌增长的关键因素。

（3）成熟期。

品类达到市场饱和，品牌需要通过持续的产品创新和市场细分来维持增长。此时，供应力和组织力的优化对于维持竞争优势至关重要。

（4）衰退期。

面对市场萎缩或消费者偏好的变化，品牌需要重新评估其战略方向，可能包括寻找新的市场机会或调整其产品线。在这一阶段，洞察力和定位力的更新对于品牌的转型至关重要。

诸葛五力战略模型是一个强大的工具，它不仅可以在品牌战略的不同发展阶段提供指导，而且可以与PDCA（Plan-Do-Check-Act）循环相结合，以实现战略的不断优化和调整。

例如，某一家新消费品牌企业在实施品牌定位后，通过收集市场反馈，发现其定位存在不够精准的问题。基于此，可以利用诸葛五力战略模型中的"洞察力"来重新深入分析当前的行业、竞争、需求等方面的变化。

通过计划、执行、检查和行动四个步骤的不断循环，企业能够系统地评估和调整其诸葛五力战略模型的各个组成部分，从而实现战略的持续改进和优化。

## 第二节 优势构建：长胜取决于战略壁垒

亚德里安·斯莱沃斯基在《发现利润区》一书中提到，为了实现利润增长，企业在制定战略时必须同时寻找和培育行业内的战略控制点，没有战略控制点的企业就像一艘舱底带洞的船，很快就会沉没。

任何一个新消费品牌都需要思考自己在产业链中存在的价值是什么？核心竞争力和战略控制点是什么？同时，要站在顾客的角度回答，选择你而不是竞争对手的理由是什么？是更低的价格、更好的质量、更能满足顾客需求的产品，还是更强大的品牌力？必须具备什么样的竞争能力，才能让顾客持续选择？在核心竞争力上的投入够不够？这些问题值得所有的企业经营者思考。

战略控制点指的是企业在发展中能够确保自身稳固地位和持续盈利的关键优势或资源。不同的战略控制点有着不同的层级，或叫控制级数，新消费品牌的十大战略控制点如表6-2所示。

表6-2 新消费品牌的十大战略控制点

| 指数 | 战略控制点 | 保护利润的力量 | 部分案例 |
| --- | --- | --- | --- |
| 10 | 主导产业生态链 | 高 | 苹果、微信、华为、农夫山泉 |
| 9 | 强品类心智份额 | | 可口可乐、公牛 |
| 8 | 强大的渠道渗透能力 | 中 | 公牛、蒙牛、伊利 |
| 7 | 强大的顾客关系管理能力 | | 小米 |
| 6 | 10%～20%的成本优势 | | 名创优品、小米 |
| 5 | 企业全链路数字化能力 | 低 | 完美日记 |
| 4 | 产品技术领先行业半年以上 | | 格力、方太 |

## 第六章
### 战略的管理：节奏与壁垒

续表

| 指数 | 战略控制点 | 保护利润的力量 | 部分案例 |
|---|---|---|---|
| 3 | 流量运营能力 | 无 | 大部分企业 |
| 2 | 产品差异化 | | 大部分企业 |
| 1 | 具有平均成本 | | 大部分企业 |

强大的品牌必须拥有一个或多个战略级别控制点，需要对产业链或生态链具有一定的话语权。

作为一个新消费品牌，企业需要考虑如何设计品牌发展过程中的战略控制点，并合理配置资源，以确保品牌能够稳步前进并逐步实现既定目标。

战略控制点会牵引企业持续做正确的事，持续建立品牌的核心竞争力和"护城河"，能使品牌真正成为时间的朋友。耐克、苹果、迪士尼、华为等企业都有自己的战略控制点，这是他们之所以优秀和卓越的关键所在。

成为强大品牌是众多新消费品牌的共同梦想，而强大品牌实质上代表着强大的品牌力。

新消费品牌的品牌力从弱到强的演进，可以通过十大战略控制点来体现，它牵引着企业所有的战略节奏和关键动作，其中强品类心智份额和主导产业生态链是关乎品牌是否强大的两个重要的战略控制点。

### 1.在强品类上具有高心智份额

新消费品牌的成长轨迹往往始于通过差异化品牌定位对细分市场的专注，以及凭借品类红利、渠道媒介红利等实现初步的市场立足。然而细分市场意味着市场空间有限，增长瓶颈明显。这个时候，新消费品牌要善于升级品类、升级定位，逐步从弱品类往强品类靠拢，"大赛道才会有大鱼"。比如我们服务的一个篮球袜品牌，在做到全网销售与心智份额双第一后，逐步升级定位，从篮球袜这个弱品类逐步往新一代篮球运动这个强品类进行所有战略配称动作的升级，为品牌的发展打开了广阔的舞台。同样地，朱增辉的"刘端香青树坪米粉"也计划在达到亿元规模后，逐步升级为"刘端香湖南米粉"，以期实现更大的市场突破。

品牌力的强弱直接与品牌所依附的品类价值相关。强品类由于其市场空间大，更有可能孕育出具有强大品牌力的品牌。弱品类由于市场空间小，难以产生具有深远影响力的品牌，并且非常容易被强品牌的延伸品类覆盖。

因此，新消费品牌在细分市场立足之后，不仅要在细分市场中确立领导地位，更要不断升级和深化品牌定位，以拓展至更广阔、更有价值的品类领域。只有在强品类上具有强心智份额，才能拥有较高级别的战略控制点。

品牌力的构建是一个由外而内、由内而外的过程，品牌只有在强品类中实现市场和心智份额的双重领先，才能具有真正的战略壁垒和"护城河"。这样的品牌才能在竞争激烈的市场中发挥引领作用，确立其主导地位，并最终转化为持续的竞争优势。

### 2. 在产业生态链上具有主导权

在饮用水行业，水源地的争夺如同地产界的"圈地"，具有资源独占性的特点。随着中国水消费市场整体升级，未来对水源的争夺也会更加激烈。农夫山泉未雨绸缪，占尽了先机。经过多方筛选和布局，农夫山泉已经形成了十大水源地：浙江省千岛湖、广东省万绿湖、湖北省丹江口、新疆维吾尔自治区天山玛纳斯、四川省峨眉山、陕西省太白山、吉林省长白山、贵州省武陵山、黑龙江省大兴安岭、河北省雾灵山，从南到北，从沿海到内地，无一不是名山大川。当年的坚持，让如今的天然水源布局成了农夫山泉最大的"护城河"。这是任何竞争对手短期内都无法获得的竞争优势，也形成了农夫山泉具有强大竞争优势的产业生态链战略控制点。

正如农夫山泉招股书中所说："我们独具战略眼光，提前布局十大优质水源，形成了长期稳定的竞争优势。从 1996 年成立至今，我们已成功实现了对中国十大优质水源地的提前布局，十大水源分布在中国各个不同区域，不仅能全面覆盖全国市场供应，并能有效缩短运输半径，有助于减少产品从生产线运送至货架的时间，控制物流开支，保障利润水平。"

类似这样主导产业生态链的品牌有很多，比如苹果、微软、迪士尼、腾讯、华为等。对战略控制点的认知，要深深地植入企业的潜意识里，并体现在品牌发展的每一步战略布局和节奏中。

总之，十大战略控制点为品牌打造核心竞争力提供了明确的指引，其中"强品类心智份额"和"主导产业生态链"等关键战略控制点的形成，对于品牌来说具有举足轻重的意义。一旦这些强大的控制点得以确立，真可谓留给对手的是一骑绝尘的背影；留给消费者的是信任和价值。正是这样，新消费品牌才能逐步建立强大的品牌力和真正的战略护城河，确保在激烈的市场竞争中立于不败之地。

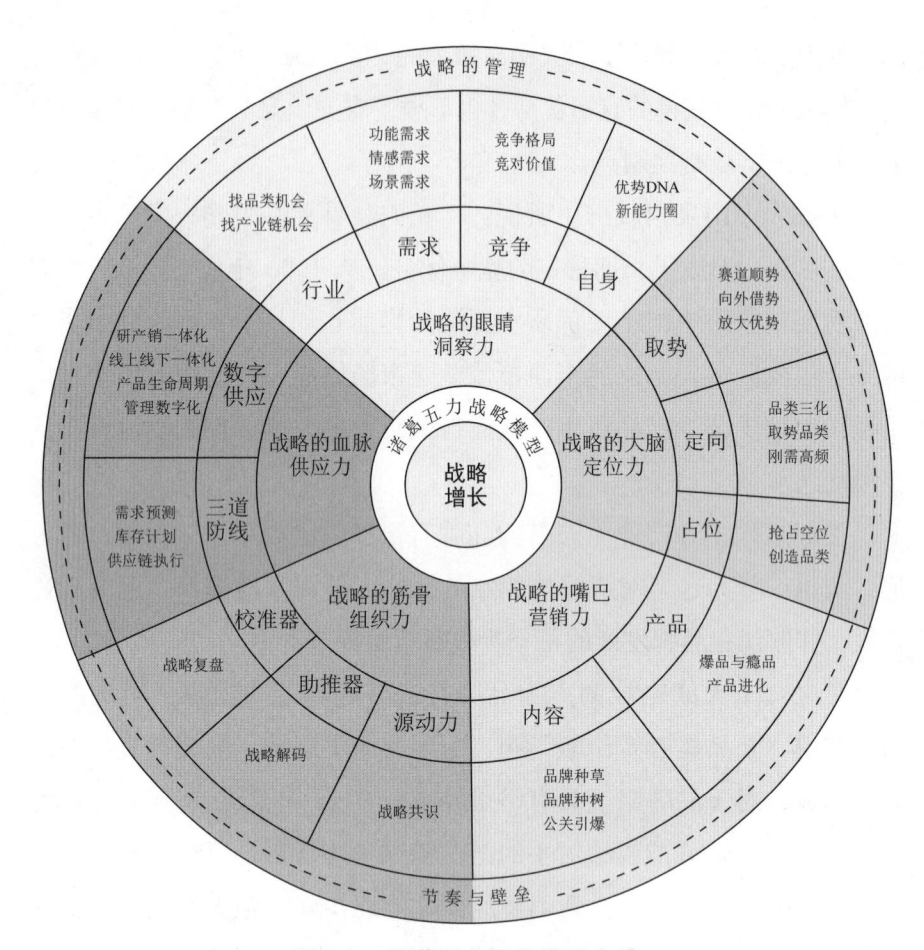

图 6-2 诸葛五力战略模型全景

**本章小结** 战略的节奏和壁垒。

　　企业的发展和品牌的建立，不仅仅依赖于短期的市场策略和营销手段，更重要的是长期的战略规划和节奏把控。同时，构建和保持竞争优势是企业长期成功的核心。战略控制点作为保护企业利润来源的关键点，涉及企业的方方面面。通过识别和培养战略控制点，企业能够建立独特的竞争优势，抵御竞争对手的模仿和攻击，并主导产业链生态发展，确保品牌价值的持续增长。

● ○ XIA PIAN

# 下篇　实战案例篇

上篇和中篇部分，主要是为诸葛五力战略模型基础概念的普及奠定基石，帮助企业理解战略构建的核心要素。而下篇则更加注重实战应用，没有一成不变的策略或招式，而是强调实用性和有效性，类似于解答应用题，需要根据具体情况灵活应对。

下篇实战案例篇选取了麦富迪、五个女博士、万益蓝、王小卤、德佑、衬衫老罗、观夏、洗脸熊、霸王茶姬、鸭鸭羽绒服这十个有代表性的消费品牌，通过深入研究它们在发展过程中的战略与战术，以及得与失、利与弊、机会与风险等，可以从战略视角对消费品的品牌打造和企业经营有更深刻的理解和认知。

# 第七章

SEVEN

## 宠物食品第一品牌麦富迪
## ——如何玩转"五力战略"

乖宝宠物食品集团股份有限公司（以下简称"乖宝宠物"）成立于2006年，总部设于山东省聊城市。初期，乖宝宠物专注于境外宠物食品代加工，产品远销欧美、日韩等三十多个国家和地区，后面遭遇贸易战，企业濒临破产，2013年创建自有品牌"麦富迪"，从宠物零食赛道切入，做到零食行业第一，而后又迅速布局宠物主粮等其他赛道，目前产品涵盖宠物零食、主粮、保健品等，已成为宠物食品赛道全品类头部品牌。乖宝宠物发展历程关键点梳理如图7-1所示。

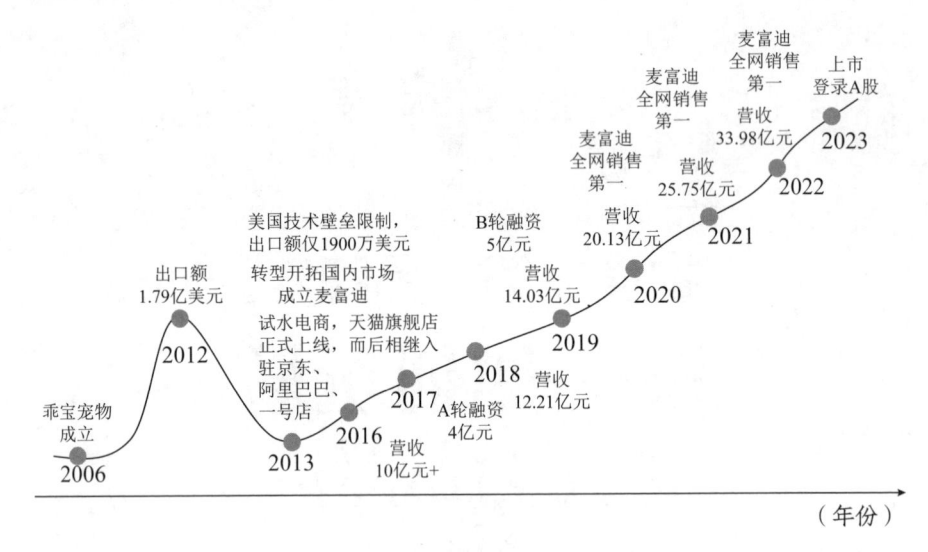

**图 7-1　乖宝宠物发展历程关键点梳理**

本案例研究涉及麦富迪母公司乖宝宠物的战略演化，我们将从企业战略、品牌战略（单品牌、多品牌）和品牌营销传播三个层级来进行探讨。宠物食品行业品牌定位分析框架如图7-2所示。

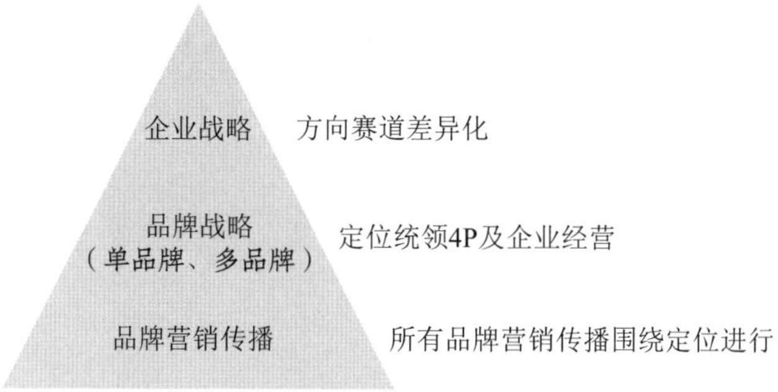

## 第七章
宠物食品第一品牌麦富迪——如何玩转"五力战略"

企业战略　　方向赛道差异化

品牌战略
（单品牌、多品牌）　定位统领4P及企业经营

品牌营销传播　　所有品牌营销传播围绕定位进行

**图 7-2　宠物食品行业品牌定位分析框架**

## 第一节 企业战略：四大阶段演进

乖宝宠物从 2006 年成立，到 2023 年 8 月在 A 股上市，其企业战略可以分为四大阶段。

### （一）企业战略 1.0：赚到第一桶金

乖宝宠物创始人秦华，1968 年出生于山东省聊城市的一个知识分子家庭，17 岁考入聊城师范学院（今聊城大学）物理学专业，本科毕业后，在阳谷县第二中学当了两年物理老师，随后又进入了体制内，当了一名公务员，历任阳谷县乡镇企业局科员、科长。

1995 年 3 月，秦华入职了聊城市本地的山东凤翔集团。2006 年 6 月，他在美国旅行时发现宠物产业发达，且中美在宠物食品上有互补性。美国鸡鸭胸肉昂贵，而中国相对便宜，可作为宠物食品出口。秦华看到了商机，打算在中国生产宠物食品出口到美国。

2006 年 10 月，秦华注册成立了聊城乖宝宠物用品有限公司（乖宝宠物食品集团的前身）。

2007 年，经过一系列的摸索、试验、受挫和改进之后，公司生产的第一批宠物鸡胸肉出口到了美国，大受欢迎，出口量连续四年翻番。

靠着不错的产品质量和绝对的价格优势，秦华在美国的生意做得很顺利，积累了一大批优质客户，如沃尔玛、斯马克、品谱等全球大型零售商和知名宠物品牌运营商。

这段发展历程，可归为乖宝宠物战略 1.0：成本领先 + 代工模式 + 鸡肉零食 + 线下出口 + 美国单一大市场。

从行业洞察维度来看，贸易全球化、自由化来临。这一时期，中国的低人力成本、低原材料成本优势使得宠物食品代工业务纷纷转移至中国，宠物食品 OEM/ODM 业务在中国发展迅猛。2000—2010 年，处于全球宠物行业快速发展时期，市场需求旺盛，国内宠物龙头中宠股份、佩蒂也是在这是时期依靠代工业务赚取了第一桶金。

从需求洞察维度来看，2001 年到 2010 年的美国，宠物作为家庭成员的观念深入人心，且宠物消费成为刚性消费，市场稳步增长，美国成为全球最大的宠物消费市场。

另外，这一战略还在于集中打透单一市场、实施相对单一产品，快速实现规模化，从而将成本领先落到实处，通过服务行业头部客户，学习到了国外巨头的先进行业技术。

但任何事情都具有两面性，首先是企业战略 1.0 背后的风险也很大，高速发展自然会有很多的跟风者进来，而宠物零食技术壁垒低，发展初期还谈不上有什么"护城河"。其次是单一市场对于客户的依赖性强，系统抗风险能力弱。2013 年乖宝宠物受到技术贸易壁垒的影响，公司的营收从 2012 年的 1.5 亿美元出口额下降到 2000 万美元。而同赛道同样以代工业务为主的中宠股份没受影响，原因是当年中宠股份代工业务遍布北美洲、欧洲、日本等地且份额差距不大，没有"把鸡蛋放在一个篮子里"，规避了风险。

## （二）企业战略 2.0：让自主品牌率先出圈

乖宝宠物在面临出口额骤降的严峻挑战时，选择了"置之死地而后生"的道路。秦华凭借其身上的"狠劲"和前瞻性战略认知，敏锐地捕捉到了国内宠物市场快速增长的趋势。因此，公司果断调整核心业务方向，转向国内市场，并创立了自主品牌麦富迪。

为何乖宝宠物没有像中宠股份那样进一步拓展欧洲和日本等国际市场呢？这主要源于代工业务的特点。要成为日本或欧洲等地的代加工工厂，需要经过一系列烦琐的程序，包括客户的供应商考察评定、签订委托代加工合同、品牌授权、生产资质授权等。显然，这些程序烦琐且耗时，无法迅速解决乖宝宠物当时的燃眉之急。乖宝宠物此时需要的是速度！快速恢复业务、快速重振企业经营的信心才是最重要的。

麦富迪凭借多年服务海外客户所积累的产品研发、生产工艺、质量管控等经营优势，加上国内宠物市场的迅速发展，特别是电商渠道渗透率逐年提高的巨大红利，迅速崛起。2013年初，麦富迪天猫旗舰店正式上线，随后又相继入驻了京东、阿里巴巴、一号店等平台。2017年，麦富迪的全网销售额比2016年同期增长160%。

除了在国内市场取得显著成绩外，乖宝宠物在代工出口业务方面也进行了战略调整，不再押注单一海外市场，而是将产品陆续销往日本、韩国、德国、印度尼西亚、菲律宾、马来西亚等33个国家和地区，实现了市场的多元化布局。

乖宝宠物战略2.0可以总结为：差异化＋自创品牌与代工并存＋宠物零食＋线下出口与线上国内电商渠道＋全球分散市场与国内市场。

在此阶段，乖宝宠物的自有品牌麦富迪能取得显著的成功，主要归功于以下几个方面。

（1）抓住国内电商渠道红利。

2013年，宠物狗的数量远超宠物猫。麦富迪凭借其代工宠物零食的产品能力，从宠物狗零食市场切入，并率先通过线上渠道进行销售。这一策略使其与当时主要依赖线下渠道销售的国产品牌形成了鲜明对比，从而实现了品牌的快速发展。

（2）抢占自主品牌领先地位。

麦富迪在2013年上线天猫，成为首批进入天猫渠道的宠物食品品牌。它迅速在电商平台上打开了市场，并占领了部分用户的心智。这种先入为主的优势使得其他后来者很难超越。

（3）引入快消品人才，转换思路。

代工和品牌建设需要完全不同的能力和策略。代工企业主要依赖生产和品控能力，而品牌建设则需要更全面的能力，如市场洞察力、品牌建设能力、产品创新能力和渠道管理能力等。为了将麦富迪打造成一个强大的品牌，乖宝宠物在2008年做出了一个关键决策——引进擅长快消品品牌营销的杜士芳女士。杜士芳女士曾在顶津食品负责产品企划，并在伊利、蒙牛等大型乳企负责市场营销策划。她的加入成功帮助麦富迪搭建和培养起了一支宠物行业的优秀快消品团队。

相比之下，中宠股份的自主品牌"顽皮"在线上渠道的发展并不顺利。主要原因可能包括以下几点。

（1）早期忽视电商渠道。

中宠股份对"顽皮"的人才和资源投入均不足。在2012年前后，电商平台还处于成长初期，传统线下渠道仍是主流。中宠股份在线上销售"顽皮"仅仅是尝试，并没有进行压倒性投入。

（2）中期试错成本高，不敢投入。

2014年，中宠股份开始谋划上市之路（2017年正式A股上市）。公司可能选择了战略性舍弃亏损业务，因此"顽皮"的线上业务在电商爆发期的2014—2017年可能没有受到足够的重视。

（3）后期错过时间窗口。

2017年，"顽皮"的母公司中宠股份正式在A股上市。然而，上市后的4年里，"顽皮"直到2021年才启动品牌升级。此时，线上渠道的红利已大不如前，品牌建设的门槛也已经显著提高。

乖宝宠物的企业战略2.0使其在国内市场取得了显著的成功，并在国外市场稳步推进。

### （三）企业战略 3.0：缔造宠物食品全品类王国

经过上面两个企业战略阶段，乖宝宠物已经具备了比较好的经营条件。一方面，自主品牌发展顺利，另一方面，国际代工业务也全面开花，两块业务并驾齐驱。

#### 1. 保持成本领先优势

此阶段的乖宝宠物实际的产销量已是国内龙头，为采购到优质的原材料并应对国际贸易摩擦，其在泰国建设了生产基地，在提高原材料品质的同时有效地降低了贸易摩擦可能带来的风险。此外，公司所在地山东省是国内农畜产品生产大省，公司在获取宠物食品重要原材料方面具有一定的区位优势，也大大节省了运输成本。公司多年经营形成的供应链管理能力，可快速响应市场需求，缩短生产周期。同时公司对不同季节的市场需求进行预测，确定市场策略，安排生产采购计划，降低库存成本，因此在激烈的市场竞争中获得了相对竞争优势。

#### 2. 国内全域营销

通过直销和代理模式，乖宝宠物建立全国线下销售网络，并实现线上电商淘宝、天猫、京东、唯品会、拼多多、抖音、快手、小红书等平台全面覆盖，无一死角。

#### 3. 布局高端

2018 年乖宝宠物开发出高端猫粮弗列加特系列，以高鲜肉含量、拒绝肉粉为品牌定位，主打冻干及主食罐头等产品，具备对标进口知名产品营养成分的实力，驱动猫食品从 2.0 常规粮阶段向 3.0 天性粮阶段的提升。2021 年其收购美国 Waggin' Train，同年成为新西兰 K9 Natural 和 Feline Natural 的中国代理商，补齐高端版块。

#### 4. 麦富迪品牌扩充品类

麦富迪以零食切入，仅仅两年的时间，做到犬类零食销量第一，成为宠物零食国产第一品牌。基于宠物主粮出现时间较长，已成为宠物饲养的必需品，且目前占据宠物食品市场的主要份额，麦富迪在零食品类占据一定地位后迅速对主粮产品进行布局，推出新品类双拼粮，并做到狗主粮销量第一。当零食和主粮占据市场地位后，麦富迪洞察到新品类天然粮的红利，迅速成为天然粮宠物食品代表品牌。

**5. 乖宝宠物通过推出新的自主品牌扩充品类**

坐实了零食和主粮行业第一的地位后，乖宝宠物开始进行多品牌全品类布局，产品品类涉及干粮、湿粮、冻干食品、烘干零食、洁齿骨、保健品等系列，成为宠物全品类食品品牌，目前乖宝宠物旗下品牌有麦富迪（麦富迪高端猫粮"弗列加特"系列）、Waggin' Train（美国高端犬用宠物食品品牌）、欧力优（冻干粮专业品牌）。

乖宝宠物战略 3.0 可以总结为：企业战略 2.0+ 成本领先 + 国内全域经营 + 出击高端 + 多品类发力。

企业战略 3.0 的机会：可以抢占中国宠物食品领导者地位，毕竟国内目前没有能代表宠物食品全品类的品牌，乖宝宠物是最具潜力拿下这个市场空位和心智空位的。

这阶段存在的战略风险：战线长、品类多，意味着投入的资源多，资金投入大，如何平衡好投入的短期和长期效果，对经营团队提出了更高的要求。

## （四）企业战略 4.0：A 股上市重回宠物食品头把交椅

乖宝宠物的前三个阶段的企业战略均植根于盈利逻辑，而 4.0 战略则开启了对企业如何增值的新探索。

公开数据显示，早在 2016 年，乖宝宠物的年销售收入就已突破 10 亿元大关，凭借其规模和盈利能力，完全有资格成为宠物行业的首家上市公司。然而，实际上宠物食品行业首家 A 股上市公司的桂冠却被当时规模远不及乖宝宠物的中宠股份摘得。我们分析认为，这可能是由于当时乖宝宠物的创始人对资本市场的认知存在偏差，前期可能并未将上市纳入考虑范围。

然而，从2017年开始，乖宝宠物在资本市场上的动作变得频繁起来。2017年，乖宝宠物首次进行A轮融资，成功获得4亿元KKR独家投资；2019年，乖宝宠物再次进行B轮融资，融资额达到5亿元，参投机构包括君联资本、兴业银行和兴业国信资管。

为何乖宝宠物选择在2017年开始融资呢？来看一组数据：佩蒂股份和中宠股份都在2017年正式登陆深交所。相关上市材料显示，佩蒂股份2014年至2016年的销售收入分别约为4亿元、5亿元和5.4亿元；而中宠股份同期的销售收入则分别约为4.9亿元、6.5亿元和7.9亿元。这对于2016年销售收入就已超过10亿元的乖宝宠物来说，无疑是一个巨大的冲击。这也许就是乖宝宠物在上市前进行两次融资的原因。

值得一提的是，中宠股份的发展战略也值得称赞，其多年来的发展都保持着一个"稳"字。尽管销售规模比乖宝宠物小，但中宠股份却优先于乖宝宠物上市。如果说乖宝宠物走的是一条跌宕起伏的道路，那么中宠股份则走的是一条稳健发展之路。

乖宝宠物的上市之路并不平坦，先后三次提出上市计划。

第一次上市计划是在2020年9月，当时乖宝宠物与中金公司签订了上市辅导协议，但后来因"上市计划的调整"而终止。

第二次上市计划是在2021年7月，乖宝宠物重启上市辅导，辅导机构为中泰证券，但遗憾的是，这两次的注册稿都没有通过注册。

第三次上市计划则是在2021年12月，乖宝宠物首次申报IPO，并披露了招股说明书。经过一系列的努力，2022年7月，乖宝宠物IPO首发过会，顺利拿到A股通行证。2023年6月，乖宝宠物获得正式批复；同年8月，乖宝宠物正式登陆A股创业板。

然而，上市只是第一步。如何让投资者看好乖宝宠物并给予较高的资本估值？乖宝宠物已经为此做好了全面的战略规划。

（1）自主品牌率先做到心智与规模双第一。

麦富迪宣传自己是年轻人的宠物食品代表品牌，通过一系列的营销推广互动，这一宣传慢慢深入人心，虽然目前的宠物食品品牌都打"年轻牌"，都用有针对性的宣传内容迎合年轻人，但麦富迪抢先传播，且声量足够大。

（2）先发优势及饱和式攻击占领了部分消费者心智。

麦富迪连续三年稳居全网销售第一，公开资料显示，2019—2022年，乖宝宠物营业收入从14亿元增长到34亿元，年复合增长率为34.3%，乖宝宠物已成为国内宠物食品行业的领军企业。

（3）较行业竞争对手更懂聚焦的力量。

乖宝宠物的品牌布局清晰和聚焦，自主品牌麦富迪主攻中低端市场，代理品牌K9聚焦高端市场。

（4）业务结构更合理，发展更稳健。

在贸易摩擦不断加剧的环境下，代工业务经营风险加大，运输、通关等经营风险也会持续存在，从业务结构来看，佩蒂股份和中宠股份营收仍以境外代工为主。

而乖宝宠物旗下的自主品牌麦富迪，率先在国内宠物食品市场做到顾客心智与规模的第一，代工收入和自主品牌的业务结构相比更合理。

乖宝宠物战略4.0可以总结为：企业战略3.0+资本市场占位，筹备并实现上市。

此阶段存在的战略风险：资本目标与经营目标可能偏离。资本盈利注重股权交易差价，而企业经营则侧重于产品创新、品牌建设以获取长期利润。这两种盈利逻辑的差异可能导致企业在诱惑下做出不利于长远发展的决策。

乖宝宠物企业战略演化路径如表7-1所示。

表7-1 乖宝宠物战略演化路径

| 战略阶段 | 战略总结 |
| --- | --- |
| 企业战略1.0 | 成本领先+代工模式+鸡肉零食+线下出口+美国单一大市场 |
| 企业战略2.0 | 差异化+自创品牌与代工并存+宠物零食+线下出口与线上国内电商渠道+欧美分散市场与国内全国市场 |
| 企业战略3.0 | 企业战略2.0+成本领先+国内全域经营+出击高端+多品类发力 |
| 企业战略4.0 | 企业战略3.0+资本市场占位，筹备并实现上市 |

# 第二节　品牌战略：四次升级定位

随着消费者科学养宠意识的不断提升，以及宠物食品拟人化、精细化、专业化的趋势，宠物食品也在逐渐分化。

## （一）捕捉品类趋势

宠物主粮目前处于猫狗粮的诞生阶段，主粮产品的革新主要集中于形态及功能两大方面，从过去猫狗吃剩饭，到宠物粮食的诞生及品类细化，进一步创新出天然粮和功能粮等新品类。

宠物主粮品类分化如图7-3所示。

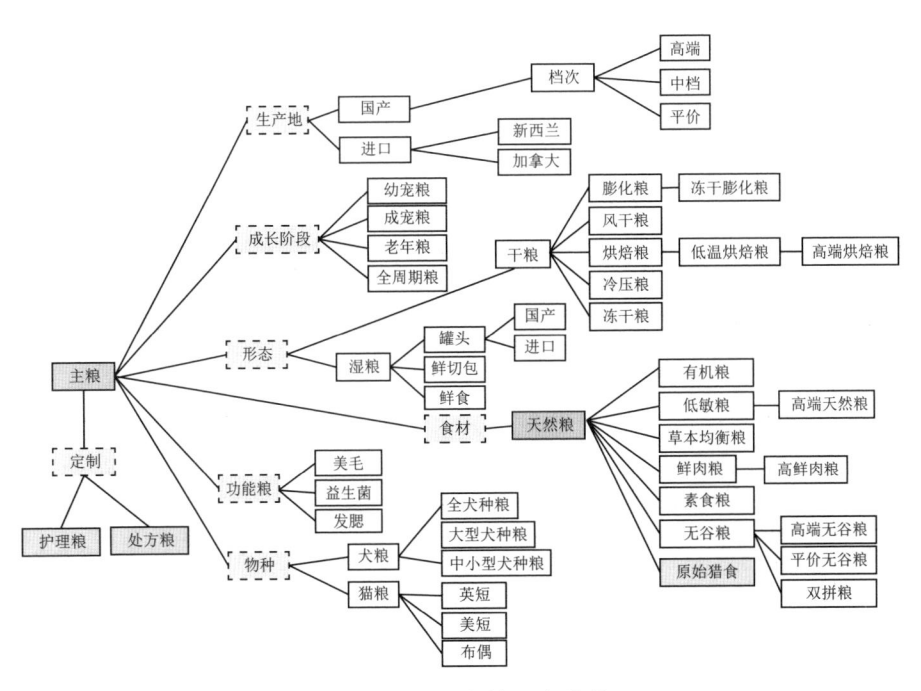

图7-3　宠物主粮品类分化

可以看到，主粮从形态上可以分为干粮和湿粮。

因宠物食品拟人化的特性，人类是从吃饱到吃好，再到绿色健康，宠物主粮市场也正在向天然粮阶段发展，即以天然动植物、不含人工化学物质的原材料为主的宠物粮，天然粮分化出了低敏粮，鲜肉粮分化出高鲜肉粮；无谷粮又分化出平价无谷粮、高端无谷粮和双拼粮。

每一次品类分化都将带来新的定位机会，新品牌最重要的事就是识别并抢占新品类，率先占据顾客心智，成为该品类的代表品牌。

宠物主粮品类分化快，机会多。外资品牌虽然占据半壁江山，但因为中国市场大、需求变化快，外资品牌的产品升级速度及灵活度跟不上市场，给了国产品牌很大的机会。

宠物零食的形态多样，宠物零食品类分化如图 7-4 所示，从图中可以看到，有冻干、罐头、饼干类、肉干肉条、卷皮、咬胶类、磨牙棒/洁牙骨等。按照动物物种来分，可分为猫零食和狗零食；按照档次来分，可分为平价、中档和高档。

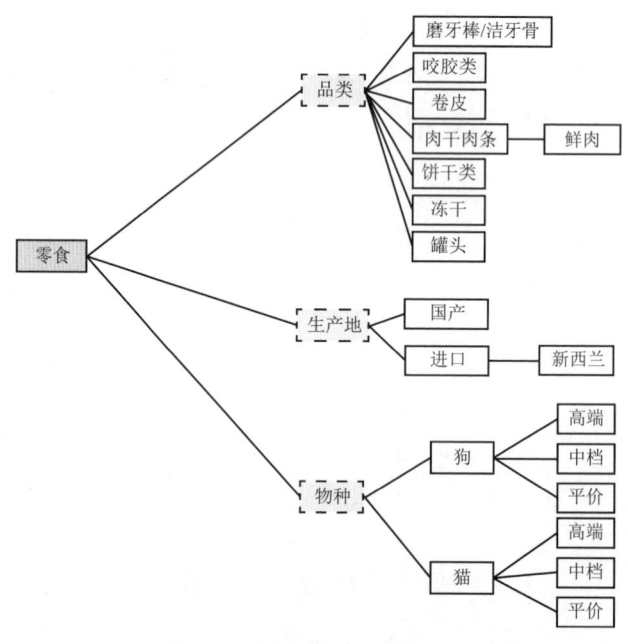

图 7-4 宠物零食品类分化

## 第七章
宠物食品第一品牌麦富迪——如何玩转"五力战略"

宠物零食不是必需品，但具有独特性。宠物零食种类丰富，市场进入壁垒相对较低，且无品类代表名牌，麦富迪就是从宠物零食切入市场的，先做到狗零食第一，然后做到猫零食第一。

宠物营养保健品的主要作用是促进生长发育，预防和治疗相关疾病。宠物猫狗各年龄段的共有需求有综合营养补充、补钙保健、长尾消化、美化皮毛等。在品类分化过程中，拟人化、专业化特征明显，如维生素分化成复合维生素，羊奶粉分化成全脂羊奶粉，在分化过程中不断有新的品牌诞生，如宠物全阶段保健品代表品牌卫仕、营养膏品牌红狗等，乖宝宠物代理的新西兰宠物零食品牌 K9 目前是高端品牌的代表。

宠物保健品类分化如图 7-5 所示。

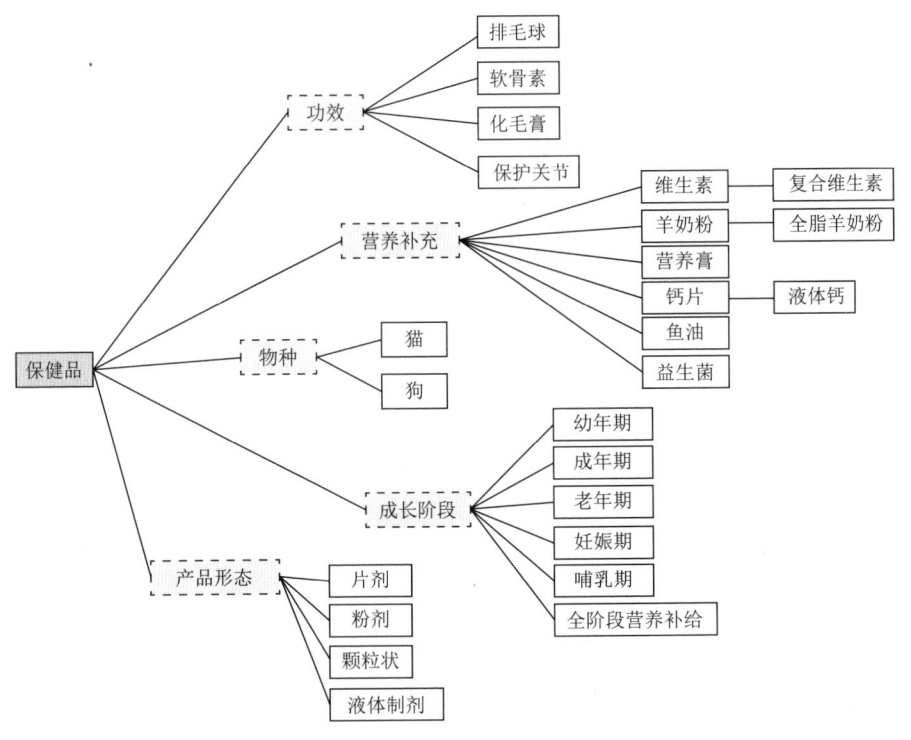

图 7-5　宠物保健品类分化

从麦富迪的品牌发展可以看到其产品品类的布局，其从犬猫零食到主粮，再到宠物食品全品类，在主粮赛道抓住天然粮品类红利，牢牢占据分化后的天然高肉量和天然冻干粮两个品类，在此基础上结合科学喂养理念进行组合创新，开发出王牌产品 buff 天然粮，进一步占领市场。

麦富迪产品品类进化如图 7-6 所示。

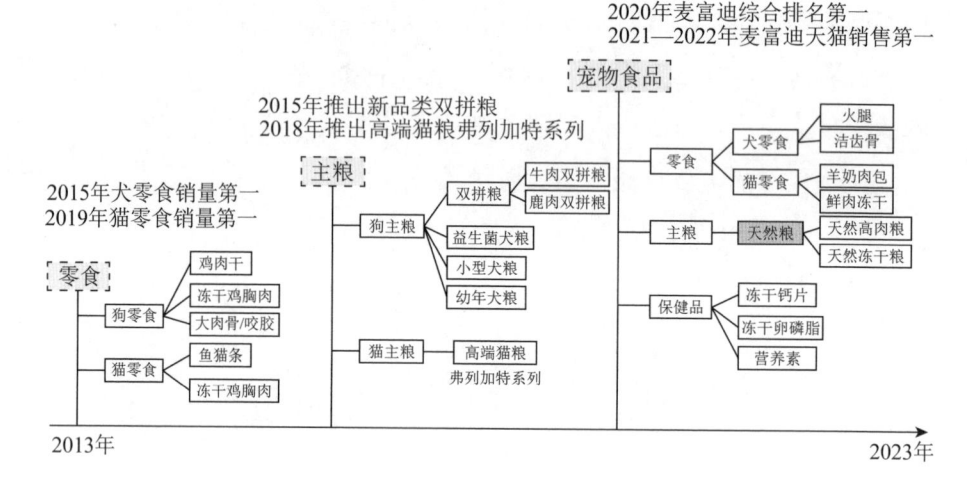

图 7-6 麦富迪产品品类进化

## （二）品牌定位四次升级

基于对品类趋势的洞察和企业战略的演变，麦富迪的品牌定位也在不断升级，大致可以分为以下四个阶段。

**定位 1.0 阶段：宠物零食中档品牌**

该定位是基于自身能力及零食品类特性，多年服务海外客户和代工宠物零食锻造了优秀的产品制造和品控能力，再加上宠物零食的种类较为丰富，消费者品牌黏性相对较弱，市场进入壁垒相对较小，以零食赛道切入是代工企业转型自主品牌初级阶段的一个明智的选择，麦富迪用价格做了错位，产品质优价低，在国内市场站稳了脚跟，相继成为犬零食和猫零食第一品牌。

### 定位 2.0 阶段：宠物主粮中高端品牌

麦富迪在宠物零食赛道站稳脚跟后开始布局主粮，因为主粮是必需品，跟婴儿奶粉性质差不多，复购率高，且占据宠物消费的份额最大，为了弥补品牌高端空白，麦富迪收购了海外高端品牌弗列加特，提前进行了差异化的战略性布局。

### 定位 3.0 阶段：宠物天然食品品牌

基于宠物食品拟人化、专业化、高端化的特征，在品类分化过程中，麦富迪凭借高行业敏感度，通过抢先传播抢占天然粮品类，搭建天然原材料直供体系和领先的保鲜工艺，稳固了天然食品品牌定位。

### 定位 4.0 阶段：新一代宠物食品品牌

随着全品类销量第一的市场地位凸显，品牌开始升级，为了和海外老品牌区隔开来，同时基于国内宠物消费核心客群的年轻化，麦富迪将自身定位为新一代宠物食品品牌，主打年轻牌，通过年轻人喜爱的内容和媒介精准传达了其定位及品牌调性，在国内品牌中拔得头筹。

麦富迪品牌定位演化路径如表 7-2 所示。

表 7-2 麦富迪品牌定位演化路径

| 定位阶段 | 定位总结 | 市场地位 |
|---|---|---|
| 定位 1.0 | 宠物零食中档品牌 | 零食全网销量第一 |
| 定位 2.0 | 宠物主粮中高端品牌 | 主粮全网销量第一 |
| 定位 3.0 | 宠物天然食品品牌 | 全品类全网销量第一 |
| 定位 4.0 | 新一代宠物食品品牌 | 最受 Z 世代欢迎 |

总体来看，麦富迪每一阶段的品牌战略定位都基于行业趋势、竞争格局、市场需求和自身能力四个维度做出了适配当下的选择，基本每一步、每个关键节点都做出了正确的选择和行动。

## （三）打造强大的营销力

### 1. 产品配称：重视需求和颜值

（1）产品开发重需求。

麦富迪重视需求调研和与消费者的有效沟通，从用户需求调研、研发、选品、测试等多维度详细分解产品开发和营销全套流程并 sop 化，比如以爆品 barf 霸弗天然粮为例，严格遵循需求调研和洞察，围绕营养配比、配料组成、适口性三点开发产品，并进行科学选品和 MVP 测试。

麦富迪的产品详情页中展示了消费者最关注的配料组成，如是否使用鲜肉、含肉量、是否含有谷物、蛋白质来源等。

（2）重视产品的颜值设计。

对于以 90 后、Z 世代为代表的消费者来说，外观颜值是消费的重要需求，麦富迪非常重视外观设计，外观专利数与同类公司相比遥遥领先。

多品类、多 SKU 产品组合满足多样化需求。麦富迪凭借稳定的产品品质和持续的产品创新，实现宠物主粮、零食、保健品全品类覆盖。

### 2. 价格配称：空位当王

时间回到 2012 年，国外品牌牢牢占据宠物食品高端市场，而中低端市场存在天然的品牌空位。当时国内中低端市场处于有品类、无品牌的阶段，而行业龙头企业中宠、佩蒂的自主品牌彼时还未开始运作，不断增长的市场呼唤一个能保证产品品质的平价品牌，而麦富迪刚好卡位中低价格带，以高品质和高性价比作为市场切入，凭借线上渠道红利迅速积累了市场口碑，并率先达成了多个品类的销售第一。

由于市场红利的存在，麦富迪凭借高性价比的产品，率先抢占了国内中低端市场第一宠物食品品牌的市场空位。

### 3. 渠道配称：吃足红利

（1）渠道布局重宽度和密度。

麦富迪实现线上线下全渠道销售，最大化覆盖和辐射用户群。国内市场以直销和经销相结合：一方面与电商平台合作，如京东、天猫、抖音等，借助庞大的用户群体和巨大的流量，通过开设旗舰店和线上经销的方式触达终端消费者；另一方面通过线下经销商网络实现全国销售。

（2）麦富迪的线上渠道销售打法不断升级变迁。

初始阶段：麦富迪最初通过淘宝、天猫等电商平台进行线上销售。

品牌意识增强：随着消费者对宠物食品质量、品牌信誉等要求的提高，麦富迪开始注重品牌建设，通过自建官网更好地展示产品，传递品牌理念，吸引消费者。

销售渠道多样化：麦富迪不仅在淘宝、天猫等传统线上平台销售，还拓展到京东、拼多多等其他主流电商平台，另外开发了自己的小程序，打造移动端的销售平台，满足不同消费者的购物需求。

## 第三节　品牌传播：强度速度势能

### （一）拼强度：压倒性投入成标杆

麦富迪高度重视自有品牌的宣传建设，并在营销上压倒性投入。在行业竞争初级阶段，营销压倒性的投入是一个成熟打法，这种打法早已在其他行业验证，如凉茶品牌斥巨资连续赞助电视选秀节目，抢夺品类第一品牌；打车软件之战，滴滴巨额补贴最终赢得第一，成功上市等。想要抢占第一，在战略窗口期压倒性投入是标配，压倒性投入不一定能成功，但不压倒性投入，未来胜出的机会可能不大，来自成熟快消品市场的麦富迪品牌营销团队深谙此道。

在品牌传播中，麦富迪紧抓核心人群的兴趣爱好，如影视、音乐、户外、美食等，并在泛娱乐营销版块体现得淋漓尽致，从热门综艺、影视剧、手游到探厂活动，无一不是围绕客群的兴趣爱好进行的，把泛娱乐营销做成了行业教科书。

麦富迪凭借对行业的敏感度以及对消费者的感知，开创了宠物行业泛娱乐化的品牌营销先河，年轻群体是新增养宠人群的中坚力量，也是泛娱乐内容消费的主要受众，通过新媒体内容和社交平台对自有品牌进行推广，聘请明星代言人，在纪录片、综艺及影视作品中植入品牌宣传，赞助动物公益活动等方式，有针对性地输出品牌优质内容，精确定位年轻客群，持续提升品牌知名度和影响力。

### （二）拼速度：品牌传播持续进化

麦富迪从1.0的品牌植入（硬广植入），到2.0生成内容（IP合作、联名），再到3.0自产内容形式多样化（纪录片、KOL孵化），持续进化。

### 1.0 阶段：品牌硬广植入

品牌关注综艺，在 CCTV-3《你好生活》、湖南卫视《向往的生活》、北京卫视《上新了·故宫》等知名节目中植入广告进行投放。

### 2.0 阶段：品牌通过和 IP 合作、联名生成内容

开始进行消费者教育，更精准地接触客户，如与宠物综艺节目（比如《家有恶猫 2》）、手机游戏《小森生活》合作等。将"麦富迪"的优质产品和品牌价值无形中输出给潜在消费者。

### 3.0 阶段：自产内容形式多样化

通过纪录片、真人秀及活动和消费者进行互动，如 KOL 孵化活动，举办"开厂玩"大型探厂活动，让宠物主感受宠食科技魅力、种草安全生产等理念，强化品牌心智。

## （三）拼势能：明星矩阵促进转化

麦富迪的明星矩阵在营销中也发挥着不错的作用，代言人谢霆锋奠定品牌品质和精神；流量明星尹浩宇主要布阵于电商推广，服务于引流和直播带货，着力于对年轻圈层的发力。从流量获益到市场教育，麦富迪的营销手法随企业发展而变化，从短期营销走向长期的顾客心智培养。

### 总结与展望

本文通过企业战略、品牌战略和品牌传播三个层次，梳理了麦富迪及其母公司乖宝宠物的战略历程。

企业战略层面：企业战略经历四个阶段，抓住全球宠物行业高速发展红利，代工起家，练就本领后推出自主品牌，抓住天然粮品类红利和国内电商行业红利，缔造出了一个宠物零食全品类

王国，规模和心智第一，业务结构健康，让资本看好，估值创宠物行业新高。

品牌战略层面：品牌定位不断进化，重点以天然粮为核心，进行资源配置，狠抓原材料和工艺，紧盯需求，重视产品开发和外观，产品竞争力领先，价格走中低档性价比路线，深得人心，线上线下渠道全覆盖，不断优化，销量遥遥领先，提前布局全球产能，"家里有粮心不慌"。

品牌传播层面：吃透核心群体喜好和习惯，压倒性投入，持续迭代优化，让泛营销成为宠物行业教科书级样板，抢先传播，抓住各媒介平台红利，抢占品牌发展的黄金时间窗口期，让竞争对手望尘莫及。

通过以上分析以及与专业人士交流，结合诸葛五力战略模型，我们总结出乖宝宠物的成功公式为：洞察力（踩准时代红利）＋定位力（找准战略方向）＋营销力（重仓聚焦投入）＋组织力（找到核心人才）。

洞察力（踩准时代红利）：抓住了产业红利、国外市场让企业通过代工业务赚到第一桶金，国内井喷型市场、电商渠道红利让自主品牌麦富迪乘势而起；

定位力（找准战略方向）：自主品牌从零食切入，到主粮，再到宠物食品全品类，战略方向和节奏恰到好处；

营销力（重仓聚焦投入）：在渠道、营销上压倒性投入，抢先传播，为麦富迪赢得了时间和机会窗口；

组织力（找到核心人才）：副总裁杜世芳女士利用曾在蒙牛、伊利等大型消费品企业的品牌运作经验，打造了相应的快消团队是麦富迪成功的一个重要原因。

但任何事物都有双面性甚至多面性，企业要辩证客观地去看待发展过程中存在的机遇和风险。

从发展机会看，麦富迪非常有可能成为中国率先破百亿元销售额的品牌，甚至成为全球宠物行业的头部品牌。

从发展风险看，麦富迪目前面临着巨大的挑战，心智第一与市场第一仍不够稳固，随时存在被超越的可能。

从发展阶段看，麦富迪目前是全品类发展布局，品类多意味着竞争对手多，而战线长、企业资源相对有限，暴露的薄弱环节也越多，竞争对手可乘之机并不少。

从资源投入看，麦富迪高举高打的营销方式，阶段性很有效，是抢占第一的"必杀技"，但衡量一个品牌的价值肯定要基于硬实力，特别是研发和创新能力，营销属于锦上添花。

从市场集中度看，2022年国内宠物食品企业CR5为17.1%，全球宠物食品企业CR5超50%，肉搏战还未到来，鹿死谁手还未可知。从市场容量看，宠物赛道足够大，大量现有品类（以及品类特性）在心智位上有品类、无品牌，存在大量品牌定位的机会。

从品类趋势看，宠物赛道存在大量分化的机会，其他品牌可以主动引导分化，抢占细分品类（开创新品类），成为第一。

纵观所有行业的发展，市场上既需要龙头企业去引领发展，也需要更多更懂消费者需求的专家型品牌。期待更多新锐品牌通过精准的战略定位，抓住市场需求变化、技术变化及品类分化的趋势，打造强势品牌，成为顾客心智中的首选和指名购买，甚至成为宠物行业新一代领军品牌。

# 第八章

EIGHT

## 新锐品牌五个女博士
## ——如何用洞察力实现高增长

五个女博士作为一个成立仅仅4年的口服美容赛道新锐品牌，在创造"1年破亿"的神话的同时，在发展过程中一直面临着巨大的争议，既有精彩亮眼的创业"故事"，也有备受质疑的大小"事故"。

"五个女博士"的发展成绩单如下。

2019年7月成立，成立2个月实现百万元销售额；

2020年6月，登榜抖音滋补膳食类目新星品牌；

2021年11月，获得抖音膳食类目排行榜第一；

2022年，抖音单渠道营收预计达15亿元；

2023年上半年，抖音蛋白粉/氨基酸/胶原蛋白类目销售额TOP1品牌。

# 第八章
## 新锐品牌五个女博士——如何用洞察力实现高增长

## 第一节 突围之战：如何破局占位

作为初创品牌+创业新手的双新组合，五个女博士面临的第一个考题是：口服美容赛道有保健品、药品、美妆、食品等多个行业巨头布局，且这些行业均以营销见长，行业巨头均是高度竞争的成熟市场中拼杀出来的营销优等生。在强敌环伺的市场竞争中，五个女博士作为后来者和小微品牌，靠什么一炮而红？

五个女博士的解题思路是做好四维洞察分析，即行业洞察、需求洞察、竞争洞察和自身洞察。

### （一）洞察力——四维洞察分析

**1. 行业洞察：高增长也高争议的新兴赛道**

五个女博士选择的口服美容赛道是近年增长迅猛、备受资本关注的新兴赛道。

口服美容来源于食品与化妆品市场的创新，由营养和化妆品组合衍生而来。"口服美容"产品是指通过口服改善皮肤状态，以达到美容美体目的的功能性食品。

根据头豹研究院预测数据，2024年全球口服美容销售规模将超过1700亿元。亚太地区占据全球口服美容市场主导地位。日本市场份额领跑全球市场，中国为继日本之后的全球第二大口服美容市场。根据Euromonitor的预测，2025年中国口服美容市场规模将达到255亿元，口服美容在中国已是百亿级赛道。

与现在口服美容赛道的高景气度不同，其实国内口服美容行业的发展之路并不平顺，一面是有着广泛市场基础的美容需求，一面是效果难以评估带来的"智商税"嫌疑，口服美容有过高光时刻，也有过黯淡时光。市场历经了萌芽、发展、低迷和上扬四个阶段。中国口服美容发展史如图 8-1 所示。

五个女博士成立的 2019 年正处于第四阶段发展中期，正是口服美容行业的狂飙时代。虽然中国口服美容市场规模全球第二，但对标发达国家，作为功能性食品重要品类的中国口服美容产品的渗透率、用户黏性和人均消费都有较大提升空间。

**2. 需求洞察：颜值焦虑催生的新生代成分党**

（1）主流消费人群：从"太太"转向"新生代"。

对口服美容行业不太了解的人，可能对口服美容的印象还停留在"太太口服液"时代。从名称就能看出初代口服美容瞄准的是"精致太太们"，满足 30 岁 + 的太太们"驻颜"的需求。如今，随着颜值经济的发展壮大，30 岁以下的年轻女性成了口服美容的主力军。

这届年轻人对颜值的关注超过任何一代。2020 年的一项国民健康洞察研究显示，2019 年对皮肤和身材的不满位列国民关注的健康问题前三名，年轻人尤为关注自己的皮肤状态不好。

消费人群从"太太"到"新生代"的转变，是口服美容发展的关键节点。

年轻人作为基数更广、消费影响力更大的人群，将口服美容带入了大众化、多元化时代，其乐于学习和接受新事物的特点，为口服美容的市场教育及产品创新创造了良好的土壤。

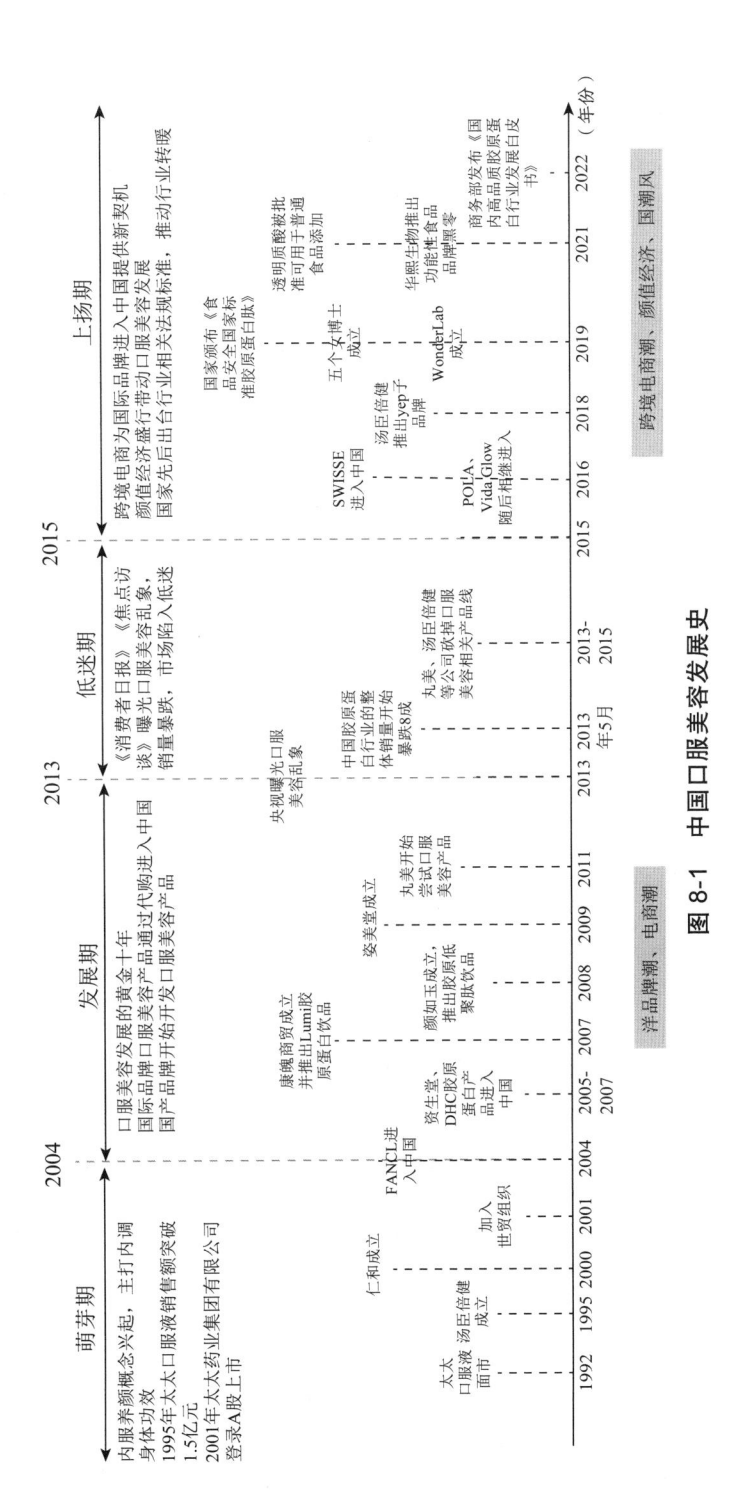

## 第八章
### 新锐品牌五个女博士——如何用洞察力实现高增长

图 8-1 中国口服美容发展史

（2）新生代的口服美容经：理性向左——成分为王，关注抗衰。

当代年轻人是理性和感性的矛盾体，购买商品时既追求功能的满足，更注重精神的满足和个性的表达。这种消费观念同样体现在口服美容的消费上，新生代既在理性上追求产品的功效和成分，同时也注重产品的口感和形态带来的感性体验。

成分是新生代购买口服美容最关注的因素。他们愿意花费时间和金钱去研究产品的功效和成分，以确定所购产品能满足自己的需求。

胶原蛋白、神经酰胺、透明质酸、胎盘素、弹性蛋白、GABA……新生代对各种并不好记的成分名词耳熟能详，在小红书上有关胶原蛋白的笔记数量已超过147万篇，有关透明质酸钠的笔记数量超过11万篇。

口服美容产品按功效可分为四大类：美白、抗衰、补水、防脱。其中美白和抗衰（抗老）功能最受消费者关注，渗透率最高，增速快。抗衰不再是中年人的专属，Z世代五大皮肤困扰之二包括肤色暗沉、细纹皱纹年龄斑，Z世代提前加入抗衰修复大军，开启冻龄养颜。

胶原蛋白作为抗衰主要成分，也是较早被国家批准可作为食品原料使用的美容成分，一直是口服美容消费规模最大的成分。其增速远超透明质酸、虾青素、生物素和葡萄籽等，体现了广阔的市场潜力。

2019年，五个女博士成立时选择了胶原蛋白这一最大的细分品类切入。

（3）新生代的口服美容经：感性向右——要好吃也要好看。

作为坚定的颜值党和体验派，新生代认为使用口感好、颜值高、服用方便的口服美容产品，可以让使用产品的过程更加愉快，能改善他们的心情和生活质量。因此，他们愿意尝试各种口感和形态的产品。

口服美容产品以片剂、胶囊、口服液三种形态为主，更接近"药"。药店是口服美容的重要渠道，行业早期商家也希望通过类

"药"包装提升功效暗示性。近年来，包装形态从"药"转"食"的趋势明显，出现了果冻、软糖、压片糖果等多种零食形态，此类形态产品销售增速明显。

"好看"正在被敏锐的商家满足，"好吃"则还有不少提升空间。从口服美容产品电商渠道的消费评价来看，在负面评价中有3～4成是对味道和口感的不满，仅次于食用效果，为负面评价的第二大来源。

### 3. 竞争洞察：巨头看好，多方涌入的竞争格局

（1）赛道选手：六类玩家，各显神通。

国内口服美容市场主要玩家有六类，分别为保健品品牌、药品品牌、化妆品品牌、食品品牌、海外品牌及口服美容新锐品牌。

保健品、药品、化妆品企业因为有主业相关资质背书，在功效可信赖程度上占据上风，同时因为有主业打下的客户群基础及成熟的市场体系，使得其市场教育和渠道分销具有优势。

海外口服美容比中国市场更为成熟，中国口服美容的市场教育和行业发展有FANCL、资生堂、POLA等海外品牌的贡献，加之进入中国的海外品牌多为国际大牌，这让海外派玩家具有更高的溢价能力。

食品企业为近年新入场玩家，是食品饮料企业在激烈市场竞争中的创新求变之举，其目的在于通过原食品品类增加功能性美容成分，为食品增加卖点。食品品牌跟其他几类玩家在产品形态、功能成分含量、产品定价、销售渠道上区别较大。

相比前五类玩家，以"五个女博士"为代表的新锐品牌在资金、品牌、渠道、供应链等方面劣势明显。但也正是因为没有沉淀，所以也没有负担，在效率和灵活度上更胜一筹。新锐品牌对抗巨无霸的撒手锏是"快狠准"——找准巨头薄弱环节，精准定位，集中兵力单点猛攻，撬开市场后再以点带面占据更大市场份额。

中国口服美容市场竞争格局如表8-1所示。

表8-1　中国口服美容市场竞争格局

| 类别 | 保健品企业 | 药品企业 | 化妆品企业 | 食品企业 | 海外品牌 | 新锐品牌 |
|---|---|---|---|---|---|---|
| 品牌产品 | 汤臣倍健：yep小粉瓶（胶原蛋白粉口服液） | 北京同仁堂：燕窝肽胶原蛋白饮品 | 华熙生物：WPLUS+透明质酸钠咖啡固体饮料 | 蒙牛：蒙牛迈胜胶原蛋白肽液态饮品 | 芳珂：FANCL芳珂胶原蛋白口服液 | 五个女博士：胶原蛋白肽口服液 |
| 特点 | 多以维生素与口服美容成分复配切入 | 多以药食同源成分与口服美容新食品原料复配 | 多以可内服的同美妆成分原料切入 | 多以食品饮料添加口服美容成分切入 | 多通过跨境电商进入中国市场 | 口服美容市场需求催生的专注该品类的新兴品牌 |
| 优势 | 有保健品资质背书，可宣称保健功能，有成熟渠道，有消费群体基础 | 有药品资质背书，更易被信任；可复用医药渠道，有广泛消费群体基础 | 有美妆品牌背书及成分专利，消费人群高度重叠，易迁移到口服美容 | 客户基数更大，营销渠道更发达，有母品牌背书，消费门槛低 | 有高势能市场、国际大牌双重背书，研发创新能力强，有溢价效应 | 从细分市场切入，易通过单品优势占领心智，撬动市场 |
| 劣势 | 品类多，产品全，品牌稀释，易被单品攻入 | 偏药的口感联想 | 与内部美妆产品有一定竞争 | 受限于食品品类，客单价有限 | 产品及营销策略在中国有水土不服风险 | 无品牌、资金供应链、人才等优势 |

（2）竞争格局：从"洋牌"主导到"国货"主导。

五个女博士于2019年成立，从当时的竞争格局来看，海外品牌占主导地位。来自澳大利亚的品牌澳佳宝、Swisse，日本的POLA等品牌通过跨境电商进入中国市场。

2019年也正是国潮兴起、国货走强的时期。此前的两三年，李宁在2018纽约时装周上的国风走秀惊艳世界，故宫凭借文创IP火遍全国，百雀羚刷屏朋友圈……国货品牌频繁出圈，越来越多地受到消费者关注和喜爱，尤其是新生代的95后、00后消费者对国产品牌的信心倍增。

2019年后，消费者对口服美容品牌的选择倾向渐渐转向国产品牌，这为后来五个女博士趁势而起铺平了道路。

**4. 自身洞察：博士立人设，营销善借力的创业新手**

五个女博士创立于2019年7月12日，公司名称为北京青颜博识健康管理有限公司，最初的品牌名为青颜博士，因为其创始团队由北京大学五位博士组成，分别为营养学博士姜珺、生理学博士王雨辰、皮肤科博士闫慧敏、妇产科博士文佳和医学博士陈媛。

五个女博士在创业之初也曾尝试传统的学术会议营销，以0元销售收场；也找过代运营公司开设淘宝店，以失败告终；直到姜珺把目光转向了当时正处于流量上升期且欲大力发展电商的抖音平台。

新渠道成就新品牌。在五个女博士牵手抖音的2020年，彼时的抖音正不甘于日活领先、电商落后的现状，急于补上电商的空缺，推出一系列政策大力扶持电商品牌。搭上抖音的流量快车，五个女博士迅速崛起，2020年6月登榜抖音滋补膳食类目新星品牌，2021年11月位列膳食类目排行榜第一名。

五个女博士的崛起的确是享受了不少时代红利，但哪个企业的发展不是顺势而为？从马云的"如果让我们再来一次，我们连阿里巴巴十分之一都做不到"，到雷军的"风口上的猪"，能看清势、借到势本身就是一种稀缺能力。

同期的口服美容赛道远不止五个女博士一家，大家都拥有同样的时代红利，为什么五个女博士能以黑马之姿脱颖而出？

## （二）定位力——品牌定位和运营配称

### 1. 品牌定位：瞄准空位，抢占心智

五个女博士能打赢这场突围之战的关键点即在于其精准的品牌定位。一个初创品牌，要攻破现有对手构筑的市场城墙，攻进城内，抢占份额，突破口的选择决定成败，切入点选对了就成功了一大半。

口服美容行业品牌商大多通过代工模式进入，进入门槛不高。因上游原材料厂家和中游代工厂均较为集中，产品趋于同质化。而下游的消费者对品牌的信任无疑是口服美容企业最宝贵的资产，品牌营销能力成为核心竞争力。

在产品日益同质化的市场竞争中，谁能通过精准的品牌定位向消费者传递品牌差异化价值主张，赢得用户心智信任，谁就有可能突围胜出。

这也正是五个女博士强势出圈的底层逻辑。

通过前面的行业洞察、需求洞察、竞争洞察及自身洞察的四维透视分析，我们获得几个关键信息。

行业：口服美容正高速增长，成分中胶原蛋白成熟度最高，规模最大；

需求：口服美容需求基数变大，新生代成主力，热衷钻研成分，相信成分即功效；

竞对：海外品牌占主导，价格贵、门槛高；国产口服胶原蛋白以大分子为主，吸收难；

自身：北京大学博士创业团队，多年肽（小分子蛋白质）领域科研经验。

五个女博士要在市场上突围，结合自身基因及市场现状需要紧扣几个关键词：科研人设、（小分子）胶原蛋白肽、平价。

## 第八章
新锐品牌五个女博士——如何用洞察力实现高增长

五个女博士找准了平价小分子胶原蛋白肽的市场空白位，通过定位"北京大学博士研发的平价胶原蛋白肽品牌"，成功锚定"胶原蛋白肽+高含量+平价+成分党+有一定消费能力"人群。

五个女博士品牌定位小结如图8-2所示。

| 行业 | 用户 | 竞对 | 自身 |
|---|---|---|---|
| 品类需求爆发，市场快速增长 | 普通用户进入有门槛 | 海外品牌居多，价格高 | 科研人设 |
| 全球口服美容市场快速增长 | 口服美容一直存在巨大争议，良莠不齐，用户选择成本高 | 2019年的国内口服美容市场被外资占据，价格高门槛高 | 北京大学博士创业团队 |
| 中国口服美容正迎来第二春，成为世界第二大市场 | 新生代成主力军，消费群体扩大，成分党崛起 | 口感被吐槽，负面评价多 | 胶原蛋白肽研究经验 |
| 胶原蛋白是口服美容最大细分品类 | | | |

品牌定位："北京大学博士"研发的平价胶原蛋白肽品牌
信得过　　　买得起　吸收更好　（同时改善口感）

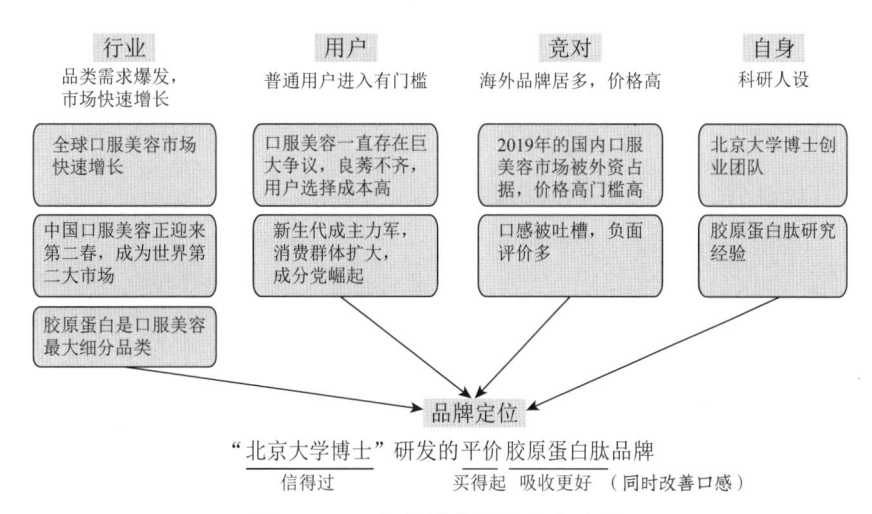

图8-2　五个女博士品牌定位小结

有了清晰的品牌定位，五个女博士的下一步是如何通过配称将这一品牌定位向市场传递，占领心智，将定位的威力转化为销售的战果。

**2. 运营配称：紧咬定位，步步为营**

（1）产品配称：单品爆破。

作为突围尖刀，为了产品能一炮而红，跟市场上的现有产品拉开差距，五个女博士在成分、含量、配方、口感、价格五个维度发力，开发出后来的王牌单品——胶原蛋白肽维C饮品。

该产品的核心成分选用价格更贵、更易吸收，也是五个女博士更有研发优势的小分子胶原蛋白肽，选用1000道尔顿以下的寡肽，每瓶含5000毫克的小分子低聚肽，再同时辅以配方的改良（复配维

C、弹性蛋白肽等健康美容成分）及口感的改善，以"不输国际大牌的成分和含量+以每瓶不到 10 元的中低价位"进入势头正盛的口服美容市场。

在口服美容行业，产品成本占比不高，营销成本占比很高。高销售费用率的目的是留空间给渠道。与五个女博士不同，大部分同行通过线下渠道销售，有庞大的经销商体系，产品定价牵一发而动全身，在价格策略上不如轻装上阵的五个女博士灵活。这可能是五个女博士能够以性价比在线上脱颖而出的原因。

（2）渠道配称：多不如精。

传统的口服美容产品的销售渠道主要集中在药店、百货商场、专业美容院、直销等渠道，其中药店占了 5 成左右。五个女博士尝试了一条不同的渠道路径。五个女博士能在抖音爆红，除了抖音本身的流量红利和电商扶持政策外，抖音以新一线&年轻女性用户为主，与五个女博士的消费人群非常匹配也是重要原因。

五个女博士深耕抖音，以抖音为原点渠道，通过自身科研人设，明星、达人主播等高势能人群直播带货，建立"创始人自播+达人明星带货+店铺直播矩阵"一套流量组合拳多线出击，精准高效覆盖"新生代中产女性"这一目标原点人群，在抖音渠道单线爆破成就了辉煌战绩。

（3）推广配称：用好人设。

五个女博士深知北京大学博士身份的光环效应，推广阶段充分利用自己的科研人设，紧扣两个关键词："科研"和"成分"，对应口服美容市场两大痛点——"市场鱼龙混杂"和"食用效果存疑"。

科研人设是五个女博士在口服美容市场获得信任背书、成功出圈的最大差异化资源。在科学护肤当道、成分党不断进阶的口服美容市场，五个女博士聚焦在市场上已被教育、被验证的热门口服护肤成分,用成分配方及含量的客观事实,强化在成分原料品质及含量的差异化优势,再匹配高含量+低价格的高性价比优势,突破消费者信任、效果、价格三大购买障碍,成功出圈。

在短视频时代,通过"大单品+人设IP+直播平台"公式走红的品牌不止五个女博士一个。在美容美妆领域,有不少品牌在抖音仅通过2~3个月时间就做到破亿元的销售额,但一旦停止推广,流量和销量断崖式回落,高光时刻转瞬即逝,所谓爆红容易长红难,江山易打不易守。

## 第二节 增长之路：如何站稳脚跟

突围之后，赛道越来越火，竞争越来越激烈。五个女博士面临的第二个考题是：前有劲敌，后有追兵，刚崭露头角的新品牌如何持续增长？五个女博士如何突破品牌"昙花一现"的魔咒，坐稳口服美容头部位置呢？

### 1.产品：对标国际大牌的产品品质

虽然五个女博士刚成立时是一个初创的小微品牌，在产品上对标的却是当时流行的国际大牌：同样是胶原蛋白肽，选用分子更小、成本更高的1000道尔顿以下的低聚肽；选用比市场同规格净含量更高的小分子胶原蛋白肽；不同来源的弹性蛋白肽价格差距将近10倍，采用原料价格高达12000元/千克的鲣鱼弹性蛋白肽。

从商品评价以及社交媒体的用户反馈来看，消费者确实比较认可五个女博士产品的成分品质和含量。

### 2.价格：拼性价比、不拼低价的价格策略

五个女博士以成分和高性价比从市场突围，其主打产品胶原蛋白肽维C饮品平均单支折后价格不到10元（2盒装单支折后9.95元；3盒装单支折后8.7元），相比汤臣倍健yep、Swisse等品牌的胶原蛋白产品，在市场上具有明显竞争力，但客单价并不低。

根据蝉妈妈数据，2023年8月，五个女博士在抖音的客单价达到453.88元，远高于汤臣倍健的160.18元，也高于Swisse的445.3元。2023年8月，五个女博士两款产品分列天猫胶原蛋白V榜TOP10榜单第三位和第五位。

由此可推测，五个女博士采用了高性价比单价的同时使用各种价

格策略，如买一赠一、买三满减、月/季/年卡套装等提升客单价，通过平价但不廉价、高性价比但并不便宜的价格策略维持了品牌感。

### 3. 渠道：以攻代守稳地位

很多品牌依赖单一渠道，当年的"淘品牌"深知这一风险，有长线品牌意识的商家纷纷布局淘外，其现象之普遍，以至于"脱淘"成为一个专有名词。

五个女博士要成为真正的品类头部品牌，多渠道布局是必须迈出的一步，五个女博士选择了从"单平台"到"多平台"，再到"线下"的路径，2020年依靠抖音单渠道线上跑通流量闭环，验证模式；在品牌上升红利期复制经验到其他线上平台，2021—2022年分别入驻京东、淘宝，加速跑马圈地，将心智认知优势转化为销售规模优势，快速崛起；2022年开设线下实体店，线上线下一体化布局，并大量投放广告，乘胜追击，扩大品牌势能。五个女博士的渠道拓圈如图8-3所示。

五个女博士的品牌发展历程就是渠道不断拓圈和销售不断增长的过程。每一个新渠道与每一轮新增长都是五个女博士开启下一轮增长的垫脚石和扩大品牌影响力的信任状。销量雪球越滚越大，品牌势能越来越强，品牌护城河因此也越来越坚固。

随着渠道和品类红利的逐渐衰减，口服美容竞争从渠道、品类红利逐步转向品牌的比拼。品牌抓住红利期修炼内功，提品质、树品牌，快速成长，是延长"花期"和走向"长红"的必由之路，五个女博士提供了一个参考范本。

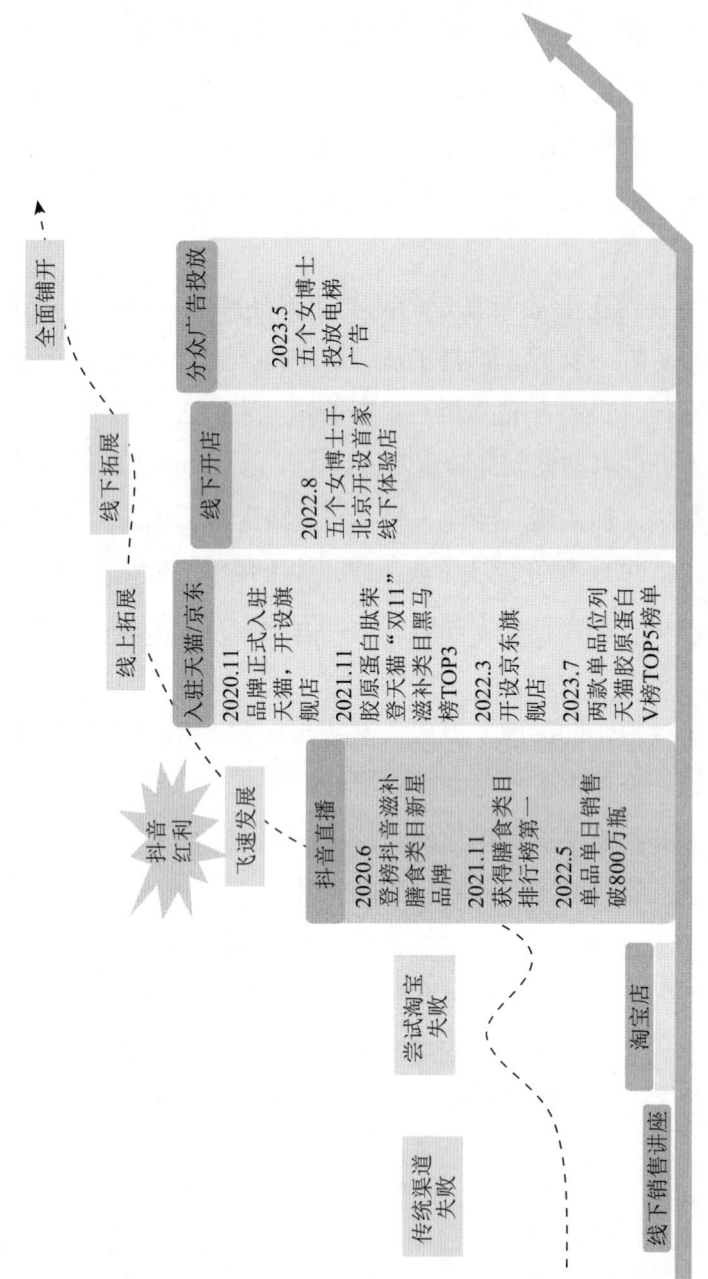

点燃市场 ⑩ 大新消费品牌的高增长打法

图 8-3 五个女博士的渠道拓圈

全面铺开

分众广告投放
2023.5 五个女博士投放电梯广告

线下拓展

线下开店
2022.8 五个女博士于北京开设首家线下体验店

线上拓展

入驻天猫京东
2020.11 品牌正式入驻天猫，开设旗舰店
2021.11 胶原蛋白肽荣登天猫"双11"滋补类目黑马榜TOP3
2022.3 开设京东旗舰店
2023.7 两款单品位列天猫胶原蛋白V榜TOP5榜单

抖音红利
飞速发展

抖音直播
2020.6 登榜抖音滋补膳食类目新星品牌
2021.11 获得膳食类目排行榜第一
2022.5 单品单日销售破800万瓶

尝试淘宝失败

淘宝店

传统渠道失败

线下销售讲座

## 第三节 "博士"之智：有何经验可抄

### 1. 抄不到的红利

五个女博士的崛起离不开时代红利。品类红利、渠道红利、颜值经济、国货崛起都是五个女博士晋级路上的大东风，五个女博士踩中的红利如图 8-4 所示。每个时代有每个时代的红利，顺势而为，搭乘时代电梯直线上升是企业朴素的期望。如果说踩中一个红利靠运气，连续踩中数个红利则是一种能力。

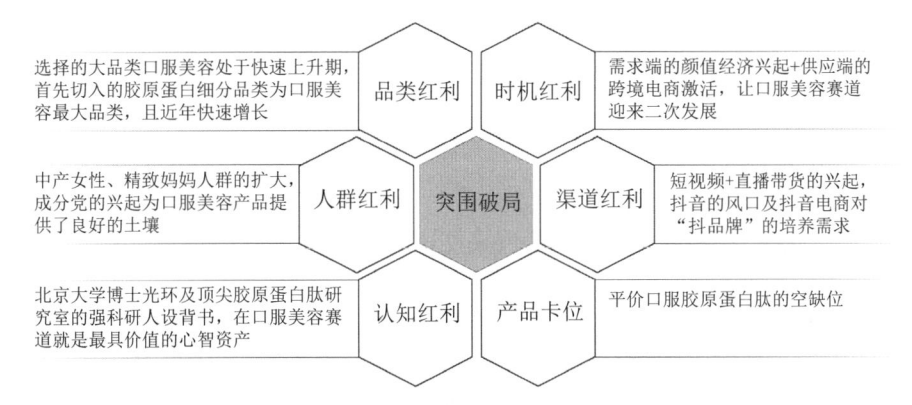

| 红利 | 说明 |
|---|---|
| 品类红利 | 选择的大品类口服美容处于快速上升期，首先切入的胶原蛋白细分品类为口服美容最大品类，且近年快速增长 |
| 时机红利 | 需求端的颜值经济兴起+供应端的跨境电商激活，让口服美容赛道迎来二次发展 |
| 人群红利 | 中产女性、精致妈妈人群的扩大，成分党的兴起为口服美容产品提供了良好的土壤 |
| 渠道红利 | 短视频+直播带货的兴起，抖音的风口及抖音电商对"抖品牌"的培养需求 |
| 认知红利 | 北京大学博士光环及顶尖胶原蛋白肽研究室的强科研人设背书，在口服美容赛道就是最具价值的心智资产 |
| 产品卡位 | 平价口服胶原蛋白肽的空缺位 |

中心：突围破局

图 8-4 五个女博士踩中的红利

红利都有窗口期，不会重来，但时代从来不缺红利，缺的是能洞察机会的人。最高级别的勤奋是战略的勤奋，红利是时代对战略勤奋者的奖励。

### 2. 抄得到的能力

我们总结了五个女博士的三个核心能力，它们对企业经营有着普适的参考意义，对初创品牌、网红品牌尤为适用。

洞察力：全面洞察行业、需求、竞对及自身，找到大势所趋、民心所向、竞对所短、自身所长的交叉点，抓住红利，精准卡位，找到市场突破口。

定位力：找准平价小分子胶原蛋白肽的市场空白位，强化"科研"+"成分"品牌标签，成功锚定新生代成分党。从品牌名到产品研发及定价，再到市场推广，均围绕品牌定位展开。

营销力：产品——高度聚集2款单品，集中兵力打穿打透胶原蛋白肽口服液，锚定细分品类第一心智位置；价格——单款产品+多种规格的组合，形成多价位不同套餐，实现低均价+高客单价的价格策略；渠道——单点突破验证模式后再拓展下一个渠道，在前一个渠道的上升期进入下一个渠道，既借助了现有渠道的势能，又降低了过度依赖单一渠道的风险。

## 总结与展望

### 人设是把双刃剑，能载舟来能覆舟

五个女博士成立之初就打"博士"牌，以博士身份建立IP人设，团队的五个女博士在品牌各营销场景醒目位置出现，在直播间轮番上阵推荐自家产品。博士的身份与科研人设的定位让五个女博士在口服美容市场赢得大量信任货币。但人又是最不稳定的因素，是人就会犯错，尤其是一直活在聚光灯下，品牌因人而起，也可能因人而衰，五个女博士需要提前做好预案。

### 红利衰退竞争热，科研仍须勤做功

如果说五个北大女博士本身是五个女博士最重要的品牌资产，科研就是其最突出的品牌标签。但五个女博士过往在这个标签上沉淀的信任状还不够多，除了北京大学博士身份货真价实外，专利数量并不显著，甚至核心专利之一还是来自成果转让，科研团队的高配，与北京大学、山东大学等高校的合作也更多是体现在营销上。口服美容行业发展日趋成熟，赛道日益拥挤，进入门槛不高，产品同质化严重让行业竞争愈演愈烈，在高度竞争的市场，夯实品牌差异化标签、打造区隔性产品的重要性不言而喻。五个女博士需要做实"科研"之名，真正以科技驱动产品创新突破，而不只是将"科研"二字停留在营销层面。

# 第九章

NINE

## 新锐品牌万益蓝
## ——从小赛道切换到大赛道的战略逻辑

万益蓝，原名 WonderLab，隶属于深圳精准健康食物科技有限公司（2017年11月注册），创始人是肖国勋、刘乐。经过近几年的发展，万益蓝现已成为一家专注健康营养领域，为年青一代带来全新营养生活方式的新锐品牌。它的产品覆盖益生菌、营养代餐奶昔、膳食纤维等多个产品系列。WonderLab 第一年的销售额达 6000 万元，并拿下代餐奶昔第一的宝座。而后其又切换赛道去做益生菌，同样做到了全网第一。

接下来我们从三个方面（战略演进：三大发展阶段；战略决策：品类选择与切换；战略落地：四大要点解析）来与大家探讨 WonderLab 的发展历程。

## 第九章
新锐品牌万益蓝——从小赛道切换到大赛道的战略逻辑

# 第一节　战略演进：三大发展阶段

WonderLab 发展历程如图 9-1 所示。

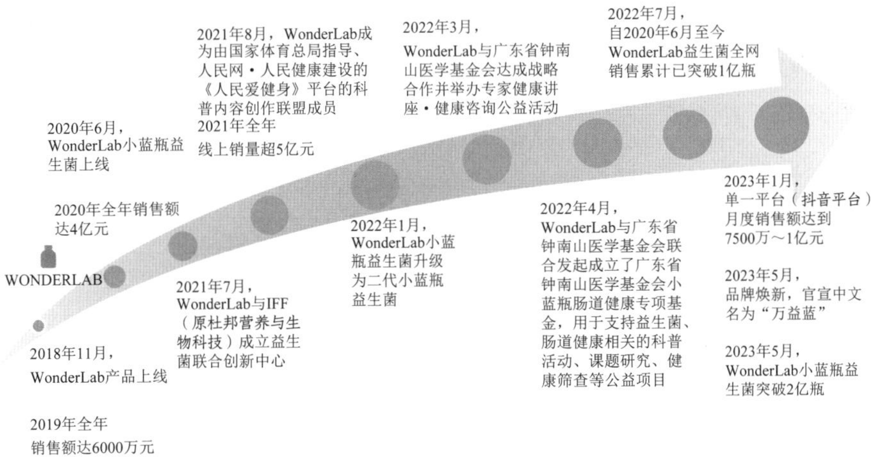

2020年6月，WonderLab小蓝瓶益生菌上线
2020年全年销售额达4亿元
WONDERLAB
2018年11月，WonderLab产品上线
2019年全年销售额达6000万元

2021年7月，WonderLab与IFF（原杜邦营养与生物科技）成立益生菌联合创新中心

2021年8月，WonderLab成为由国家体育总局指导、人民网·人民健康建设的《人民爱健身》平台的科普内容创作联盟成员
2021年全年线上销量超5亿元

2022年1月，WonderLab小蓝瓶益生菌升级为二代小蓝瓶益生菌

2022年3月，WonderLab与广东省钟南山医学基金会达成战略合作并举办专家健康讲座·健康咨询公益活动

2022年4月，WonderLab与广东省钟南山医学基金会联合发起成立了广东省钟南山医学基金会小蓝瓶肠道健康专项基金，用于支持益生菌、肠道健康相关的科普活动、课题研究、健康筛查等公益项目

2022年7月，自2020年6月至今WonderLab益生菌全网销售累计已突破1亿瓶

2023年1月，单一平台（抖音平台）月度销售额达到7500万～1亿元

2023年5月，品牌焕新，官宣中文名为"万益蓝"

2023年5月，WonderLab小蓝瓶益生菌突破2亿瓶

图 9-1　WonderLab 发展历程

WonderLab 的战略发展过程，主要分为三个阶段：战略 1.0 飞速起盘期、战略 2.0 扩品探索期和战略 3.0 升级发展期，如表 9-1 所示。

表 9-1　WonderLab 三大战略发展阶段

| 发展阶段 | 飞速起盘期 | 扩品探索期 | 升级发展期 |
| --- | --- | --- | --- |
| 时间 | 2018 年 11 月—2020 年 4 月 | 2020 年 4 月—2021 年 5 月 | 2021 年 5 月至今 |
| 划分依据 | 代餐奶昔单一品类为标志 | 尝试非代餐单品为标志 | 2021 年 5 月 14 日收购保时健为标志 |
| 定位 | 前卫时尚的美妆营养品牌 | 年轻世代的新营养品牌 | 专研可循证的益生菌和营养补充剂的新营养品牌（2023 年 5 月后）年轻世代的新营养品牌（2023 年 5 月前） |

177

续表

| 原点消费人群 | 18～30岁的一二线城市爱美精英女性，她们大多关注"减肥、变美"等话题 | 18～30岁的一二线城市爱美精英女性 | 18～30岁的一二线城市爱美精英女性 |
|---|---|---|---|
| 核心品类 | 营养代餐奶昔 | 营养代餐奶昔+益生菌 | 益生菌 |
| 核心销售渠道 | 天猫+淘宝直播 | 天猫+抖音 | 抖音 |
| 核心传播渠道 | 微博 | 微博+微信+抖音 | 抖音 |
| 核心达人投放 | 微信 | 微信 | 抖音 |
| 形象代言人 | —— | 周震南、金晨等 | 科学家、陈鲁豫、网红曹操等 |
| 业务模式 | 营销驱动+产品代工 | 营销驱动+产品代工 | 营销驱动+自产为主 |
| 销售渠道 | 线上销售 | 线上+线下 | 线上+线下 |

备注：WonderLab采用营销大渗透和渠道大渗透，布局一直是多传播渠道和多销售渠道，为突出重点，未在表中一一列明。

战略1.0飞速起盘期：品牌定位为前卫时尚的美妆营养品牌，聚焦18～30岁一二线城市爱美精英女性，主打代餐奶昔，通过微博和微信达人营销快速起盘。

战略2.0扩品探索期：品牌尝试扩充新品类，定位为年轻世代的新营养品牌，探索出益生菌这一好品类，形成"营养代餐奶昔+益生菌"双核心格局，同时进入抖音直播渠道。

战略3.0升级发展期：品牌以益生菌为核心，进行全新升级，确定中文名"万益蓝"，打造专研可循证的益生菌和营养补充剂的新营养品牌定位，业务模式转变为"自产+营销驱动"，抖音平台表现突出，占据市场领先地位。

## 第九章
新锐品牌万益蓝——从小赛道切换到大赛道的战略逻辑

## 第二节　战略决策：品类选择与切换

在我国，所谓保健食品，是指声称并具有特定保健功能或者以补充维生素、矿物质为目的的食品。即适用于特定人群食用，具有调节机体功能，不以治疗疾病为目的，并且对人体不产生任何急性、亚急性或者慢性危害的食品。保健食品带有"蓝帽子"标志。若没有这个标志，那就不是法律意义上的保健品。

从定义可知，保健品并非药物，不能替代药物治疗疾病；也不同于普通食品，有着明确的法律定位和严格的品质要求。

从大周期来看，我国的保健品发展史经历了萌芽期、无序成长期、整顿成长期、规范发展期四个阶段（见图9-2）。

**品类选择一：从代餐切入市场的原因**

保健品赛道太大，怎么找到合适的切口进去，快速做到细分品类的第一，是 WonderLab 需要认真考虑的问题。接下来，我们从行业、需求、竞争和自身四个维度，来看 WonderLab 选择从代餐切入市场背后的洞察逻辑。

（1）行业洞察：代餐品类趋势向上且已被成熟市场验证。

代餐作为保健品的一个细分品类，自然将大幅度受益于大的保健品发展趋势。

2013 年美国创业者罗伯·莱恩哈特（Rob Rhinehart）创办 Soylent 代餐奶昔。2015 年获得了 A 轮 2000 万美元融资、2017 年获得 5000 万美元 B 轮融资，估值突破 10 亿美元，2023 年已被上市公司 Starco Brands 收购，Soylent 产品已在 28000 家商店销售。将欧美成熟市场验证的品类移植到中国来，是一种典型的地缘套利逻辑。代餐品类的价值已被成熟市场验证，这也许是 WonderLab 战略选择背后的核心支撑。

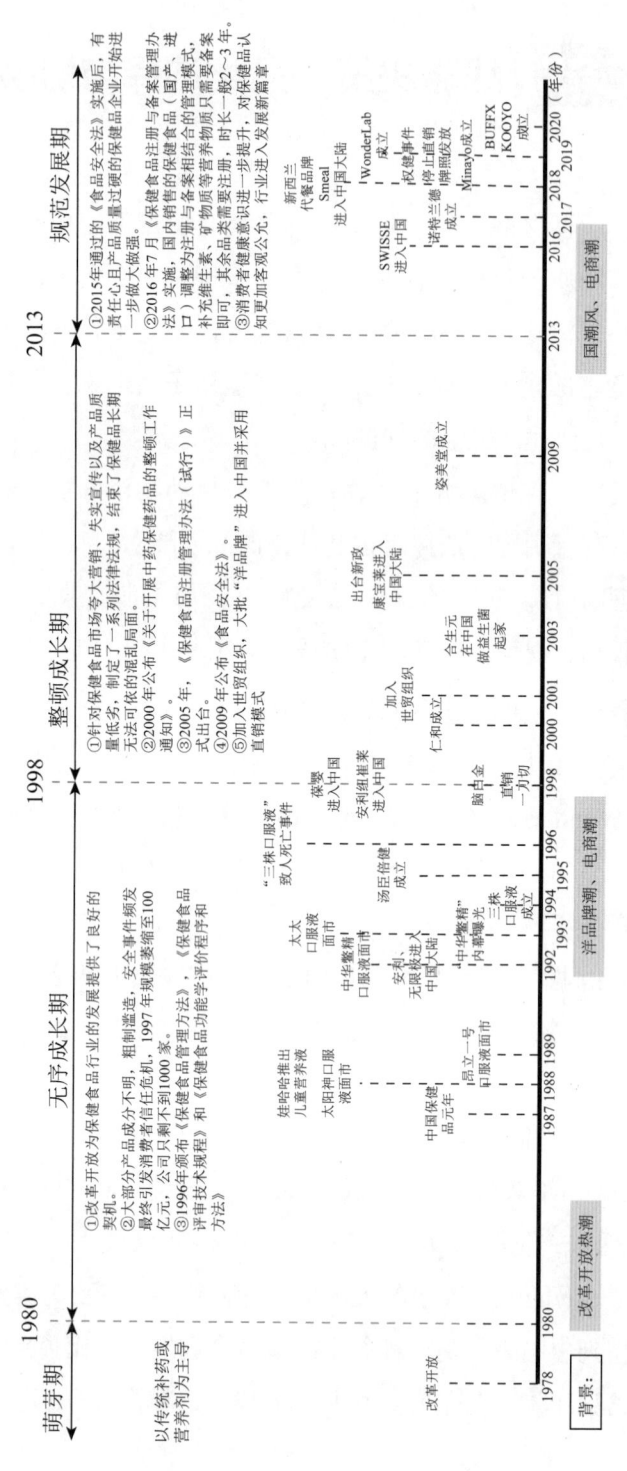

图 9-2 中国保健品发展史

## 第九章
### 新锐品牌万益蓝——从小赛道切换到大赛道的战略逻辑

品类空位可抢。WonderLab 操盘人刘乐曾公开分享过：他们之所以启动 WonderLab，就是因为 2018 年启动项目之前，他们对保健品行业进行了系统研究，看到天猫数据报告中，消费者对于健康类产品需求的快速增长。选择天猫作为起盘平台，是因为在当时，天猫是中国所有电商平台和零售平台中，对消费者维度进行数字分析和洞察最为全面的平台。通过深入分析，他们发现了年轻消费者对体重管理的强烈需求，并且识别出代餐奶昔品类存在阶段性的战略机会。这一洞察与代餐奶昔品类的发展阶段高度匹配，为他们进入市场并取得成功奠定了坚实的基础。

（2）需求：代餐直击减肥变美和便利女性群体痛点。

从整个大环境来看，健康饮食需求旺盛，代餐也备受关注。而原有的代餐有哪些痛点没有解决呢？当时主要有两大痛点：吃不饱和不好吃。

吃不饱怎么解决呢？往奶昔里增加需要咀嚼的颗粒，因为咀嚼这个动作能传递饱腹的信号，增强饱腹感。

不好吃怎么解决呢？就将代餐零食化，可以推出很多口味的代餐奶昔。

根据统计数据，女性的代餐消费占总消费的七成左右，90 后及 95 后年轻女性群体是线上代餐消费的核心人群。

这群女性买代餐的主要动机是什么？减肥变美和便利。现在大部分人忙于工作，没有更多时间锻炼，况且锻炼也不一定能很好塑形，这就为减少能量输入、改变饮食来减肥塑形提供了机会。另外"懒人经济"驱使之下，能少做一点就少做一点，也是 90 后及 95 后年轻群体的主要特征，恰好代餐可以满足方便的需要。

（3）竞争：代餐处于市场教育期。

代餐市场在国内属于一个新兴的"年轻产业"，自 2010 年左右开始兴起，其被视为一片蓝海市场。早期，全球代餐奶昔的开创者 Soylent 在 2017 年获得了 5000 万美元的 B 轮融资，估值突破 10 亿美元，这迅速吸引了其他品牌的跟进，如美国的康宝莱和中国台湾的森米。然而，这些早期品牌主要将产品定位为保健品而非功能食品，且销售模式和渠道各异，市场缺乏强有力的领导品牌。

2010 年，维维嚼益嚼作为中国最早一批代餐产品（非代餐奶昔）发布，标志着中国代餐市场的起步与发展期。随后，在 2018 年 5 月，新西兰代餐品牌 Smeal（实为国产品牌）进入中国市场，带来了"瓶装代餐"的新概念。

到了 2019 年，代餐产业迎来了爆发式增长。ffit8、WonderLab 等品牌在这一年成立，同时，Keep、康师傅、乐纯等非代餐品牌也宣布进军代餐领域。此后，食品巨头如百事、雀巢也推出了代餐品种，连健康运动领域的 Keep 等也加入了市场教育阵营。

得益于电商和自媒体的快速发展，代餐市场的传播速度大大加快。在这个有品类无品牌的格局下，谁先发声、谁先抢占市场、谁投入的资源最猛，谁就有可能成为胜出者。回顾 2019 年，那时的代餐市场竞争尚不激烈，顾客心智中存在大量的空位等待品牌去占据。

（4）自身：操盘人属于久经沙场的老手。

从 WonderLab 自身的基因和能力来看，选择代餐这一新品类切入市场，其胜算相当大。这主要得益于几个方面的优势：竞争对手相对不强、代餐需求已经得到国外市场的验证，以及他们深谙营销玩法，这都有利于他们快速抢占和稳固市场地位。

深入探究 WonderLab 的操盘团队，我们发现他们并非一帆风顺，而是历经多年闯荡积累了丰富的市场经验。团队由两位核心创始人组成：肖国勋和刘乐。肖国勋担任深圳美丽营养科技有限公司的董事长，而刘乐则任总经理。

## 第九章
### 新锐品牌万益蓝——从小赛道切换到大赛道的战略逻辑

总经理刘乐拥有丰富的电商和快消品行业经验，他曾担任腾讯电商食品类目的运营负责人和前宝洁区域市场负责人。他与董事长肖国勋合作多年，早在2015年就共同推出了"好色派沙拉"项目。

董事长肖国勋的经历则更为丰富多元。他是中山大学管理学院2009届的优秀本科毕业生，并在新加坡管理大学继续深造。他在全球最大的日用消费品公司宝洁历练多年，担任过区域市场负责人。此后，他先后担任了美厨创始人、好色派沙拉创始人以及路尚地产的联合创始人，这些丰富的经历为他后来创立WonderLab品牌奠定了坚实的基础。

正是基于这样的经历和能力，WonderLab的操盘团队能够迅速捕捉跨界机会、快速融资以抢占战略窗口期，并实现快速起量起盘，为品牌的成功打下了坚实的基础。

起盘期的定位选择：以代餐奶昔为核心品类。正是因为他们在起盘期对行业、需求、竞争和自身进行了全面的洞察，才有了WonderLab的抢先定位、彪悍出击，才能抓住品类分化趋势（见图9-3、图9-4和图9-5）。WonderLab以营养代餐奶昔为核心品类；以爱美、精致、追求品质等女性人群为目标客户（80%都是18～30岁的年轻女性）；以喝不胖的奶茶为爆品。WonderLab以天猫为原点渠道；以微博、微信朋友圈为原点媒介，遵循"先定位，构建品牌的独特性资产，再营销大渗透，再渠道大渗透"的路径，快速发展。成立10个月后，WonderLab即登上天猫代餐品类第一的位置，第一年销售额超过6000万元。

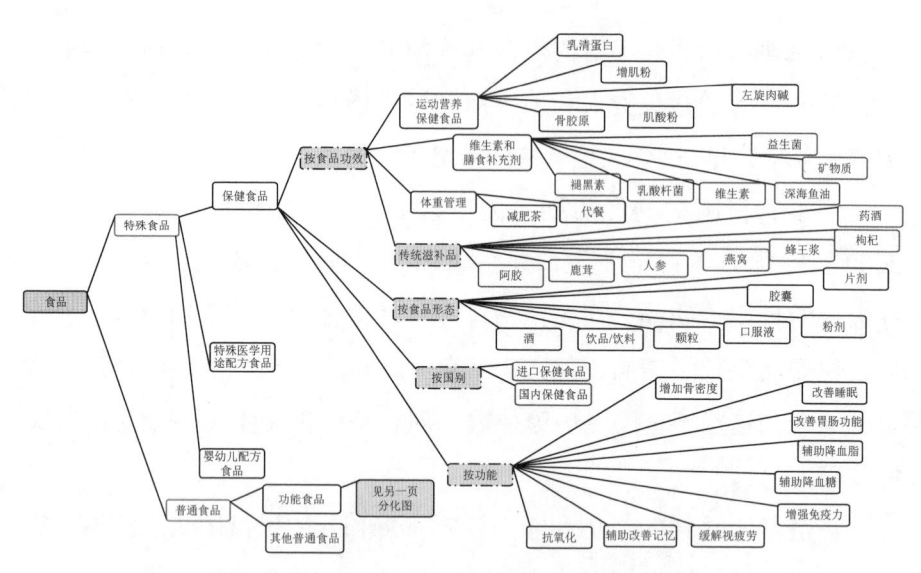

图 9-3 切入代餐品类——是否符合分化趋势

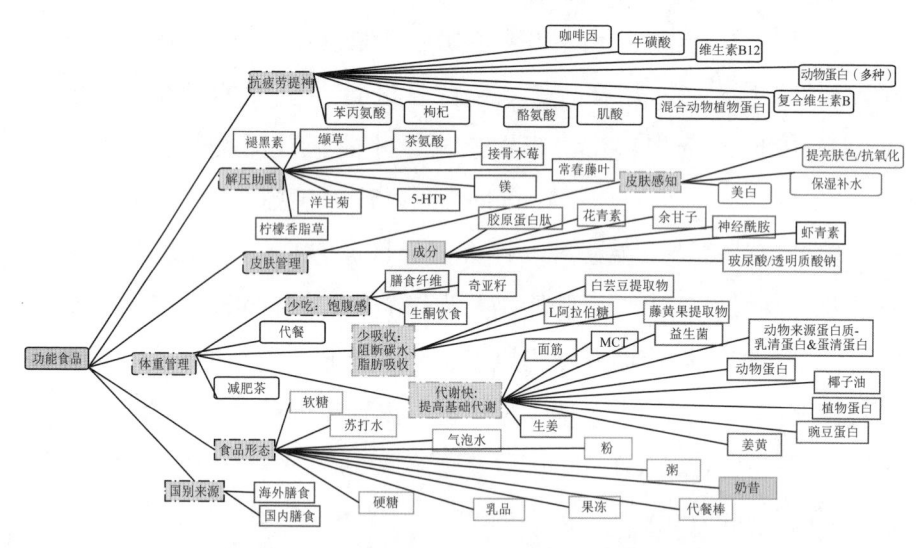

图 9-4 切入代餐品类——是否符合分化趋势

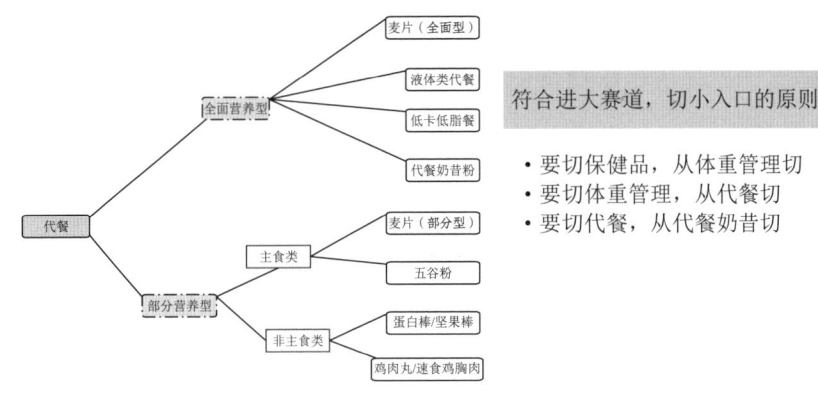

## 第九章
### 新锐品牌万益蓝——从小赛道切换到大赛道的战略逻辑

```
                    ┌─ 麦片（全面型）
          ┌全面营养型┤─ 液体类代餐
          │         ├─ 低卡低脂餐
   代餐 ──┤         └─ 代餐奶昔粉
          │         ┌主食类 ┌─ 麦片（部分型）
          └部分营养型┤      └─ 五谷粉
                    └非主食类┌─ 蛋白棒/坚果棒
                            └─ 鸡肉丸/速食鸡胸肉
```

> 符合进大赛道，切小入口的原则
> - 要切保健品，从体重管理切
> - 要切体重管理，从代餐切
> - 要切代餐，从代餐奶昔切

图 9-5　切入代餐品类——是否符合分化趋势

**品类选择二：切换到益生菌的秘密**

在单一品类切入并取得初步成功后，WonderLab 面临着进一步发展的抉择：是加大投入继续做大单一品类，还是扩充新品类。2020 年 4 月，代餐奶昔市场呈现出存量竞争的状态，并未带来市场增量，且天猫淘宝的市场规模数据也反映出增长乏力，似有见顶迹象。这使得 WonderLab 意识到，不能完全依赖单一代餐奶昔和天猫渠道，尝试新渠道、研发新品种成为战略选择的重点。

若仅专注于代餐奶昔这一品类，WonderLab 需要建立具有核心竞争力的供应能力。然而，代工模式下产品差异化较少，不具备排他性，而自建供应链则需要权衡自身的能力圈。这使得 WonderLab 的操盘人开始考虑其他方案。

实际上，WonderLab 并非立即找到益生菌这个品类。从产品线可以看出，他们逐步尝试了多个细分品类，如 2020 年 4 月推出的 VC 泡腾片、6 月推出的益生菌、7 月推出的白芸豆膳食纤维粉等。其中，代餐奶昔和益生菌在销售数据上得到了持续的正反馈。

2023 年 5 月 9 日，"WonderLab" 正式升级为"万益蓝 WonderLab"，聚焦于膳食营养补充剂赛道，并在营养和益生菌补充剂领域持续探索，以满足"好身材、好状态和好肌肤"为主的三层健康需求。

那么，为什么益生菌能够替代代餐奶昔，成为 WonderLab 的核心产品呢？我们可以从行业、需求、竞争和自身实力四个方面来分析。

（1）从行业角度来看。

2020 年益生菌市场处于爆发的前夜。全球益生菌补充剂市场稳步增长，而中国市场规模持续扩大，但人均消费额远低于意大利、美国等国家，这意味着中国益生菌市场具有巨大的发展潜力。

（2）从需求角度来看。

消费者对食品饮料的功能性需求日益增加，益生菌成为消费者最愿意购买的食物增加成分。尤其是 18～39 岁的年龄段人群，对肠道健康尤为关注，益生菌正是满足这一需求的优选品类。

（3）从竞争角度来看。

线上益生菌市场缺少头部国内品牌。虽然国外品牌在线上销售中占据主导地位，但售价相对较高，这给国产品牌提供了从中低价切入的好机会。WonderLab 作为新国货品牌，具有极大的发展潜力。

（4）从自身实力来看。

WonderLab 具有强大的运营和营销能力，能够快速切入新品类。同时，单一代餐奶昔难以支撑 WonderLab 的进一步发展，因此扩品类的动力极强。此外，WonderLab 已经进行了多轮融资，显示出其做强做大的决心。

综上所述，选择一个兼具长期可做、天花板很高、持续增长、能成第一的品类是 WonderLab 的必选项。综合行业、需求、竞争、自身能力与愿望等多个方面考虑，益生菌补充剂品类的尝试无疑是一个明智的选择。因此，WonderLab 决定扩大益生菌品类的探索和发展，以期在膳食营养补充剂赛道上取得更大的成功。

# 第九章
新锐品牌万益蓝——从小赛道切换到大赛道的战略逻辑

## 第三节 战略落地：三大要点解析

再好的战略，也需要配称体系配合落地。WonderLab 作为营销驱动的公司，采取的方式是高举高打，抢占第一，多方面能力和资源配合的要求较之其他品牌要高得多。

**要点 1：融资有道——获资本青睐的秘诀**

一个品牌想高速发展都离不开资本的注入（资金也是供应力），这对于任何一个创始团队来说，为什么融资、融多少资、怎么融资、向谁融资、以什么估值融资等问题都是非常重要的决策。

WonderLab 会怎么融资呢？这个对 WonderLab 的创始团队肖国勋、刘乐来说，不是难题。他们都是连续创业者连续融资者，可谓融资的"老司机"。他们的秘诀有哪些？

（1）懂得融资管理：融过钱花过钱更懂花好钱。

连续创业者对投资人资金的募集之道更为熟悉，以及投资人资金到手后的管理、运用、回笼显得更为老到。一个真正的创业者，都会把投资人的资金用到点子上，到最后项目往往会获得成功。

WonderLab 的创始团队肖国勋、刘乐早已非常懂得跟资本打交道的方法。这一点从前面两个项目的融资结果就可以看出来。根据天眼查数据，之前他们创办的"美厨 Love's Kitchen"和"好色派沙拉"就获得过种子轮与天使轮（投资方：NextBig、IDG 资本）、A 轮（投资方：弘道资本、峰瑞资本）、A+ 轮（投资方：东方富海、峰瑞资本 IDG 资本、华业天成资本）、B 轮（投资方：百福控股）融资。总计融资额达到小目标。

这些亲身经历和人脉积累，在他们另起炉灶、重启新盘时就大有好处。WonderLab 在起盘时，就顺利找到了资金注入方。天使轮（投资方：好色派沙拉、东峰资本）、Pre-A轮（投资方：天图投资）、A轮（投资方：黑桃资本 Spade Capital）、A+轮（投资方：IDG资本、凯辉基金）、B轮（投资方：日初资本）、战略融资（投资方：Temasek 淡马锡）。

（2）打动投资人：认为连续创业者成功率更高。

按常理，创业者创业失败，特别是连续创业失败后，很多人都会对创业者敬而远之。然而机构投资者不这么看。相反他们更愿意投资连续失败的创业者。真的吗？在一档访谈节目上，天使投资人徐小平曾经坦言：公司一年大概会投资100多个项目，这些投资更偏向于连续创业者。李开复也曾经在"归来"中说道：连续创业者容易成功。对于IDG来说，这个逻辑也同样成立。

IDG是陪跑最长的一家投资机构，WonderLab的创始团队肖国勋、刘乐此前曾做半成品净菜美厨 Love's Kitchen 时，被国内头部创投机构IDG创投基金参与投资过A轮。美厨没有做起来后，肖国勋、刘乐做好色派沙拉时，IDG又投资其天使轮；好色派沙拉项目也没达到预期后，这次他们做营养代餐食品品牌"WonderLab 美丽营养"，IDG资本再次参与了A轮投资。这一点就可以看出，IDG对肖国勋、刘乐的人品、操盘能力等都是认可的。

（3）建立强背书：多维度的证明认可度更高。

"学霸标签+宝洁标签+腾讯标签+IDG投资+连续创业者"都是很好的信任背书，这使得更多资本有兴趣接触创业团队、有意愿对看好的项目下注。

这个融资能力和融资节奏就直接决定了其后续的 WonderLab 的打法。没有这些资金支撑，对于一个初创型的公司来说，就无法完成营销大渗透和渠道大渗透。

## 第九章
新锐品牌万益蓝——从小赛道切换到大赛道的战略逻辑

**要点 2：产品为源——产品体系的进化**

（1）代餐奶昔的不断进化。

WonderLab 初期以"奶茶口味"小胖瓶代餐奶昔为经营重点，在口味、包装方面均明显区别于传统的代餐产品、保健品，算得上该类型的第一款产品。

WonderLab 起盘的第一款产品就是嚼嚼奶昔，嚼着喝的减脂代餐奶昔，上场就针对减脂群体。后面又相继推出榛子黑巧味、拿铁咖啡味、全营养代餐奶昔、好喝不胖奶茶级口感奶昔等。第一财经 CBNData& 天猫发布的《中国线上代餐消费趋势洞察》2019 评其为最受女性欢迎瓶装代餐奶昔 TOP1。

（2）扩展品类的不断尝试。

WonderLab 先后尝试了 vc 泡腾片、王牌益生菌、白芸豆膳食纤维粉、肠道益生菌、蔓越莓女性益生菌、玻尿酸软糖、睡眠软糖、胶原蛋白肽等。

从测试的效果来看，益生菌、胶原蛋白肽的反响很好，反响越好越进一步尝试，形成了良性循环。最终尝试出了益生菌、胶原蛋白肽两个品类，特别是益生菌品类脱颖而出，一骑绝尘。

（3）益生菌品类不断进化。

益生菌品类被确定为重点品种之后，不断推陈出新，围绕不同人群（如女人、小孩等）、不同场景需求（肠道健康、体重管理等）进一步细化品类，同时与美国杜邦共同成立益生菌联合创新中心，并自设工厂流水线，将整个益生菌产业链的主导权把握在自己手中。

在产品形态方面，WonderLab 小蓝瓶益生菌采用了冻干粉技术，用户只需要将胖圆形瓶子从中间掰开，撕开铝膜封口后，无须冲泡，便可以直接食用其中的益生菌冻干粉。追求更多元口感的用户，可以加入温水或牛奶（37℃以下）冲调食用。这样既改变了目前益生菌粉粘牙糊口的口感，又最大程度防止活菌损伤。

对比 WonderLab 益生菌、lifespace 益生菌、汤臣倍健益生菌、乐力益生菌、smeal 益生菌、江中益生菌，就菌株种类来说，WonderLab 益生菌是 6 株，不算多（仅多于汤臣倍健）；就活菌数量来说，WonderLab 益生菌是 4000 亿 CFU/10 瓶，不算少（但少于乐力、smeal 益生菌）；就活性技术来说，市面上常见的活性技术有冷冻干燥技术、低水活性保护技术、包埋技术（双层包埋、三层包埋、晶球包埋）等，WonderLab 益生菌有活性技术。就产品价格来说，WonderLab 益生菌 169 元，偏高（仅低于汤臣倍健）。我们不难看出，WonderLab 益生菌抢占新锐国产品牌高价第一品牌，比肩汤臣倍健益生菌。

（4）现有产品矩阵基本形成。

经过多年的发展，现在的产品已经进化为以益生菌产品为绝对主力、其他产品助攻的产品格局。旗下产品已有益生菌、胶原蛋白肽、代餐奶昔、白芸豆膳食纤维粉、软糖、护肝片等。围绕专研可循证的益生菌和营养补充剂的新营养品牌的定位进行产品的更新迭代，该项工作没有尽头，一直在路上。

另外，WonderLab 收购了深圳保时健生物工程有限公司，推进供应链建设，自产自销，积极注册保健食品（已备案维生素类产品保健品资质）。可以看到，未来它将继续进化出多品种的保健食品身份（包括但不限于益生菌品类）。构建起"技术＋营销"双轮驱动的益生菌保健品品牌形象。

### 要点 3：内容营销——品牌种草种树

WonderLab 的营销策略展现了高效与精准的特点，其成功构建了从声量到销量的闭环，不仅在各单一平台内部实现有效循环，还跨平台完善了这一机制。通过口碑建设和营销破圈策略，WonderLab 成功

# 第九章
## 新锐品牌万益蓝——从小赛道切换到大赛道的战略逻辑

放大了品牌声量,并通过线上店铺与线下门店有效承接了销售转化。

(1)内容营销与共创。

以推文的推出为例,WonderLab内部团队(包括品牌团队、产品部门等)首先进行头脑风暴,形成初代产品。随后,他们通过多种渠道广泛收集改进意见和产品反馈,进行深入的优化调整。在此基础上,团队共创出推文的思路与内容框架,并与设计部门紧密合作,探讨更具创意的内容呈现和拍摄方式。最终,在输出创意内容框架及新版推文时,品牌还会与运营部门沟通新品的促销政策,以确保品牌调性、趣味性与动销的三者完美融合。

(2)个性化运营策略。

WonderLab的个性化运营也执行得相当到位。他们根据各平台的特点和用户需求,制定了有针对性的内容策略:在小红书上强力种草,吸引用户关注;在抖音上促进转化,引导用户购买;在微信上塑造品牌深度,增强用户黏性;在微博上进行广泛曝光,提升品牌知名度;在B站上激发用户兴趣,扩大品牌影响力;在知乎上注重科普,提升品牌专业形象。这种个性化的运营策略使得WonderLab能够在不同平台上精准覆盖目标人群,生产高质量内容并强化用户体验,从而实现了高效营销的目标。

(3)视觉设计的高标准。

另外,WonderLab对视觉设计持有极高的标准,这一点在其品牌发展历程中体现得淋漓尽致。

在飞速起盘期,WonderLab匠心独运,设计了代餐小胖瓶,这一设计相较于竞品如smeal小圆瓶、超级零的小圆瓶,展现出更高的识别度。为了验证这一点,我们访谈了19位年轻消费者,他们普遍以压倒性的选择认为,WonderLab在动感与视觉冲击上相较于Smeal餐奶昔品牌表现得更为出色。

进入扩品探索期，WonderLab 明确选定克莱因蓝作为品牌色，这一选择为品牌形象注入了新的活力，也进一步凸显了其视觉设计的独特性。

而在升级发展期，品牌更是将超级符号聚焦于"小蓝瓶"，并巧妙地搭配了新中文名"万益蓝"。这一举措不仅强化了视觉符号的识别度，也再次强调了品牌色的重要性，展现了 WonderLab 在视觉设计上的持续创新与高标准追求。

### 总结与展望

从 WonderLab 的发展历程来看，它的高维增长打法核心有以下几点。

基因独特——"学霸标签＋宝洁标签＋腾讯标签＋IDG 投资＋连续创业者"等成了 WonderLab 团队显著的差异化优势，认知能力和整合资源能力超强。

打法彪悍——看准就快速起盘，大干快上，快速融资、快速推进、全域营销。

优势已现——获得了不少顾客的认可；品牌势能已高过同类竞品；公司的供应链壁垒的构建已有实质性的进展（将益生菌功能食品升级为益生菌注册保健品做准备）；团队学习能力和进化能力强。

风险未除——益生菌的真实用途仍缺少更多的临床数据支持；烧钱模式能否支持仍是难点；品类的根基并不牢固，护城河尚未建立；暂未取得药监局批准公文（无"小蓝帽"），功能食品宣称功能的合规性风险依然存在。

它带给我们的启发有以下几点。

## 第九章
### 新锐品牌万益蓝——从小赛道切换到大赛道的战略逻辑

创业需要创业者的能力更需要心力——成功永远在路上，这既需要创业者不断学习，提升对商业的理解，锻造强大的个人决策力和团队能力，又需要创业者有很强的心力。

创业是一个持续追求高概率游戏——WonderLab 也是中途更换战略品类，可见一劳永逸的事是难有的，依照竞争环境而变，依照需求而变、依照趋势而变，始终站在高概率这一边，才更有可能当上品类王。

品牌从网红到长红归功于厚积薄发和进化能力——做"长红"品牌需要一路打怪升级，没有一劳永逸的事，这取决于自身积累的能力和进化的能力。自身积累少，后期就会江郎才尽，进化能力弱，后期就会落后于环境变化。

# 第十章

TEN

## 新锐品牌王小卤
## ——如何精准洞察，重选品类逆天改命

2022年，周黑鸭因为"净利下降超90%""年轻人吃不起鸭脖了"等话题登上热搜。

2023年，"高端零食第一股"良品铺子实施17年来最大规模的降价，300款产品平均降价22%，最高降幅45%。

电商起家的三只松鼠也在过去两年收缩门店、削减费用，节食过冬。

在此背景下，我们研究的标的——王小卤，创始人以0创业经验新手入局卤制品，7年两换赛道，在行业变革期业绩高速增长，短短4年业绩从2000万元跨入10亿元门槛，连续四年全国虎皮凤爪销售额第一，坐稳细分品类头部位置。王小卤是怎么做到的呢？做对了什么？王小卤的崛起之路对创业者有什么启示？

# 第十章

新锐品牌王小卤——如何精准洞察，重选品类逆天改命

## 第一节 战略演化：三个阶段

如果把王小卤的发展历程拍成一部纪录片，这会是一部剧情一波三折的纪录片。这是一个体制内的不安分青年从首战告捷到山穷水尽，从柳暗花明到一飞冲天的创业故事。

创业前，王雄在国企负责旅游投资。他每天工作就是旅游看项目，这份把旅游当日常，有闲有钱的工作让旁人羡慕不已。如果说"世界那么大我想去看看"是多数人的梦想，王雄则是反向操作，把每天任务就是"看世界"的工作辞了。

辞职做什么呢？王雄把目光瞄准了卤制品。说干就干。爱折腾的80后创业新手王雄，在2016年一头扎进了卤制品的千亿赛道，开启了王小卤波澜起伏的创业征程：开过线下店也做过中央厨房，做过微商搞过加盟也开过天猫店，融过资也断过资金链，初代产品被众多明星打过call却黯然收场……

经历了这些逆境的王小卤，跟今天光鲜亮丽的网红品牌王小卤形象差异很大。王小卤是如何青铜变王者，一步步从生死边缘逆袭成为虎皮凤爪TOP1品牌？接下来我们先详细了解王小卤的发展历程。

战略演化：起于猪蹄，成于凤爪；始于微商，兴于电商。

我们先按年表列出王小卤发展的重要节点。

2016年初，王雄在朋友圈一天卖出近3万元卤猪蹄；

2016年4月，王小卤正式成立公司；

2017年3月，获得了老鹰基金数百万元天使轮融资；

2017年底，大快猛干后销售不及预期，仅剩2个员工，一天发两单，靠亲友融资得以续命；

2018年下半年，开始重新寻找品类方向，先后开发牛肉干、卤鸡

蛋、虎皮凤爪等产品；

2019年4月，王小卤推出预包装虎皮凤爪产品并入驻天猫，当月跻身天猫鸡肉零售类目TOP1，当年营收达到2000万元；

2020年营收达到2亿元，比2019年翻了10倍，下半年进入线下渠道；

2021年销售额超过了8亿元；

2022年销售额突破10亿元，终端数突破90000家，线下销售额占总比超65%；

2023年，王小卤连续四年全国虎皮凤爪销售额第一。

王小卤7年的发展历史可以用一句话来总结：开局良好，结果黯淡的前三年；选对赛道，势如破竹的后四年。我们将王小卤的发展分为三个战略阶段，如表10-1所示。

表10-1 王小卤发展的三大战略阶段

|  | 探索期<br>2016年4月—2019年4月 | 蝶变期<br>2019年4月—2020年上半年 | 扩张期<br>2020下半年至今 |
| --- | --- | --- | --- |
| 阶段标志 | 王小卤成立，主打卤猪蹄 | 转型虎皮鸡爪，入驻天猫 | 进入线下渠道 |
| 阶段任务 | 模式探索 | 机会成长 | 系统成长 |
| 阶段定位 | 精品卤猪蹄 | 虎皮凤爪专家 | 凤爪专家 |
| 核心品类 | 卤猪蹄 | 虎皮凤爪 | 凤爪 |
| 重点消费人群 | 25～40岁北上广深的白领女性 | 18～35岁女性，学生、职场白领、全职妈妈 | 18～35岁女性，学生、职场白领、全职妈妈 |
| 主要销售渠道 | 微商 | 天猫 | 线上电商+线下经销 |

# 第十章
新锐品牌王小卤——如何精准洞察，重选品类逆天改命

续表

|  | 探索期<br>2016年4月—2019年4月 | 蝶变期<br>2019年4月—2020年上半年 | 扩张期<br>2020下半年至今 |
| --- | --- | --- | --- |
| 主要营销方式 | 郭晶晶、作家安意如、咖啡之翼创始人尹峰等名人营销 | 直播带货 | "大剧"营销、IP联名、自制娱乐内容营销 |
| 加工模式 | 中央厨房 | 代工 | 自建工厂（筹备中） |
| 业务模式 | 卤猪蹄+微商+中央厨房 | 虎皮凤爪+天猫+产品代工 | 凤爪+全渠道+自建工厂（筹备中） |

在快速变化的时代，企业战略周期大大缩短。根据市场的动态变化构建灵活敏捷的战略成为"快时代"的生存法则，王小卤无疑是其中的佼佼者。

## 第二节　战略决策：四组关键词背后的洞察力

我们将以几组对比关键词呈现王小卤关键决策的 A、B 面及其背后的洞察力。

### （一）品类选择：卤猪蹄 or 虎皮凤爪

2004 年艾·里斯和劳拉·里斯的《品牌的起源》指出：商业发展的动力是分化，分化诞生新品类，真正的品牌是某一个品类的代表。品类一旦消失，品牌也将消失。《品类战略》提出：企业要获得成功，关键在于开创一个品类。

对 2016 年初入卤制品行业的王小卤而言，选择哪个品类切入是王雄面临的重要课题。要想回答这个问题，我们需要先厘清卤制品的发展脉络，看清分化趋势，找到机会品类。

**1. 卤制品品类分化：整体规模逐年增加，休闲卤味占比上行，佐餐卤味占比下行**

卤制品流传千年，有着长期的饮食文化积淀和稳定的市场消费基础。根据行业专家访谈，2021 年卤制品市场规模超过 3000 亿元，2018—2021 年复合增长率达 12% 以上。休闲卤味因携带方便、场景多元、消费高频的零食属性，近几年发展迅猛，其在卤制品中的占比逐年提升。卤制品中佐餐卤味和休闲卤味的结构比例近 10 年间变化巨大，休闲卤味从占比仅两成左右到反超佐餐卤味，占据卤制品半壁江山。

**2. 卤制品竞争格局：大市场、高分散，品牌化趋势明显，细分赛道巨头涌现**

卤制品行业市场容量大，市场尾部长，集中度低。根据市场公开

# 第十章
新锐品牌王小卤——如何精准洞察，重选品类逆天改命

数据及专家访谈，国内卤味市场门店数约 25 万家，卤味连锁品牌的门店数不到 5 万家，格局十分分散，存在大量的区域性中小品牌、小微作坊、夫妻老婆店。

卤制品细分赛道已涌现头部企业，但品牌份额小。综合多份卤制品行业报告可知，佐餐卤制品以紫燕百味鸡等为代表，2021 年 CR5 不到 5%，休闲卤味以绝味鸭脖、周黑鸭、煌上煌等为代表，2021 年行业 CR3 不到 20%。对比其他成熟的休闲食品细分行业，卤制品具有明显的品牌集中度提升空间。

**3. 选对大赛道：卤制品消费需求稳定、增长快、高复购、品牌空间大**

卤制品以其可以适应不同地区的口味喜好、美味且易上瘾等属性，备受大众尤其是年轻群体的青睐。传承千年而不衰的特点折射了卤制品消费需求的稳定性和广泛性。包装技术、冷链物流技术的成熟，加之电商及外卖平台的发展，加速了行业的工业化、品牌化进程。

需求稳定的长青品类、持续增长的市场规模、有待整合的分散格局以及卤制品特有的成瘾性，让卤制品成为一门好生意。卤制品赛道成为创业者和资本争相涌入的香饽饽。近年来中国卤制品相关企业注册量呈明显上升趋势。

**4. 选错主品类：卤猪蹄三年苦干陷绝境，虎皮凤爪一鸣惊人天下知**

王小卤选了个好赛道，但是在品类选择上却经历了惨痛的教训。最开始选择卤猪蹄，王雄认为卤猪蹄零食的食用场景多样化，无论当零食还是硬菜，均有广阔的市场前景。

卤猪蹄一开始确实也卖得不错，卖久了就发现了问题。事后王雄总结了卤猪蹄做不好的四大原因：第一，食用体验差，要加热食用；

第二，受众范围小，猪蹄=油腻的认知挥之不去；第三，顺丰发货，物流成本高；第四，经常食用负担重，产品复购率低。

猪蹄卖不好，凤爪就能卖好吗？

经过卤猪蹄一役，王雄对品类有了更深刻的认知，同时他开始研习定位理论，学习定位经典书籍，从中吸取养料并将其应用于后面的经营决策。《品类战略》中提道：脑子里最深层的可以指引决策的东西叫品类。作为定位理论的坚实拥护者，王雄自建一个品类价值模型，他认为评估品类好坏有三个指标：获客成本、复购率、毛利率。

根据该模型，王小卤在卤牛肉、卤鹌鹑蛋、卤虾、虎皮凤爪等多款卤制品中，经过多轮数据验证，才选定了虎皮凤爪。

好的战略决策是直觉+逻辑，感性+理性的综合产物。王小卤第一阶段选择卤猪蹄感性有余，理性不足。善于复盘的王雄吸取教训，学会从数据中找答案，后来花了大力气来补上这一课。

## （二）产品选择：大单品 or 多品类

根据产品模式，市场上的主流休闲零食公司可以分为大单品型、产品矩阵型和零售型三个类别，其中大单品型如洽洽食品、卫龙和劲仔食品，产品矩阵型如盐津铺子和甘源食品，零售型如三只松鼠、良品铺子和来伊份，SKU丰富，多采用代工模式，覆盖多条休闲零食产品线。

不同模式均有成功案例，哪个模式最适合王小卤？王小卤是电商起家的网红品牌，从基因上跟三只松鼠更为相似，更接近第三类，而且在其1.0阶段除卤猪蹄以外，也开发了盐焗鸡、牛肉干、卤蛋、卤虾等多个品类。但2.0阶段的王小卤却没有选择三只松鼠的多品类模式，而是选择大单品模式——All in 虎皮凤爪。

在进入品类的初始阶段，出于资源聚焦、单点突破的原则主攻一个品类不难理解，当王小卤把虎皮凤爪单品做到年销数亿元后，其仍然坚持大单品策略不动摇。你可能也不免会在心里问一句：不怕后续碰到天花板，增长乏力，风险太大吗？

这也是王小卤接受外界采访被问到最多的问题之一，王小卤对这个问题的回答都非常笃定，这份笃定是基于三个指标的判断。一是品类市场规模，二是王小卤市场占有率，三是王小卤心智渗透率。

王小卤做过调研，通过调研测算整个虎皮凤爪的市场规模达 50 亿元，当前位居虎皮凤爪 TOP1 品牌的王小卤，以 50% 的市场占有率为目标，还有很大的提升空间。虽然按销售额王小卤是实至名归的虎皮凤爪王者，但王小卤希望构建的"虎皮凤爪 = 王小卤"的品牌心智渗透率（虎皮凤爪品类无提示第一提及率），在 2021 年仅有 6%，2022 年也仅达 15%，对比可口可乐达 70% 的提及率还有很大的提升空间。

同时，王小卤系统研究了休闲零食大单品型公司的发展历史，发现大多企业在第一款大单品到 10 亿级规模左右，就会开始研究储备第二款大单品。如洽洽在瓜子之后研发了每日坚果"小黄袋"，卫龙在辣条之后推出了魔芋爽。因此目前王小卤也开始储备第二曲线，王小卤在 2023 年 7 月在八达岭召开了年中战略会，确定产品战略为聚焦主品，适度外延。新品仍聚焦凤爪赛道，着手研发新口味的凤爪和一些新卤味零食，定位从"虎皮凤爪专家"升级为"凤爪专家"。

## （三）渠道选择：线上 or 线下，猫狗拼 or 抖快红

近年来，销售渠道日益分化。选项越多，选择难度越大，机会成本越高。在哪个时间点投入哪个渠道，要答对这道选择题，不只是看勇气和运气，更重要的是看逻辑和胜率。

### 渠道 1.0：踩中微商红利

王小卤成立的 2016 年初，线上正值微商进入井喷发展期，俏十

岁、韩束、思埠等微商品牌快速走红，许多传统品牌也纷纷涌入微商。作为初入卤味江湖的小微企业，开连锁门店、进商超等大流通渠道门槛高，王小卤选择投入小、正当红的微商并不难理解，如图10-1所示。

只可惜好景不长，微商在2016年因央视曝光毒面膜事件，产品质量问题引众议，微商发展遭遇断崖式下滑。王小卤第一阶段的失败，除了卤猪蹄品类本身的限制外，微商热潮的快速回落也是原因之一。王小卤在微商退潮后也尝试过其他渠道，开过实体店，也开过淘宝店，但渠道红利消亡和错押品类的双杀让王小卤难以逆天改命，经历了第一次的失败，王小卤第二次选品类和选渠道都更为慎重。

**渠道2.0：踩中淘宝直播电商红利**

2018年底，卖了3年卤猪蹄的王小卤经营日渐困难。此时的休闲零食走到了第四阶段——去中心化的全渠道时代。抖音、快手成为流量新阵地，淘宝发力直播，拼多多开始推出品牌计划以期扭转山寨认知，小红书在美上市……

扫描完当时的渠道格局，王小卤把目光落在了淘宝上。2018年下半年，在卤猪蹄发展遇瓶颈时，王雄通过数据发掘品类机会。王雄发现凤爪在天猫有流量红利，销售排名前10的卤味零食有两个关键词，一个是"凤爪"，一个是"去骨凤爪"。王小卤顺势开发了虎皮凤爪新品类，2019年4月在天猫上市，通过持续监测数据验证了该品类在天猫的流量红利。

通过了上线前和上线后的双验证，王小卤才开始加大推广力度。直到2019年12月，入驻天猫近一年后，王小卤才第一次进入李佳琦直播间，当天就卖完了年货节的所有备货。直播电商的大东风+TOP主播的影响力，让王小卤一炮而红，走上了真正的"网红"零食之路。

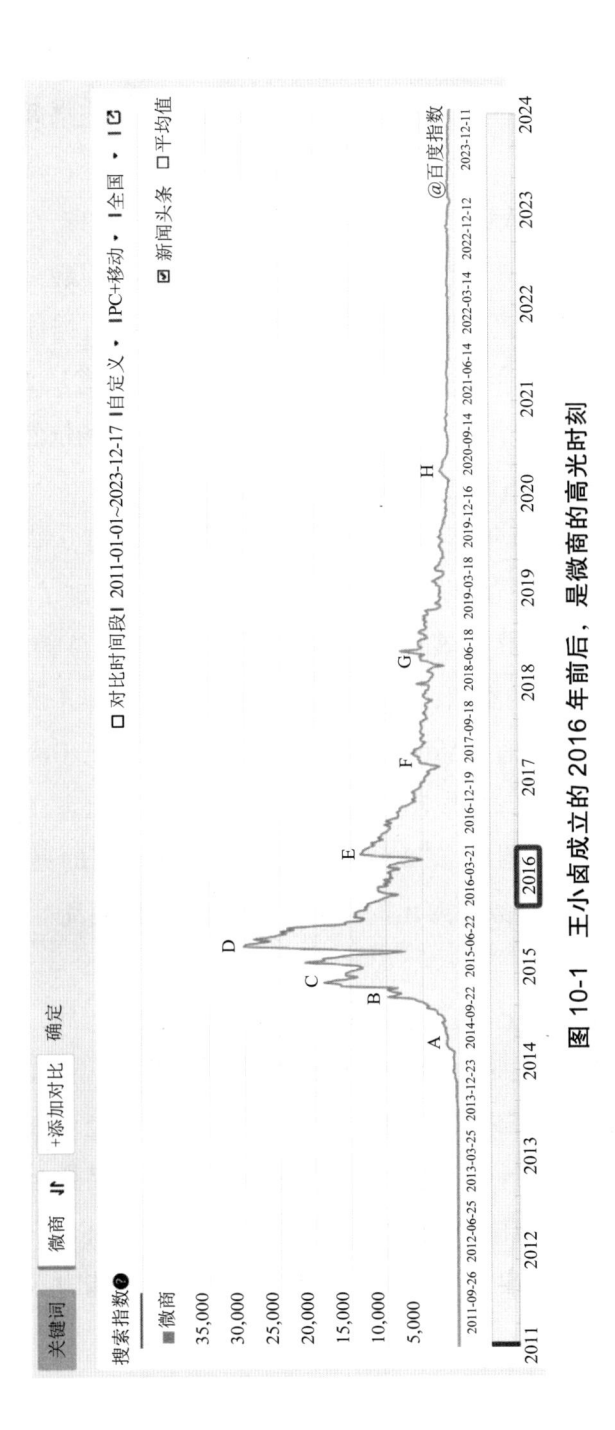

# 第十章
新锐品牌王小卤——如何精准洞察，重选品类逆天改命

图 10-1 王小卤成立的 2016 年前后，是微商的高光时刻

**渠道 3.0：线下深耕分销，线上重压抖音**

令人意想不到的是，2019 年底王小卤在李佳琦直播间走红后，半年后发力线下渠道。网红品牌不继续在线上开疆拓土，却积极拥抱传统，一头扎进线下战场，这着棋王小卤是怎么想的呢？

休闲零食购买具有冲动性、便利性，在"即看即购买"的购买属性下，线下的货架就是稳定的流量源，线下将持续占据休闲零食渠道的主导地位。2022 年欧睿统计休闲食品行业电商渠道从 2012 年 1.4% 的占比快速提升至 2022 年 15.5% 的占比，但线下市场依然是休闲食品购买的主要渠道，占比达 84.5%。

王小卤从 2020 年下半年开始入驻便利店、商超、零食集合店等渠道，进入线下三个月的王小卤，线下月销售额就突破了 1000 万元，2022 年 12 月终端数突破 90000 家，线下销售额占总销售额占比超 65%，得益于线下的贡献，2022 年王小卤迈入 10 亿俱乐部。

一般的网红新消费品牌都不敢轻易进入线下，王小卤反其道而行之，重兵布局线下，成果丰硕，坑也没少踩。王雄坦言，对于线下，王小卤还是个小学生。在 2023 年 10 月王小卤召开的渠道伙伴大会上，王雄就线下业务暴露出的交付不及时、价盘混乱等问题向广大经销商道歉。

另一方面，线上抖音电商在引入罗永浩后加速布局，快速爆发，王小卤自然也看在眼里，王雄在 2021 年作出了线上 all in 抖音的决策，线上重心从天猫转向抖音。王小卤品牌中心总经理张泽在采访时表示，"我们定义抖音不是一个纯销售渠道，而是品效合一传播兼具的内容平台，是重要的战略性平台。"基于此，王小卤在 2023 年把抖音团队并入品牌中心，将品宣策划能力与抖音卖货能力深度融合，形成 1+1 > 2 的效果。

## （四）营销选择：投品牌 or 投效果

如果你有 1000 万元的营销预算，你会投效果广告还是品牌广告？在近年疫情反复、经济下行的大背景下，大多企业第一个削减的就是品牌费用，而王小卤选择当一个逆行者。

在很多新消费品牌在线上玩命投流量、追求 ROI 的时候，王小卤持续投入大剧投放、娱乐营销、IP 联名、电梯媒体等，追求长期的品牌建设和用户心智获取，而不仅是短期的销售转化。王雄曾在公开分享中提到，王小卤三年非流量的纯品牌费用加总不会低于两亿元。

品牌广告因为投入大、见效慢、效果难衡量几大痛点容易被销量广告抢去预算，王小卤为何能持续投入亿级的品牌广告费用？这些品牌广告的效果如何评估？王小卤有自己的一套算法。

在王雄看来，品牌是企业最大的免费流量，品牌能带动销售甚至驱动"指名购买"。在当前存量经济背景下，线上流量和线下流量都会越来越贵，品牌带来的"指名购买"效应能有效降低流量成本。因此王小卤将心智渗透率（王小卤在虎皮凤爪品类无提示第一提及率）作为品牌核心监测指标，以此作为品牌投入及效果评估的关键决策依据。

当今社会处于一个充满不确定性的时代，企业经营难度大大增加，战略周期大大缩短，如何应对不确定性成为企业家不得不面对的经营课题。

创建于地下室的王小卤，经历过选错品、关过店、断过资金链等至暗时刻，7 年两换赛道，穿越疫情，实现 10 倍增长，在休闲零食的"战国时代"成为行业增长最快的公司之一。王小卤是如何在商业丛林一步步进化逆袭的？其战略演化背后的底层逻辑是什么？

## 第三节　进化逻辑：三大战法

进化又称演化（evolution），在生物学中是指种群里的遗传性状在世代之间的变化。

王小卤是自主进化的典型代表，王小卤通过局部确定性的累加，逐步建构具有高战斗力的 DNA 组织，帮助自身在时代大变局叠加行业大变局的双重时代，乘风破浪，逆势增长。复盘王小卤的成长过程，我们总结了王小卤进化的三大战法。

### （一）定位力——进化的定海神针

在 2018 年卤猪蹄模式的发展遇到瓶颈时，王雄在与小仙炖、拉面说创始人交流时受到启发，意识到原来的商业模型有问题，小仙炖等新消费品牌的后面都有定位的影子。王雄开始疯狂研究定位，成为定位理论的忠实拥趸，定位也成为王小卤内部达成共识的方法论。王小卤的品类选择、品牌营销、运营配称都有着浓厚的定位气息。

品牌之争的实质是品类之争。是否找对有机会的趋势品类，决定了品牌能做多大，走多远。王小卤从卤猪蹄切换到虎皮凤爪，看到了休闲卤味相比佐餐卤味上升趋势更明显，本质上是切换到规模更大、机会更大的休闲零食赛道。

王雄认为做品牌就是要实现心智预售，如提到瓜子就会想到洽洽，提到降火就会想到王老吉，因此王小卤所有品牌动作都以"提升王小卤在虎皮凤爪品类的心智渗透率"为中心，塑造"虎皮凤爪专家"的品牌形象。

在"你方唱罢我登场"的碎片化时代，王小卤在心智战场锚定靶心，集中火力，用大单品战略将"虎皮凤爪专家"定位做深做透，牢牢占据虎皮凤爪品类第一位置。

在单品破 10 亿元的规模后，王小卤将定位扩大至"凤爪专家"，未来也可能拓展至休闲卤制品，用"单一认知，多元经营"同心圆原则解决发展的问题。

以实现心智预售为第一目标，以战略的"定"应对时代的"变"，以"聚焦"对抗"多元分散"，是王小卤战略进化的定海神针，帮助王小卤坚定目标，实现战略增长。

## （二）营销力——进化的破冰船

在营销力的打造上，王小卤将定位理论的"聚焦要事，10 倍兵力"原则应用到极致。聚焦"虎皮凤爪"主品类，"追剧"主场景，阶段性 all in 主渠道。

（1）产品聚焦。

打造虎皮凤爪大单品，10 亿元规模后的产品延伸仍围绕"凤爪"主品类展开。

（2）渠道聚焦。

虽然当前休闲零食品牌已被时代卷入全渠道之战，但王小卤在渠道不断演化变迁的过程中，仍然遵循聚焦原则，在不同阶段审时度势，将资源集中投入自己分析得出的最有价值的渠道。2019—2020 年聚焦天猫，乘借淘宝直播电商东风；2021 all in 抖音，追逐抖音蓬勃发展的大势；2022 重兵线下，夯实品类头部位置。

（3）场景聚焦。

围绕追剧场景，坚持大剧投放，塑造"追剧吃零食，就吃王小卤虎皮凤爪"心智资产。王小卤先后投放《梦华录》《重生之门》《长月烬明》《星落凝成糖》《安乐传》等大剧，同时以炒大剧荧幕 CP、玩爆梗广告等一系列创意玩法，助力品牌加速出圈。

为了匹配越来越多元化的消费需求和消费触点，也为了充分发挥主战场的品牌势能，收获分线战场增量，做大规模，王小卤在主线"1"之外，先后布局"n"条辅线，在产品、场景、营销、渠道四个阵地均以"1+n"模式，解决资源有限和市场分散的冲突。"1"做深，"n"做宽，主线聚焦，兼顾全局，用"1+n"模式保持主战场的认知优势，灵活变换辅线现场阵法，适应市场变化。王小卤的"1+n"模式如图10-2所示。

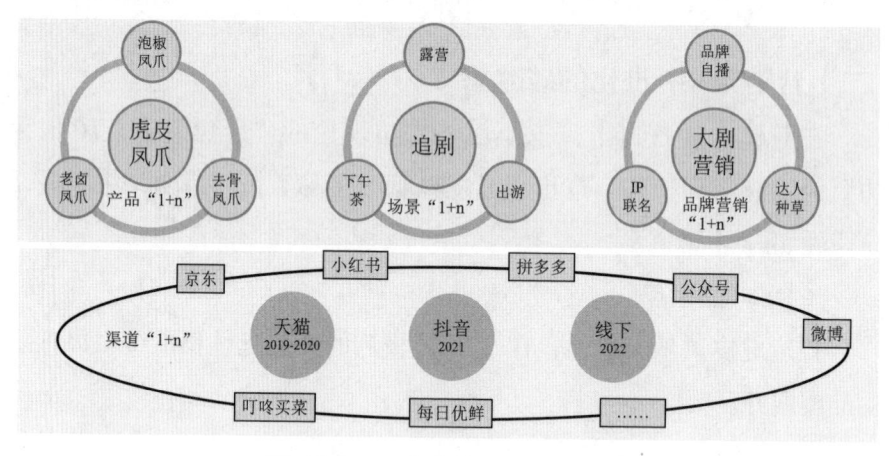

图 10-2 王小卤的"1+n"模式

## （三）组织力——进化的母舰

3 年卖卤猪蹄的失败经历，让王雄意识到靠经验和直觉风险很大。如何在不确定性中寻找确定性是企业面临的共同课题。王小卤的答题思路是小点切入，以局部的确定性，积木式建构全局模型，不断迭代进化提升组织力，让王小卤这艘母舰得以在波涛汹涌的商业大海中稳健前行。

王小卤会基于经营指标，拆解关键变量，通过消费者调研、AB测试最佳实践，沉淀经验参数，形成一个个局部模型，以进化应对变

## 第十章
新锐品牌王小卤——如何精准洞察，重选品类逆天改命

化，以自身的确定性应对环境的不确定性。

根据外部对王小卤的采访资料，我们可以大体拼凑出王小卤的新品运营流程：首先是产品测试，王小卤有一个千人测评团，产品要获得70%的通过率才能上；其次是营销测试，产品出来后，会在线上测试消费者感兴趣的卖点，测试投放关键词，测试投放渠道；最后是复购监测，设置末位淘汰机制，淘汰复购率不达标的产品。王小卤的模型思维如图10-3所示。

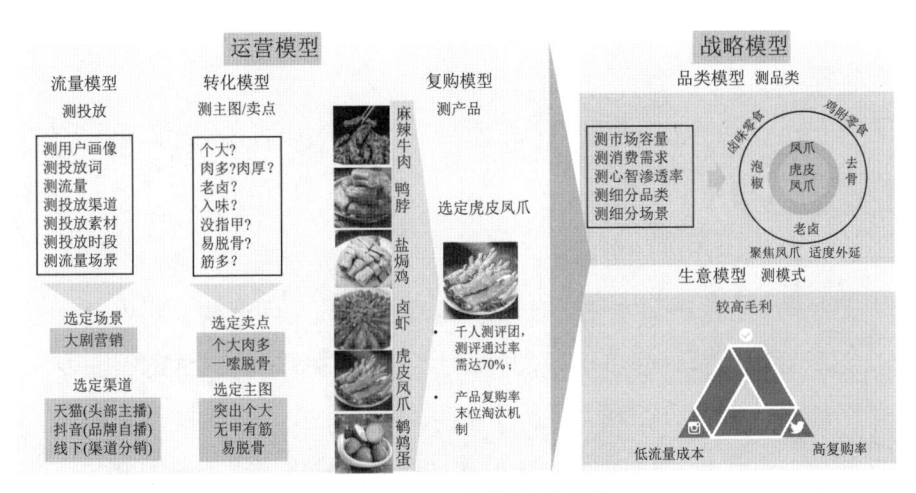

图10-3　王小卤的模型思维

王小卤模型的构建来自一个个数据输入后沉淀的最优经验值。王小卤的关键决策背后都是数据给的底气。生意参谋的凤爪流量数据给了王小卤转战虎皮凤爪的决心；"70%～80%的用户都是在追剧时吃凤爪"的消费者洞察数据支撑了上亿元投入的大剧投放策略；"虎皮凤爪单品类至少存在50亿元空间"的调查数据坚定了其坚持大单品策略的信心……

数据驱动决策成为王小卤刻在组织里的DNA。公开报道显示，王小卤先后跟观远数据、百胜软件等数字化服务商合作，构建全链路数

字化运营体系，整合归集线上线下全渠道数据，监测流量、销售、复购全流程数据，追踪投放效果、出货量、客诉率等重要经营指标。

除了运营模型，王小卤也着力构建战略级模型。通过市场调研输入、实战经验积累，王小卤提炼出自己的品类模型和生意模型，不断清晰自身航向。

王小卤遵循洞察机会－数据验证－优化运营－沉淀模型的流程路径，将踩过的坑、验证过的经验变成组织进化的训练素材，锻造了组织强大的反应能力和纠偏能力，在商业竞争的汪洋大海中朝着战略笃定前行。

## 总结和展望

回顾王小卤的发展史，我们惊叹于其优秀的进化能力，强大的经营韧性。王小卤在 2016 年成立至今的 7 年多里，宏观上经历了疫期反复、经济下行；中观上经历了休闲零食赛道的渠道变革和行业洗牌；微观上经历了自身的选错品类、资金断裂等艰难时刻，在大变革的时代背景图上，王小卤进化了优秀的洞察力、定位力、营销力和组织力，给自己画出了曲折而又靓丽的增长曲线。展望未来，市场仍在变化，竞争仍在继续。拿下了"虎皮凤爪连续 4 年销量第一"品类桂冠的王小卤仍然面临诸多挑战。

**求准求稳，如何兼顾时机效率**

王小卤的进化策略之一是假设验证，择优而选，极大程度上保证了决策的准与稳。凡事总有两面，决策的准和稳建立在调研测试，数据驱动的基础上。调研和测试都需要一定的时间周期，在快速变化的时代，可能会因此错失红利先机。

事实上，王小卤也确实错过了早期抖音的红利，前文所提的

## 第十章
### 新锐品牌王小卤——如何精准洞察，重选品类逆天改命

五个女博士就是 2020 年通过抖音快速崛起的功能型零食品牌，王小卤重压抖音是在一年后的 2021 年，王小卤进入李佳琦直播间的时间也是在入驻天猫 8 个月以后，8 个月中有王小卤自身的测试验证时间，也有因错过与李佳琦早期合作红利而被迫排队等待的时间。

互联网发展日新月异，红利期越来越短，早半年进入和晚半年进入的结果可能天差地别。如何在保证整体决策风格稳健发展的同时，对转瞬即逝的红利保持敏锐的嗅觉、快速的响应机制，值得王小卤进一步斟酌。"我们并没有做错什么，但不知道为什么，我们输了"诺基亚的陨落在变化提速的今天更值得深思。

### 巨头跟进，如何守住擂主之位

跟许多新消费品牌一样，选择细分品类切入市场，做大品类蛋糕后，必然引来追随者和挑战者，其中不乏巨头下场跟进。2018 年自嗨锅、拉面说、莫小仙等新锐品牌在线上燃起了方便食品的新风潮，后面两年方便食品赛道融资数量翻倍，从 2020 的 13 起飙升到 2021 年的 26 起。在海底捞、今麦郎等巨头进入后，新锐品牌位置不保，逐渐掉队。

海底捞底料供应商颐海国际已于 2023 年 9 月推出虎皮凤爪，并将其定位为"亿级"项目。三只松鼠、有友、绝味、周黑鸭也均有虎皮凤爪产品，还有麻爪爪、舞爪等新品牌入场。攻守易形，王小卤如何守住擂主之位，避免走上方便食品网红品牌的老路？王小卤还有一场场硬战要打。

### 消费降级，如何决胜中高端

虎皮凤爪作为休闲卤制品，属于可选消费，消费者对价格较为敏感，这一特征在经济下行，消费降级的背景下更为明显。

"年轻人吃不起鸭脖了"、花西子"眉笔刺客"等屡上热搜的背后，折射的是消费者价格敏感度的提升。

在此背景下，零食巨头开启降价模式。三只松鼠喊出品质高端价格实在的"高端性价比"口号；良品铺子成立17年来首次大规模降价。王小卤定位中高端，其定价让不少用户颇有微词。王小卤目前发力线下，向下沉市场渗透，如何平衡中高定价和市场扩张是立志成为国民凤爪的王小卤要攻克的课题。

我们期待下半场的王小卤在新的市场变革中再交出一份优秀的进化答卷，从网红走向长红，成为真正的国民品牌、常青品牌。

# 第十一章

ELEVEN

## 新锐品牌德佑
## ——如何在大赛道找到小切口，杀出重围

在湿厕纸行业风起云涌的 2023 年，德佑品牌以雷霆之势从小有名气跃升至榜首，成为引领市场的新领袖。这背后，是德佑深思熟虑、步步为营的战略布局。

2023 年 5 月，德佑携手第一财经商业数据中心，发布了《2023 湿厕纸行业趋势白皮书》，这一举动不仅彰显了德佑在湿厕纸行业的领先地位，更是其抢占行业话语权的重要一步。然而，就在同年的 12 月，湿厕纸市场的新贵——马应龙药业也联合智篆 GI 和清渠数据发布了《2023 年湿厕纸新消费趋势白皮书》，意图在湿厕纸市场中分得一杯羹。

如今，德佑品牌在湿厕纸市场拔得头筹，马应龙药业携"肛肠治痔"功效概念进军湿厕纸市场，其战略意图不言而喻。随着竞争的加剧，更多的"马应龙"会进入该赛道，且看德佑如何应对和发展。

本章我们深度探讨德佑湿厕纸，探寻其两年间从小有名气跃升为行业第一的升级战略。

## 第十一章
新锐品牌德佑——如何在大赛道找到小切口，杀出重围

## 第一节 战略演化：三大阶段

任何品牌的发展，往往是操盘人对商业的认知在真实商业世界的投射，德佑品牌的发展与创始人杨自强的人生经历和认知升级紧密相关。

德佑创始人杨自强是入局卫生用品的老手。在卫生用品领域，有这样一位人物，凭借 24 年的深耕与不懈努力，从经销商逐渐成长为一名真正的行业领导者，他就是杨自强。

早在 2002 年，杨自强便敏锐地捕捉到了卫生用品市场的潜力，开始涉足其中。下面为德佑品牌的主要发展历程，如图 11-1 所示。

**探索期**：线下探索（2002）、线上探索（2015）、品类探索（2017）
**发力期**：聚焦湿厕纸（2020）
**争王当王期**：抢占专用湿厕纸制高点（2022）

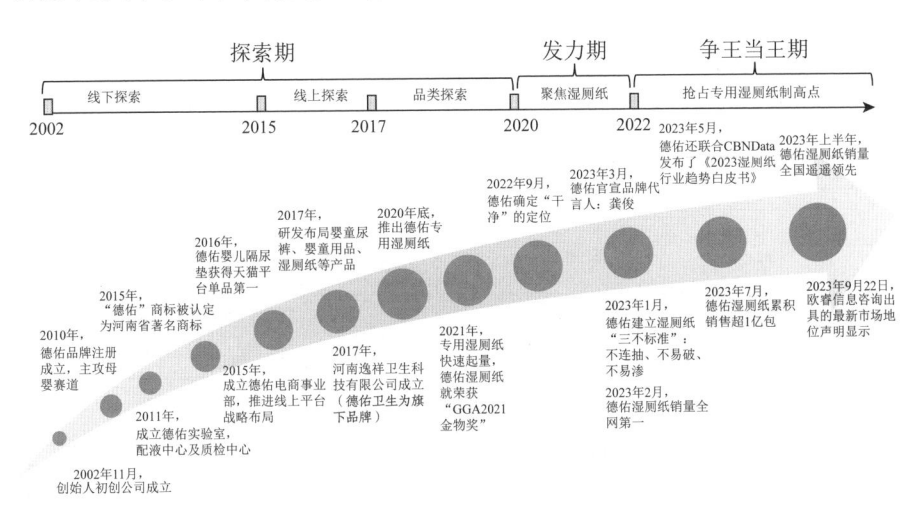

- 2002年11月，创始人初创公司成立
- 2010年，德佑品牌注册成立，主攻母婴赛道
- 2011年，成立德佑实验室，配液中心及质检中心
- 2015年，"德佑"商标被认定为河南省著名商标
- 2015年，成立德佑电商事业部，推进线上平台战略布局
- 2016年，德佑婴儿隔尿垫荣获天猫平台单品第一
- 2017年，研发布局婴童尿裤、婴童用品、湿厕纸等产品
- 2017年，河南逸祥卫生科技有限公司成立（德佑卫生为旗下品牌）
- 2020年底，推出德佑专用湿厕纸
- 2021年，专用湿厕纸快速起量，德佑湿厕纸就荣获"GGA2021金物奖"
- 2022年9月，德佑确定"干净"的定位
- 2023年1月，德佑建立湿厕纸"三不标准"：不连抽、不易破、不易渗
- 2023年2月，德佑湿厕纸销量全网第一
- 2023年3月，德佑官宣品牌代言人：龚俊
- 2023年5月，德佑还联合CBNData发布了《2023湿厕纸行业趋势白皮书》
- 2023年7月，德佑湿厕纸累积销售超1亿包
- 2023年上半年，德佑湿厕纸销量全国遥遥领先
- 2023年9月22日，欧睿信息咨询出具的最新市场地位声明显示

图 11-1 德佑品牌的主要发展历程

这一路走来，德佑品牌战略演化的三大阶段清晰可见，为我们揭示了它从行业老六跃升为行业第一的秘诀。德佑品牌三大战略阶段，如表 11-1 所示。

表 11-1 德佑品牌三大战略阶段

| 类别 | 探索期 | | | 发力期 | 争王当王期 |
|---|---|---|---|---|---|
| | 线下探索 2002—2015 年 | 线上探索 2015—2017 年 | 品类探索 2017—2020 年 | 聚焦湿厕纸 2020—2022 年 | 抢占专用湿厕纸制高点 2022 年至今 |
| 阶段标志 | 创始人初创公司成立 | 德佑电商事业部成立 | 河南逸祥卫生科技有限公司成立 | 推出德佑专用湿厕纸 | 开启品类外战，德佑确定"干净"的定位 |
| 阶段任务 | 探索商贸模式 | 探索线上模式 | 探索长红品类 | 开创专用湿厕纸新品类 | 抢干厕纸份额 |
| 阶段定位 | 纸成型生产、销售 | 母婴纸品生产、销售 | 高品质一次性卫生用品 | 抗菌的定位 | 确定"干净"的定位 |
| 核心品类 | 卫生用纸；卫生巾；一次性湿巾；成人尿裤、尿片；棉签、化妆棉 | 婴儿隔尿垫、婴儿手口湿巾、酒精湿巾、洗脸巾、柔纸巾、棉柔巾、防溢乳垫、产褥垫等 | 婴童尿裤、婴童用品、湿厕纸等 | 专用湿厕纸 | 多种包装、多种型号专用湿厕纸 |
| 重点消费人群 | 不聚焦、不清晰 | 婴童 | 婴童和女性 | 80 后、85 后女性 | 80 后、85 后女性 |
| 主要销售渠道 | 线下 | 线上天猫 | 线上天猫 | 天猫、京东、抖音等 | 天猫、京东、抖音等 |
| 主要营销方式 | 批发和零售 | 线上投流 + 线下推广 | 线上投流 + 线下推广 | 线上投流 + 分众等线下推广 | 线上投流 + 分众等线下推广 |
| 加工模式 | 代理加工 / 自产 | 自产 | 自产 | 自产 | 自产 |

回顾德佑品牌战略演化的三大阶段，以及每个阶段关键节点的选择和决策，让德佑能够在激烈的市场竞争中脱颖而出，成为湿厕纸行业的佼佼者。

# 第二节　战略决策：四大关键

### 决策 1：洞察力——押注专用湿厕纸，底气何来

湿厕纸是一种生活用品，主要由原生木浆构成，是可以在马桶和下水道中分解的，表层采用植绒面层，柔和细腻亲肤。同时，湿厕纸的液体成分主要包括水、活性提取物等，这些成分都需要符合国家标准，不会对皮肤与黏膜产生不良刺激与过敏反应。虽然湿厕纸叫纸，但它不是纸，严格来讲它属于湿巾的一种，是一种专门针对厕用场景的产品。它相对于普通干纸巾具有卓越的洁净功能、舒适、方便、卫生等特性，因此逐渐成为厕纸界的趋势产品。

在当下日益激烈的市场竞争中，多元化的产品布局是很多企业的选择，而德佑品牌为什么选择聚焦专用湿厕纸这一细分品类？把时间轴拉到 2020 年，我们从行业、需求、竞争和自身四大维度进行探讨。

（1）行业洞察：广阔的市场空间与低渗透率并存。

从行业规模来看，湿厕纸市场呈现出巨大的增长潜力。2021 年市场规模已经达到 6.68 亿元，而预计到 2027 年，这一数字有望飙升至 34.37 亿元。然而，与此同时，湿厕纸的渗透率却相对较低。线上市场尤为明显，2021 年湿厕纸的渗透率仅为 2%，即便到了 2023 年，这一比例也仅提升至 5%。这意味着市场仍存在大量的空白区域等待开发。此外，线上市场的增长率也令人瞩目，2022 年同比增长高达 98%，2023 年虽有所放缓，但仍保持了 64% 的同比增长。这样的增速无疑为德佑等品牌提供了巨大的市场机遇。

（2）需求洞察：品质生活驱动下的消费升级。

在需求方面，消费者对湿厕纸的选购标准日益严苛。他们最在意的依次是产品安全性、纸张材质、配方成分等品质因素。这表明，随

着生活品质的提升，消费者对个人卫生用品的要求也在不断提高。

此外，使用湿厕纸的人群中，超过四成的消费者每天都会使用，尤其是 80 后和 85 后的女性消费者，她们的使用频率更高。这意味着湿厕纸已经逐渐融入品质生活消费者的日常生活中。

然而，市场上的湿厕纸产品仍存在一些消费痛点，如易堵马桶、不易抽取、纸张太薄易破等问题。这为德佑等品牌提供了改进产品和满足消费者需求的机会。

（3）竞争洞察：激烈的市场竞争与反超机会并存。

在竞争方面，虽然湿厕纸市场已经涌现出多个知名品牌，但更多的是综合性品牌，专业赛道呼唤专家品牌，竞争格局尚未稳定。2021年天猫湿厕纸营收品牌排行榜中，维达、舒洁、心相印等品牌位居前列，但第一名维达的 GMV 也仅为 1.77 亿元。这意味着湿厕纸品类的渗透率不足 5%，其他品牌仍有反超的机会。对德佑来说，虽然在排名上暂居其后，但通过聚焦专用湿厕纸这一细分品类，并持续优化产品和服务，完全有机会在竞争中脱颖而出。

（4）自身洞察：深厚的行业积累和积淀。

从自身优势来看，德佑品牌创始人杨自强在一次性卫生用品行业深耕 20 年，积累了丰富的供应链和营销经验。无论是从线下到线上的转型，还是对细分市场的精准把握，都体现了德佑品牌对市场趋势的敏锐洞察力和强大的执行力。

综合行业、需求、竞争和自身 DNA，在 2020 年前后，德佑洞察到国内家清洗护新品类——湿厕纸尚处于品类教育阶段，竞争较小，而德佑依靠自有供应链，具有先天独厚的优势。从品类分化的趋势看，湿厕纸有替代干厕纸的趋势、细分场景有替代通用场景趋势、抽纸有替代卷纸的趋势、年龄分层用纸有替代通用型用纸趋势。于是德佑决定首先聚焦家清洗护赛道的湿厕纸类目，然后经过新品测试、包

## 第十一章
新锐品牌德佑——如何在大赛道找到小切口，杀出重围

装升级、依靠供应链优势迅速根据市场反馈进行产品优化，不到两年时间就实现了单月从 100 万元到 2100 万元的增长，遥遥领先竞品。纸品品类分化如图 11-2 所示。

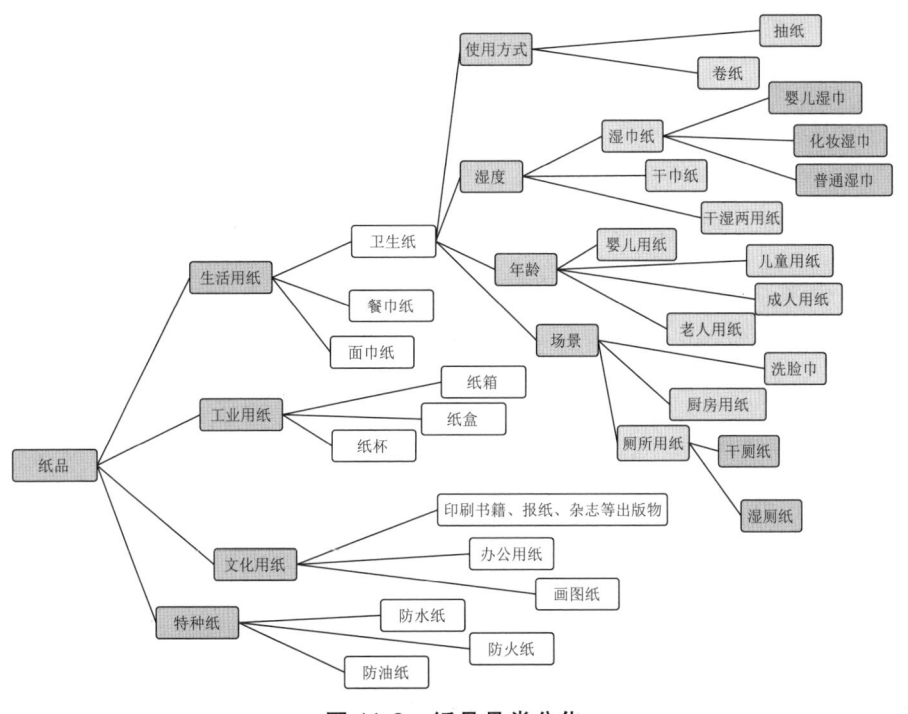

图 11-2 纸品品类分化

### 决策 2：定位力——聚焦单一品牌，原因何在

品牌聚焦意味着企业将主要资源和精力集中在单一或少数几个核心产品或服务上。这种策略的优势在于能够集中有限的资源，如资金、人才和技术，用于提升核心产品的品质和竞争力。通过聚焦，品牌可以在消费者心智中建立清晰、独特的定位，从而更容易被认知和记住。

深扒德佑品牌母公司（逸祥卫生科技）的发展历程，我们可以发现其在品牌聚焦与品牌多元之间的抉择与挣扎。公司旗下曾有德佑、好安适、昭福、亲情不忘等十余个品牌，涵盖了多个卫生用品细分品

类。这种多元化的布局在一定程度上分散了企业的资源和精力，也增加了管理的复杂性和市场风险。

然而，随着公司创始人对定位理论的学习和应用，逸祥卫生科技开始意识到品牌聚焦的重要性。他们开始重点推广德佑品牌，并一推到底，树立了长期主义思维。通过聚焦德佑品牌，企业得以更有效地利用有限资源，提升产品的品质和竞争力，并在消费者心智中建立清晰的定位。这种转变不仅带来了销售业绩的显著提升，也为企业的长期发展奠定了坚实的基础。

**决策3：定位力——定义竞争对手，有何讲究**

在企业发展的征途中，争夺市场份额和巩固领导地位是持续不断的挑战。为应对这些挑战，企业常采取两种策略：扩品牌内战（即抢同品类竞争对手的份额）和扩品类外战（即抢其他品类竞争对手的份额）。

德佑湿厕纸的发展历程，其定位就是从品类内部的竞争（扩品牌内战）逐渐转向品类外部的扩张（扩品类外战）。

（1）在品类探索阶段（2017—2020年）。

德佑品牌的母公司年营业额尚未突破6亿元大关，业务涵盖婴童尿裤、婴童用品、湿厕纸等多品种的生产与销售。当时，湿厕纸虽然凭借品类的快速增长在市场中占据了一席之地，但在公司整体营收中的占比仍不到20%。

（2）在品类发力阶段（2020—2022年）。

德佑推出了专用湿厕纸，主打"抗菌"的定位，旨在从湿厕纸品类的头部品牌手中抢夺市场份额，该阶段打的还是品类内战。

（3）在争王当王阶段（2022年至今）。

德佑品牌的定位策略发生了根本性的转变，开始发动品类外战。它不再将湿厕纸品类内的竞品提供者视为主要竞争对手，而是将目光投向了更广阔的干厕纸市场。这一转变的背后是德佑对于市场趋势的深刻洞察：湿厕纸当前的市场规模有限，仅约 10 亿左右，而更大的增量机会并非来自存量市场的争夺，而是来自对干厕纸市场份额的抢夺。

为了实现这一战略目标，德佑打出了"干净"的定位口号，以"爱干净的人都在用德佑"为广告语，发动品类外战，吸引那些追求清洁、注重生活品质的消费者。这一策略的转变不仅体现了德佑对于市场趋势的敏锐把握，更展现了其作为品类领导者的远见和魄力。

**决策 4：营销力——投品牌还是投流量，该如何选**

基于对品牌逻辑进行投放（也称品牌投放）的主要目标，是提升品牌认知度和知名度，加强品牌与消费者之间的联系。

基于对流量逻辑进行投放（也称效果投放）的主要目标，是促进销售或实现其他具体的营销目标，如增加网站流量、提高转化率等。

德佑在 2020 年底正式推出专用湿厕纸之前，可以说德佑品牌创始人基本是基于流量逻辑、纯生意逻辑、效果逻辑在做事。而 2020 年底之后，有了品类（专用湿厕纸）抓手、想第一、抢第一的决心，自然就有了转变，开始基于品牌逻辑、投资逻辑、长期逻辑做事。

这两种逻辑在资源有限的情况下，往往会存在资源抢夺。特别对依赖于流量逻辑、纯生意逻辑、效果逻辑近 20 年的创始人和团队来说，打破思维定式也是有难度的。

但是从结果推断，2017 年前后德佑创始人杨自强算是想透了品牌逻辑和流量逻辑，并将两种逻辑融合到企业/品牌的经营中。

特别是德佑有了"干净"的定位后，开始进行品牌"种树"。德佑联手分众传媒，覆盖目标主流人群，强势登陆上海、北京、深圳、广州、郑州、苏州等上百座主流城市的电梯媒体，依托分众高覆盖、高频次、高质量触达的媒体优势强效传递了德佑的战略定位。再加上杭州、成都、郑州等城市大屏广告的投放，与线上内容形成一种协同联动，再次完成从看见、接受到产生共识的过程。

## 第三节　战略落地：三大配称

为了更好地理解战略落地，我们仅选取发力期和争王称王期来谈，因为德佑品牌的主要战略思维与落地都发生在这两段时间。

### （一）产品配称：以 1 带 100 有锚点

以 1 带 100 的 "1" 特指做好专用湿厕纸这一细分品类，以 1 带 100 的 "100" 特指湿巾系列、干巾系列、婴童用品、个人护理等细分品类。

在卫生用品领域，德佑以其敏锐的市场洞察力和强大的产品研发能力，成功推出了一系列引领消费趋势的湿厕纸产品。

高效清洁是德佑湿厕纸的核心优势之一。其强大的清洁能力能够轻松去除污垢和细菌，有效预防肛肠疾病，为消费者提供更加健康、卫生的使用体验。同时，舒适的使用体验也是德佑湿厕纸不可忽视的亮点。采用柔软的材质，使用时不仅不会刺激皮肤，反而能起到滋润作用，让清洁过程更加舒适惬意。

在环保方面，德佑湿厕纸同样表现出色。它采用可降解材料制作，使用后可以自然分解，不会对环境造成污染。这一环保理念不仅体现在产品本身，更贯穿于德佑的整个生产过程，展现了企业对社会责任的担当。

此外，德佑湿厕纸的设计也充分考虑了使用的便捷性。采用抽取式设计，使用方便快捷，同时还能有效防止细菌交叉感染，保障消费者的健康与安全。

在产品迭代升级方面，德佑同样不遗余力。从 2020 年底推出主打"抗菌"概念的专用湿厕纸，到 2022 年 9 月确定"干净"的定位，再

## 第十一章
新锐品牌德佑——如何在大赛道找到小切口,杀出重围

到 2023 年 1 月建立湿厕纸"三不标准":不连抽、不易破、不易渗,德佑始终在追求卓越品质和创新突破。

2023 年 9 月,德佑湿厕纸经典款全新升级 2.0 版本的推出,更是将这一追求推向了新的高度。纸张克重由 75g 升级为 80g,包装、配方也同步进行了全新的升级,总结起来就是更厚、更软、更安心!这一升级不仅提升了产品的品质和使用体验,更展现了德佑对消费者需求的深入理解和满足。

现在,湿厕纸作为德佑的最大流量入口,不仅为消费者带来了全新的清洁体验,更成了品牌连带销售的原点。以最新的天猫官方旗舰店显示的类别为例,除了主打的湿厕纸外,德佑的品牌下还涵盖了宝宝用品、清洁洗护品、待产用品、消毒湿巾、洗脸巾、抽纸、彩虹 pp 裤、女性用品等丰富多样的产品。这些产品不仅各具特色,更在德佑的品牌力量下形成了以 1 带 100 的连带销售效应。德佑品牌纸品系列,如表 11-2 所示。

表 11-2 德佑品牌纸品系列

| 产品系列 | 具体描述 |
| --- | --- |
| 湿厕纸系列 | 经典企鹅湿厕纸系列、纯水湿厕纸系列、婴童湿厕纸等系列产品(80 抽、40 抽、10 抽、便携迷你、单片) |
| 湿巾系列 | 手口湿巾(80 抽、10 抽、便携迷你、单片)、功能性湿中(厨房湿巾、酒精湿巾、羽绒服湿巾、擦鞋湿巾、卫生湿巾)等 |
| 干巾系列 | 柔纸巾、棉/绵柔巾、洗脸巾 |
| 婴童用品 | 婴童湿巾、纸尿裤/拉拉裤、婴儿隔尿垫、一次性围兜、一次性口水巾、婴儿棉签等系列产品 |
| 个人护理 | 安心裤、一次性内裤、日抛裤、防溢乳垫、产褥期护理垫、卫生巾、吸水巾等系列产品 |

## （二）营销配称：抓住红利引领潮流

在销售渠道的布局上，德佑展现出了其独到的眼光和策略。天猫作为其基本盘渠道，自2016年婴儿隔尿垫获得单品第一以来，便一直是其最大的销售渠道，随后抖音、京东、拼多多、快手和视频号等渠道也实现了全域覆盖。在媒介渠道方面，德佑更是精准抓住了小红书和抖音这两个重要的红利平台，为湿厕纸的爆发提供了强大的助推器，并在品类认知和产品内容化营销上取得了显著成果。

在小红书的运营上，德佑与专业代运营公司紧密合作，共同制定了独家方法论。通过分阶逐步击穿用户心智的策略，使用户从"产生兴趣"到"试用"再到"依赖"，实现了品牌与用户的深度连接。德佑小红书团队的年轻化和对平台内容、热点的敏感把控，使其能够高效、及时地调整内容策略，持续产出用户喜爱的内容，成功开创了湿厕纸品类的先河。

在抖音的运营上，德佑同样展现出了强大的实力。通过精细化矩阵号运营，建立了账号之间的链式传播，将不同账号的粉丝流量相互引流，形成了粉丝流量的内部循环。同时，德佑不同的账号主推不同的类目和产品，实现了精准定位和目标人群的细分。在广告投放方面，德佑也积极掌握BD能力，通过与KOC、KOL的有效沟通，成功推动了产品的分发和内容创作。

在内容的"种草种树"上，德佑围绕用户心智进行了多维度的破圈传播。在湿厕纸这一细分市场中，德佑以其精准的传播策略，成功种树"品类=品牌"的用户心智，实现了从细分人群到大众人群的破圈。为了做好湿厕纸的品类科普，德佑邀约医生进行访谈，为品类提供专业背书，并在社交媒体平台上积极投放内容，单月合作KOC和KOL数量达到3万多个。同时，德佑还敏锐地抓住了明星代言的机遇，通过签约苏醒和龚俊等明星作为品牌大使和代言人，持续放大品牌主张，实现了从细分人群到大众人群的破圈。

除了线上传播外，德佑还注重线下中心化媒体的布局。在全国17个城市投放梯媒广告，覆盖尽可能多的生活场景，触达潜在消费人群。通过引导消费者至电商渠道完成转化购买，德佑成功实现了线上线下的营销闭环。

在信任状方面，德佑同样取得了显著成果。2022年以"干净"为定位做大品类，通过聚焦抖音渠道，德佑在2023年顺利获得了"全网销量第一"的信任状。此外，德佑还成了T/CPA 003—2022《质量分级及"领跑者"评价要求湿厕纸》和T/NAHIEM 89—2023《医护级湿厕纸》团体标准的起草单位，进一步彰显了其在行业内的领导地位。

## （三）供应配称：建设更强供应力

制作一张纸看起来并不复杂，但要制作出优质产品却需要综合考虑多个方面，这是一项颇具挑战性的任务。为了达到产品质量、强度和湿度之间的精细平衡，选择并添加有效的成分，以及应用保湿技术，这些都必须经过严谨的研发步骤和品质把控。甚至产品的厚度和包装设计，也都需要基于深入的市场研究和多次实验来确定。

在这个表面看似普通的行业中，德佑凭借其强大的研发和供应能力为湿厕纸注入了卓越的先进技术。

德佑在供应链的建设上，率先引进了多条国内先进生产线，并推动生产线的智能化改造，确保生产效率和产品品质都达到国际顶尖水平。截至2023年，德佑在新密拥有占地15万平方米的自有工厂，配备了领先的智能制造生产线和数智高效的供应链。10万级全封闭洁净无菌生产车间为产品的高质量提供了坚实的保障。

在科研投入层面，德佑持续加大实验室的软硬件投入，重视引进行业内的专业顶尖人才，并与东华大学等高校展开紧密的共研合作。

截至 2023 年，德佑已经申报了 274 项专利，其中授权专利达到 121 项，包括 17 项发明专利。2023 年，德佑实验室更是荣获郑州市企业技术中心的认定，这是对其在研发领域卓越成就的肯定。

**总结与展望**

**事上的成功**

对市场趋势的敏锐洞察（洞察力）：德佑紧跟消费者需求的变化，注重产品品质和创新，满足了消费者对个人卫生用品日益增长的要求。

聚焦的智慧决策（定位力）：在众多的卫生用品品类中，德佑选择了湿厕纸这一细分品类进行聚焦，通过精准的市场定位和营销策略，成功抢占了市场先机。

"干净"定位的统领经营（营销力）：在品牌传播中，德佑也始终将"干净"作为核心信息，通过小红书、抖音等社交媒体平台，以场景化营销、KOL 合作等多种方式传递给消费者。不仅展示了产品的洁净效果，更通过生动的案例和故事，让消费者深刻感受到"干净"对于生活品质的提升。

强大的执行力和资源整合能力（组织力与供应力）：从产品研发、供应链管理到销售渠道拓展，德佑都展现出了高效的执行力和资源整合能力，为品牌的快速发展提供了有力保障。

**人上的成功**

站在 2024 年的时间节点，我们回望德佑品牌的成长，其成功不仅源于创始人 24 年如一日对单一赛道的深耕和对全产业链的精准把握，更在于其敢于折腾、积极乐观的精神，以及始终跟随时代步伐、敢为人先的积极尝试。

## 第十一章
新锐品牌德佑——如何在大赛道找到小切口，杀出重围

**德佑品牌的风险警示**

当年云南白药凭借"止血"的功效概念深入人心，一句"云南白药创可贴，有药好得更快些"的广告语，抢走了美国邦迪在中国的大量市场份额。若将德佑看作邦迪，那么马应龙就可看作云南白药，马应龙作为一个具有深厚历史底蕴和强大品牌实力的上市公司，携"肛肠治痔"功效概念进军湿厕纸市场。其在心智基础、品牌影响力、渠道资源方面均有较强的优势。马应龙对德佑的领导地位挑战是否成功，这是值得注意的一个风险点。

总之，市场竞争永远充满了变数。对德佑来说，要想稳固其在湿厕纸市场的领先地位，就需要不断学习和创新，不断提升自身的竞争力和适应能力。

# 第十二章

TWELVE

## 新锐品牌衬衫老罗
## ——代工厂如何转型做品牌

一个从代工厂成功转型到专家品牌的商业案例，16年的代工厂入局抖音，一年后获2022福布斯中国新锐TOP品牌。从工厂老黄牛摇身一变成新锐黑马，衬衫老罗是怎么跑出来的？做对哪些决策？它的破局之路有何可借鉴之处？

这篇文章将分为战略演化、战略决策、战略落地三个部分来介绍衬衫老罗的增长故事及背后的底层逻辑，希望对大家有所启发。

# 第十二章
## 新锐品牌衬衫老罗——代工厂如何转型做品牌

## 第一节 战略演化：三大阶段

下文将探寻衬衫老罗战略演化的三大阶段，衬衫老罗品牌的发展历程，如图 12-1 所示。

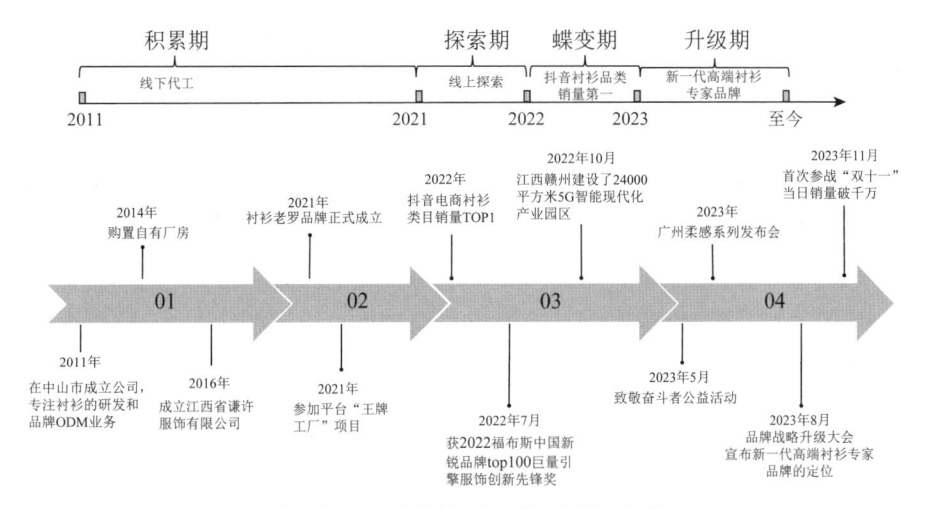

**图 12-1 衬衫老罗品牌的发展历程**

时间轴阶段：
- **积累期**（线下代工）2011
- **探索期**（线上探索）2021
- **蝶变期**（抖音衬衫品类销量第一）2022
- **升级期**（新一代高端衬衫专家品牌）2023 至今

关键事件：

**01**
- 2011年：在中山市成立公司，专注衬衫的研发和品牌ODM业务
- 2014年：购置自有厂房
- 2016年：成立江西省谦许服饰有限公司

**02**
- 2021年：衬衫老罗品牌正式成立
- 2021年：参加平台"王牌工厂"项目

**03**
- 2022年：抖音电商衬衫类目销量TOP1
- 2022年7月：获2022福布斯中国新锐品牌top100巨量引擎服饰创新先锋奖
- 2022年10月：江西赣州建设了24000平方米5G智能现代化产业园区

**04**
- 2023年：广州柔感系列发布会
- 2023年5月：致敬奋斗者公益活动
- 2023年8月：品牌战略升级大会宣布新一代高端衬衫专家品牌的定位
- 2023年11月：首次参战"双十一"当日销量破千万

2021 年，衬衫老罗品牌正式成立，入驻抖音。

2022 年，抖音平台衬衫销量 TOP1，销售额突破 3 亿元。

2022 年，在江西赣州建设 24000 平方米 5G 智能现代化产业园区。

2023 年，召开品牌战略升级大会，宣布：新一代高端衬衫专家品牌定位。

衬衫老罗近 3 年的发展历程可以用一句话来总结：三年黑马竟是厚积薄发，大浪淘沙得益以人为本，我们把这三年的快速发展分为三个阶段。

第一阶段从 2021—2022 年，为探索期，以位列平台衬衫类目销售第一名为标志。这一阶段主要以不断收集粉丝需求、反馈测试爆品、探索发展模式；

第二阶段是2022—2023年，为蝶变期，以打造"FACT+S"全域增长飞轮为标志。这一阶段大力投入抖音商城建设，构建抖音全域闭环；

第三阶段是2023年至今，为升级期，以举行品牌战略升级大会为标志。这一阶段开始重塑品牌价值，升级定位为：新一代高端衬衫专家品牌。

## 第二节　战略决策：四大关键

下文将探寻衬衫老罗战略演进背后的关键决策，通过四个方面了解老罗的战略决策。

### （一）品类选择：聚焦的战略机会

衬衫老罗选择衬衫品类是从自身出发，因为老罗做了十六年衬衫贴牌工厂，懂衬衫也会做衬衫。

从衬衫品类分化图来看，如图12-2所示，衬衫在过去的一段时间里款式相对单一、产品同质化严重。但随着时代的变迁和消费者需求的不断升级，衬衫行业正面临着新的发展趋势，消费者开始对功能性、定制化、时尚感的追求日益显著。

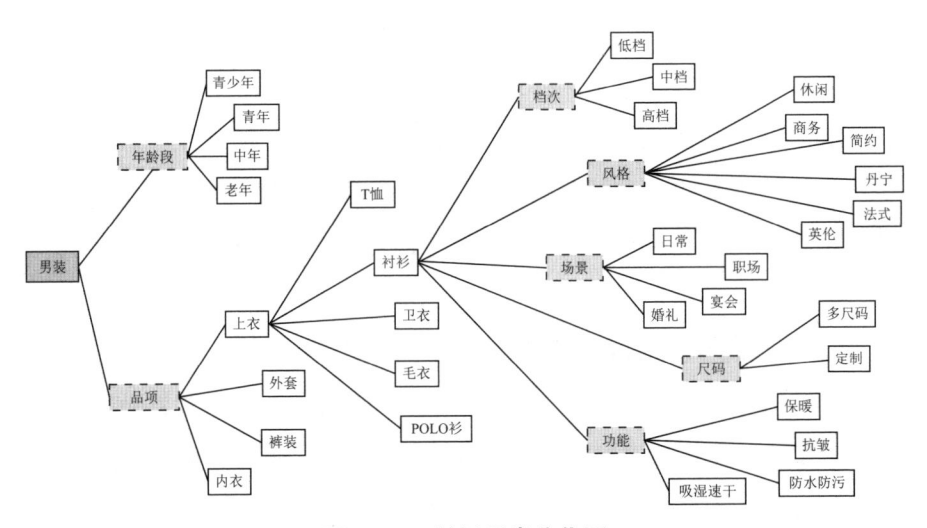

图12-2　衬衫品类分化图

男士购买衬衫多数会选择国外大牌或者国内如海澜之家、雅戈尔、红豆等大品牌，这些男装品牌均有衬衫产品，属于产品系列，占企业营收结构的四分之一左右，由此看来在品类聚焦与消费者心智当中，尚未出现衬衫专家品牌，传统衬衫行业尚未解决的痛点，市场仍有机会。而面对这些大而全的竞争巨头，最好的方式就是：聚焦单一品类，聚焦是品牌拥有专家定位的基本原则。

### （二）渠道选择：乘势而起借东风

战场决定战略，战役决定战术。武器（品类）确定了，接下来要确定战场，当年传统男装品牌多为直营、加盟连锁实体店，购买方式为线下居多，近年随着电商发展，在线上购买习惯呈上升趋势。

2020年抖音电商平台流量飞速增长，衬衫老罗敏锐地察觉到了抖音的发展趋势，通过抖音直播可以直面消费者，尽可能地减少库存、经销商等中间环节，快速迭代产品。衬衫老罗知道机会来了，迅速聚焦趋势渠道。

新渠道孕育着新机会，传统渠道的品牌船大难掉头，往往一下反应不过来，这就给了创业者新的机会。

基于以上洞察，衬衫老罗决定躬身入局抖音，抓住线上转型的风口，创立了"衬衫老罗-匠心裁缝"的抖音号。利用渠道错位，避开传统男装的线下渠道优势，去收割只知道打价格战的白牌。

### （三）产品选择：精准狙击大痛点

产品的研发一定要找准品类的特性，什么是特性？特性就是鲜明的价值和特色。特性跟顾客利益挂钩，把产品卖点转化为顾客买点，它是驱动购买的核心逻辑，更是产生动销的关键决策，奔驰的特性是豪华尊贵，宝马的特性是驾驶性能，海飞丝的特性是去屑，特性对应了痛点和需求，那衬衫老罗到底抓住了什么特性，让每三人购买就有两人复购。

衬衫已然不是一个新品类，每个男人的衣柜里都有几件衬衫，但要买到一件满意的衬衫却非易事，衬衫易皱、板型不挺括、面料不亲肤、束缚感强等问题，拉低了男士们的穿着舒适度。2021年衬衫老罗初次在抖音上通过还原"男人们每天有三次去洗手间去塞衣服"的痛点场景，成了老罗第一条出圈的爆款短视频。三个小时播放量超过800万人次，20多万人涌进直播间，有1万多人买了视频同款衬衣——符合人体工程学的"总裁系列"（特性：抗皱免烫），当用户拿到包裹时，不用熨烫即可第一时间穿上。至今，总裁衬衫的累计销量已经突破了130万件。

2023年3月推出"柔感系列"（特性：柔感自然），不仅亲肤柔感兼顾挺括有型以及吸湿排汗，新品首发当天，衬衫老罗"柔感系列"销售额突破251万元，订单数量超过1.2万件，全场累计曝光709万，一举冲上抖音服饰春夏新榜单TOP1和男士POLO衫总榜TOP1。

2023年8月推出"致敬27系列"（特性：定制般的穿着体验），让更多的人花更少的钱，用更短的时间买到跟定制一样的衣服。为了承接衬衫老罗的品牌定位，其广告语迅速调整为：不选私人定制，就选衬衫老罗。衬衫老罗产品系列特性概况，如表12-1所示。

表12-1 衬衫老罗产品系列特性概况

|  | 总裁系列 | 柔感系列 | 致敬27系列 |
| --- | --- | --- | --- |
| 上新时间 | 2021年 | 2023年3月 | 2023年8月 |
| 特性 | 抗皱免烫 | 亲肤柔感 | 定制般的穿着体验 |
| 面料 | 竹纤维材质 | 天丝 | 新疆长绒棉混纺白山羊绒 |
| 工艺 | 科德宝压胶定型工艺 | 双组份纱线织法工艺 | 后整工艺 |
| 解决痛点 | 抬手露角、衣领塌、易皱 | 不透气、不速干、起球掉色 | 紧绷感、显肚子、洗后缩水 |
| 销量 | 突破50万件 | 近30万件 | 近2万件 |

哈佛大学教授克里斯坦森参与提出的Job To Be Done（JTBD）理论指出，企业应关注消费者在特定场景下的需求，而需求的本质，往往是对解决痛点的期待，这也是爆品孵化的起点，好产品就是要精准狙击用户痛点。

## （四）价格选择：围绕定位定价格

产品定价是战略定位体系中一个重要的配称，产品定价需要基于自身定位及不同时期的竞争格局来考虑，各大男装品牌从2021年至2023年衬衫定价均有调整，2021年衬衫老罗在抖音推出的第一款"总裁衬衣"仅定价129元，当时的定位是衬衫工厂自销，专门吊打抖音贴牌商家和小工厂。

随着品牌发展，衬衫老罗于2023年8月召开了品牌战略升级发布会，宣布品牌定位为：新一代高端衬衫专家品牌，此时的竞争对手则是传统男装品牌，对手变了，定位随之改变，定价也需调整，价格与认知相匹配有助于专家品牌定位的建立。根据品牌不同的发展阶段，前期需要用性价比爆品来占领市场，后期则需要用战略单品来提高品牌势能。衬衫品类价格对比，如表12-2所示。

表12-2 衬衫品类价格对比

| 品牌 | 海澜之家 | 红豆 | 雅戈尔 | 衬衫老罗 | 白牌 |
| --- | --- | --- | --- | --- | --- |
| 2021 | 200～400元 | 300～500元 | 400～800元 | 129元 | 150～200元 |
| 2023 | 100～400元 | 100～400元 | 200～700元 | 100～800元 | 100～300元 |

在品牌战略升级发布会上衬衫老罗高调地发布了战略产品"致敬27"系列，定价为789元，超出了国内知名男装品牌衬衫均价的一倍以上，这是品牌提高势能的惯用手法，是源于衬衫老罗想占据消费者心中：新一代高端衬衫专家品牌的心智，贵是一个有利的认知。从

# 第十二章
## 新锐品牌衬衫老罗——代工厂如何转型做品牌

全网数据来看,虽然该系列产品销量不足一万件,但对于建立衬衫老罗的中高端品牌定位迈出了实质性的一步,该系列也是五力战略模型中所讲的"瘾品",期待衬衫老罗能把"瘾品"打造成长销的"瘾爆品",即战略单品。

## 第三节 战略落地：两力要点

### （一）营销力：产品是营销力的引擎

作为初创品牌，产品是其破圈的根基，衬衫老罗的做法不是常规地上很多新品，再看数据，而是有着独有的产品开发方法论，从打造公关事件，借助平台工具，始终围绕用户痛点和需求，进行全域营销闭环策划，由此塑造专家品牌形象。

2023年5月，衬衫老罗举行了一场致敬奋斗者公益活动。根据后台销售数据显示，用户下单的高峰期在晚上9点以后，符合上班族的作息时间。抛开性别、年龄、职业等因素，衬衫老罗用一个词概括品牌用户的整体画像：奋斗者。因此他认为，不能简单地将衬衫用户和电商八大人群去——对应，死板地传递产品卖点。相反地，品牌要做有温度的陪伴者，主动和用户建立情感联系。于是衬衫老罗将衬衫跟奋斗者联系在一起，称衬衫是男人在逐梦路上披荆斩棘的战衣，该活动为写下梦想的12000名奋斗者免费量体定制高级免烫衬衫，拿出500万生产成本以实际行动向奋斗者致敬，鼓励奋斗者砥砺前行。当时参与活动的人数超过24万人，免费送出了12000件衬衫，衬衫老罗公开了部分奋斗者语录，并发起"谱奋斗者传奇"的话题，鼓励大家在平台上分享奋斗的故事，寻找27位奋斗者，为每一个"他"拍摄个人奋斗人生微纪录片，传递奋斗精神。每年8月27日奋斗节将成为衬衫老罗固定的品牌节日，将其作为一种与奋斗者持续的情感纽带，并于当天点亮了广州塔。

此次公益活动可谓一举多得，具体如下。

一是引起共鸣，传递品牌价值观。

二是回馈消费者，增强顾客黏性。

## 第十二章
### 新锐品牌衬衫老罗——代工厂如何转型做品牌

三是引发媒体报道，增加品牌曝光。

四是收集了 12000 份衬衫数据，获取真实人体数据来打造战略产品。

活动结束后，衬衫老罗的短视频账号随即发出了研发战略产品的过程来持续造势，可谓衬衫吊足胃口，让大家对接下来发布会将推出的战略产品充满了期待。

首先在产品层面，以旗下产品"柔感系列"为例，衬衫老罗首先通过抖音罗盘策略分析市场趋势、巨量云图新品实验室进行用户调研，多数消费者抱怨亲肤与挺括有型二者不能兼得，于是抓住痛点，将新品精准定位：柔感自然，并携手国内头部面料纺织集团对纤维原料进行黄金配比混纺，联合打造出兼具亲肤柔感特性的科技面料，解决用户在夏季穿衣闷热不透气、出汗不速干等痛点。

在内容搭建层面，衬衫老罗把短视频内容输出拍成了一部产品连续剧，形成内容铺垫长效种草；星图达人内容矩阵多方位触达，也为"柔感系列"新品上市预热。

其次根据平台全年营销节点倒推产品上新时间，不错过平台扶持流量，3月对于服饰行业来说，是全年最重要的上新节点之一。"抖 in 新风潮"就是抖音电商服饰行业年度最重磅营销IP，所以衬衫老罗于3月19日在广州举行了"柔感系列"春夏新品发布会。借势"抖 in 新风潮·春夏上新"活动场景，在正式开卖首日就荣登新榜TOP1，实现了自营+达人全域爆发。

由此看来，衬衫老罗逐渐探索出了自身打造爆品的路径。

一是与全球顶尖供应商合作，做到"料"的一流；

二是利用全域兴趣电商的用户资产沉淀机制，深度挖掘用户需求，追求"款"的适合；

三是策划营销节点，从新品上新的预热、营销、推广等系列动作持续推出"爆"款。

## （二）供应力：智能生产助力

2023 年，衬衫老罗在江西赣州打造一个占地 36 亩的 5G 智能现代化产业园，现已经正式动工，在生产端、管理端、物流端、运营端，形成专业系统的产业闭环链路。在生产端，通过引入智能化的生产设备，确保产品品质的稳定精良，提升生产效能，减少人工所带来的误差，避免原材料的浪费；在管理端，通过 5G 物联网、BI 大数据，将生产流程全程可视化，与消费者共同监督生产每个环节，出现问题能及时反馈和调整；在物流端，通过智能仓储物流的集散中心统一调控，优化物流服务。此外，衬衫老罗还与很多国内外原材料巨头、纺织领域权威组织、全球优质的供应商、知名纺织服装类高校、专家合作，并成立了 legend Lab 研究院，以掌握衬衫核心创研能力。

### 总结和展望

作为一个刚成立 3 年的新品牌，衬衫老罗的起盘路径和进化逻辑值得借鉴。行文末尾，我们将衬衫老罗的高增长打法总结如下。

#### 洞察消费趋势，把握天时

品类的选择：刚需高频 + 行业痛点 + 用户痛点 + 有品类无专家品牌。

#### 根据市场竞争，占据地利

选择趋势性渠道，通过精准卡位和差异化竞争策略找到了市场突破口。

#### 找准产品特性，抢占心智

深入了解消费者需求，并以此为核心特性打造产品，提高爆品的概率。

# 第十二章
## 新锐品牌衬衫老罗——代工厂如何转型做品牌

**持续优化运营，快速反应**

面对平台阶段性的变化有很强的学习能力、执行力，团队持续保持优化和进化。

**塑造品牌价值，强化传播**

通过打通线上线下全域营销闭环，品牌实现了与消费者的全方位互动和沟通。

一朝崛起后又迅速销声匿迹的品牌比比皆是，如何从网红品牌进化成长红品牌，是衬衫老罗需要提交的答卷，在此路上仍面临着诸多挑战。主要风险警示有以下几点。

**营销概念的名不副实**

衬衫老罗曾凭借创新的营销策略，将产品概念引爆市场，销量一路飙升。然而现实是中产品与概念之间的差距逐渐浮现，如何将概念与产品完美融合，持续满足消费者的期望，成为衬衫老罗亟待解决的问题。

**巨头跟进的品类围剿**

衬衫老罗建立初期以价格优势，暂时在抖音上占据了一席之地。若后期各大男装品牌对衬衫老罗发起猛攻，针对衬衫老罗的货盘来调整产品结构和定价，衬衫老罗的优势将所剩无几，所以留给衬衫老罗的时间窗口并不多。

**品牌阶段性的节奏点**

衬衫老罗目前处在成长阶段，该阶段的发展关键在于如何在自身赛道中建立竞争壁垒，目前来看，衬衫的核心卖点其他的衬衫品牌也可以做到，并不足以形成长期的竞争优势，衬衫老罗需要设计和创建战略控制点，形成自身的竞争战略护城河。

衬衫老罗虽不是我们传统意义上的知名品牌，却是衬衫领域中一个不断深耕的"专家型"品牌。你喜欢凉茶,我就坚持一百年做凉茶,这是我的忠诚。你喜欢皮具,我就坚持一百年做皮具,这是我的忠诚。因为品牌的忠诚,所以赢得了消费者的选择,衷心祝福衬衫老罗以后的路越来越宽广。

# 第十三章
## THIRTEEN
### 新锐品牌观夏
### ——"小而美"的情绪价值品牌，如何破10亿

"小众""非刚需""高端",每一个词都是规模化发展的锁链,有其中任一标签均难做大,但观夏三者兼有,在短短4~5年内,突破了小众高端品牌只能做"小而美"的牢笼,为情绪价值类品牌提供了一个好的商业范例。

观夏定位高端东方植物调的小众原创香氛,专注于研发以有机植物成分为来源的香薰、香水和香氛洗护类产品,并致力于构建香气与健康生活的品牌。

自2018年5月公司成立以来,观夏经历了三个关键的战略发展阶段,如表13-1所示。

表13-1 观夏三大战略阶段

|  | 起步期<br>2019年1月—2020年11月 | 发展期<br>2020年12月—2022年5月 | 扩张期<br>2022年5月至今 |
|---|---|---|---|
| 阶段标志 | 第一款产品面世发布 | 在三里屯开设第一家线下品牌独立店铺 | 入驻颇特中国和天猫平台 |
| 阶段定位 | 品牌名:SUMMER Lab 观夏<br>专注香氛疗愈和健康生活的品牌 | 品牌名:观夏 to summer<br>专注香氛疗愈和健康生活的品牌 | 品牌名:观夏 to summer "东方新摩登"原创东方植物香品牌 |
| 核心产品 | 晶石香薰、香插、香膏、香挂、香薰蜡烛等香氛制品 | 产品拓展到香水及沐浴液、身体乳等香氛洗护产品 | 进一步拓展车载香氛及洗手液、沐浴油等香氛洗护产品 |
| 重点消费人群 | 一二线城市重视生活方式,认真生活的90后年轻、独立女性 | 对精致的生活方式有着自己的追求和表达的中产女性 | 对精致的生活方式有着自己的追求和表达的中产女性 |
| 主要销售渠道 | 微信小程序 | 微信小程序+线下旗舰店 | 微信小程序+线下旗舰店+天猫旗舰店+颇特中国 |
| 主要营销方式 | 公众号营销、小红书达人推广 | 公众号营销、小红书达人推广、线下门店活动、快闪、IP联名 | 公众号营销、小红书达人推广、天猫推广、线下店活动、IP联名 |
| 加工模式 | 委托加工 | 委托加工 | 委托加工 |

## 第十三章
### 新锐品牌观夏——"小而美"的情绪价值品牌，如何破10亿

**起步期**（2019年1月—2020年11月）

标志事件：第一款产品在公众号上发布并上架，仅凭朋友圈就售出1000多件。

产品线：以香插、香膏、香挂、香薰蜡烛等香薰制品为主。

销售渠道：以公众号为主要阵地，通过官方小程序进行售卖。

融资情况：获得真格基金、IDG资本和YOKA时尚网的天使轮投资。

**发展期**（2020年12月—2022年5月）

标志事件：在北京三里屯太古里开设第一家线下品牌独立店铺——观夏客厅。

产品线拓展：除了原有的香薰制品，还增加了香水、沐浴液、身体乳等香氛洗护产品。

销售渠道：主要通过官方微信小程序和线下旗舰店进行售卖。

融资情况：获得红杉中国的A轮融资。

**扩张期**（2022年5月至今）

标志事件：入驻全球时尚奢品平台NET-A-PORTER颇特中国，并成为其首个香氛品牌；开设天猫旗舰店，首次进入国内主流电商平台。

产品线进一步拓展：增加了车载香氛、香氛沐浴油等产品。

品牌布局：线下独立店铺数量达到10家，开始进入主流电商平台售卖，品牌逐渐从小众走向大众。

业绩与融资：销售额持续增长，2021年达到8600万元，2022年增至1.43亿元；微信订阅数达百万级，忠实用户在十万级，复购率达60%；2024年2月获得美次方（欧莱雅在中国的投资公司）投资。

观夏作为一个初创的小众东方香氛品牌，在短短五年内取得了显著的成就，先后获得国内真格、IDG、红杉三大顶级资本投资，此外

还获得了国际化妆品巨头欧莱雅的投资。其上新即秒光、爆品总售罄的市场表现也充分证明了其品牌魅力和市场潜力。

那么，观夏的背后究竟是什么样的团队在运营？其是如何一步一步布局落子，取得了今天的商业成果？观夏的发展路径对其他企业有什么样的借鉴意义？

接下来我们分两个小节来拆解，第一节主要分析观夏创立之初的战略选择，解析其作为新入行的初创品牌如何崭露头角？第二节主要分析观夏如何一步步发展壮大，解析其在成长过程中的关键决策和差异化打法。

## 第十三章
新锐品牌观夏——"小而美"的情绪价值品牌，如何破 10 亿

## 第一节 初入赛道，高配组合掘金香氛蓝海

观夏创始人刘惠璞（Elvis）曾是世纪佳缘网副总裁，此后又加入了聚美优品；联合创始人沈黎曾是《时尚芭莎》的资深编辑；另一位联合创始人是毕业于耶鲁设计系的韩裔设计师 Khoon，曾在纽约服务于艺术家蔡国强、村上隆（平面创意）等。2017 年，三人相聚坐在苏州留园的长廊中，创始团队透过八棱花窗远眺，被"静观夏天"的氛围打动，"观夏"这一名称由此诞生。

这三位都是互联网圈、媒体圈和创意圈领域的佼佼者，这样既懂互联网营销又懂媒体又懂设计的创始团队，显然给了观夏很好的基因。可以说观夏一出生自带调性和气质，观夏上线的第一篇微信文章，在没有推广的情况下，仅凭各自人脉朋友圈扩散，公众号阅读量就达到了 6w+。

但这三位职场精英为何会在人生中段放弃过往事业，选择一头扎进香氛行业？除了心中的热爱，他们对赛道前景的看好想必也是重要的原因之一。在商界摸爬滚打过的几位创始人，在入局新赛道之前必然做了系统的调研分析。2017 年的那个夏天，他们抬头看见了月亮，大概率也盘算了要投进去和能拿回来的六便士。那么香氛行业到底前景如何呢？竞争格局怎样？进入后胜率几何？

### （一）敏锐的洞察力

#### 1. 行业洞察：香氛——"五感经济"中的最后一个蓝海

焚香根植中国文化基因，但现代香氛业起步较晚。实际上，中国古代的焚香历史可以追溯到远古时期。文学作品中也常常提及焚香，古代的文人雅士通过焚香来营造一种宁静、优雅的氛围，焚香抚琴、

红袖添香、佩戴香囊……焚香成为一种品味和生活态度的象征，体现了古代文人的审美情趣。

虽然用香历史悠久，但我国现代香氛行业起步较晚，直到2014年以后，伴随着Z世代的崛起，文化自信带来的国潮热，气味图书馆、RE调香室、观夏等国产香氛品牌崛起，中国香氛在本土散发出馥郁芬芳。

**2. 需求洞察：疗愈经济火热，观夏入局香氛恰逢其时**

现代生活压力越来越大，被裹挟向前的现代年轻人深陷内卷旋涡。以愉悦自己、减压放松为特征的疗愈经济、悦己经济、孤独经济正在高歌猛进。

国际品牌大师Martin Lindstrom的研究指出："人的情绪有75%是由嗅觉产生的。人对照片的回忆在三个月后只剩下50%，但是回忆气味的准确度却高达65%"。"嗅觉经济"也被投资界喻为"五感经济"中的最后一片蓝海。能调节情绪，提升生活品质的香氛产品，在疫情的影响下接过口红效应的接力棒，成为渴望被疗愈的年轻人的品质生活的新风向标，催生了香氛新蓝海。

2017—2019年阿里平台的香水消费数据传递出中国香氛市场的高速发展态势。中国香氛市场竞争格局也开始由国际品牌占主导演变为国产香氛迅速崛起。观夏历时两年，于2019年初推出第一款产品。其入局节点正是国产香氛迅猛发展，大有可为之时。

**3. 竞争洞察：格局分散，高端"中国香"尚有空白**

香氛行业主要包括香水、家居香氛（如香薰蜡烛、香薰晶石、香薰车挂等）、香氛护理（如香氛精油、身体乳、护手霜等）、香氛洗浴（如香氛沐浴露、衣物留香珠等）。

根据益普索2023年《家居香氛消费者观察及机会点浅探》调研

## 第十三章
### 新锐品牌观夏——"小而美"的情绪价值品牌，如何破10亿

数据显示，96%的香氛使用者自己购买家居香氛产品，当中仍有15%的使用者在不提示的情况下无法提及任何家居香氛品牌，这说明香氛品牌心智不强，竞争格局尚未定型。据《香薰品类消费洞察报告》显示，目前线上香氛市场Top5品牌集中度不到20%，整体竞争环境较为宽松。

国际头部香水品牌对于"东方香"的调制，其用香灵感上更偏向印度等地，多采用麝香、琥珀等香料，难以在中国市场获得消费者的认同。近年来文化自信带来的国潮风在各行业愈演愈烈，香氛这一古老的领域呼唤真正的中国味道重回现代。

这片"中国香"的空地吸引了众多创业者和投资者"闻香"而来。国产香氛品牌们在"中国香的大花园"里，各自挖掘、探索着属于自己的一方领地。在观夏2017年入局前的主要国产香氛品牌如下。

气味图书馆产品香味定位"朴实、日常、大众"，从国民的集体记忆中提取出凉白开、大白兔等本土化特色味道，价格也走亲民的性价比路线，多款主销产品售价在15～99元之间。

RE调香室则喊出了"国内首个'轻沙龙'香"的口号，把历史事件、意向和嗅觉进行结合，彰显品牌个性和调性，香氛产品价格多在100元以下，香水售价集中在100～300元区间。

冰希黎走的是在其他赛道屡试不爽的"大牌平替"的路子，以近似国际大牌的产品形态，仅100元出头的均价，与海外大牌动辄上千的价格形成错位，打开了自己的市场。

巴莉奥定位在小众沙龙香，瞄准18～25岁学生到初入职场的白领，想成为他们人生中的第一支香。爆品"10ml小羊皮随身香"售价不到100元，单品年销售额近亿元。

野兽派从传奇花店转型艺术生活品牌，持续拓展产品线，在2018

年进入家居领域，推出家居香氛产品，2020年推出香水产品线，价格从数十元到数百元不等。

当时的一众国产香氛品牌价格定位多集中在100元以下及100～300元中端的市场，300元以上的高端国产香氛品牌尚有心智空白位，存在市场机会。更重要的是有数据显示，中国香水香氛的客单价远高于全球其他市场，高端香水是驱动中国香水增长的主要力量。

## （二）精准的定位力

初入香氛赛道的观夏，经过一番分析，瞄准了高端中国香的市场空白位。具体如何做呢？

要瞄准哪些目标用户？

要构建什么样的价值赢得高端用户青睐？

要设计什么样的产品来承载这一战略呢？

价格定多少合适？300元、500元还是1000元？

要通过什么渠道宣传和售卖？

这些都是2017年准备进入香氛市场的观夏要逐一捋清的问题。

我们来看看观夏的选择。

### 1. 目标客户选择

观夏瞄准的是"一二线城市重视生活方式，认真生活的CBD人群"，将对精致生活有着自己追求和表达的90后年轻、独立女性作为核心消费群体。

观夏选择的这一人群也是最具消费潜力和消费影响力的高势能人群。益普索2023年初针对1030个有效样本调查显示，一二线城市的家居香氛的渗透率平均值达七成，其中二线城市居民在过去一到两年

## 第十三章
新锐品牌观夏——"小而美"的情绪价值品牌，如何破 10 亿

内开始接触家居香氛的比例最高，表明了这一人群过去 1～2 年在香氛消费上的高增长，也验证了 4 年前观夏圈定的消费群体正在快速成长扩大。

### 2. 品牌价值定位

观夏定义自己是东方香生活方式品牌，主打东方文化为底蕴的香氛，从香氛原料开始，将故事与设计感融入创香过程，赋予每一款香以东方审美的故事背景和气味。

观夏开始研发香氛产品的 2017 年，新消费和国潮风在年轻群体里兴起，观夏创始团队从中得到启发，中国传统文化正处于复兴风口，多数国产香氛品牌尚在走"模仿西方大牌"和"高性价比"的老路，在国际品牌主导的香氛市场，东方香的溯源及背后的东方文化发掘还有很大空间。观夏团队刘惠璞三人以此确定了品牌方向。后来的事实证明了观夏团队洞察市场风向的精准。《2023 香水香氛消费者洞察白皮书》显示，新中式东方香水香氛位列消费者最感兴趣的国潮消费品 TOP1，市场对东方香的青睐可见一斑。

### 3. 首发产品选择

晶石情绪香薰是观夏选用原创植物香，用六种搜罗自世界各地、颜色各异的天然晶石为载体，植物香通过晶石缓缓释放，再加上高颜值的产品设计，凸显品牌特色，为用户带来身心愉悦。

观夏的首发产品聚集了"家居香氛"和"情绪"两个关键词，高颜值的晶石的使用则别出心裁，在观夏以前晶石香薰并不常见，选择既精准踩中香氛消费需求，同时集创意和颜值于一身的晶石情绪香薰作为首发产品，从产品一经上市就收获市场肯定，至今一直是观夏的畅销产品。

### 4. 首发产品定价

首发晶石情绪香薰定价 298 元，介于 280 元到 500 元之间。这个价格高于更多定价在 200 元到 400 元的国内香氛品牌，但低于国外成熟的大牌。沈黎表示这是经过深思熟虑的，"我们没有想去 PK 淘宝的那些走大众市场的平价产品，每一个价格带的产品它都有市场。另一方面，我们没有国际大牌的品牌基础，品牌面貌也是成本，我们还需要去建设。"

2019 年中国香水行业消费者平均客单消费 500～800 元，远高于欧美等发展成熟市场（美国平均 150～250 元、欧洲平均 250 元），亦远高于同样是新兴市场的印度和东南亚市场。高端是中国香氛消费市场的显著特点之一，观夏抢占高端国产香氛空白位，把自己与其他国产香氛品牌区分开来，与国际大牌不形成正面冲突，精准卡位。

### 5. 宣发渠道选择

早期以官方公众号＋小程序作为唯一宣发、售卖渠道，每周四晚上 8 点上架产品。通过精心制作的内容，以 DTC 的模式吸引目标用户，沉淀品牌私域用户。

不同于大部分新消费品牌以公域电商平台为品牌发源地，观夏选择在公众号构建自己的一方小天地，用高品质内容为养料，浇灌品牌之树。作为一个初创的高端香氛品牌，观夏客群相对小众，用户对品牌的了解和信任有限，在公域推广可能高昂而低效。观夏在微信官方号上完成品牌内容营销，分享产品创作的细节，团队创业的故事，用"感性"的内容、"个性"的产品，沉淀品牌信任，吸引、聚集同味相投的用户主动关注。以 DTC 的私域模式宣发推广，与观夏的高端定位，宣扬的"慢哲学"文化品牌调性是相一致的，对于擅长做内容的品牌也是成本更低更有效的推广方式。

## 第十三章

新锐品牌观夏——"小而美"的情绪价值品牌,如何破 10 亿

观夏通过一系列的产品、营销策略组合,成功卡位高端中国香市场空白。观夏以公众号为阵地开垦了自身的品牌花园,以晶石情绪香薰为第一颗种子,在观夏花园里种下了"东方香"的根。未经寒彻骨,哪有扑鼻香。这颗种子从生根发芽,到开枝散叶还需要经历重重考验。

## 第二节　迎刃而上，根植东方美学开枝散叶

### （一）成长之路，道阻且长

#### 1. 低频非刚需的桎梏

尽管香氛市场近年增速猛，行业快速发展，但作为非刚需产品，又处于行业早期，总体受众人群有限。香水属于慢消品，单次使用量少，一瓶香水使用周期以月甚至是年为单位，复购周期长，销量增速比较慢。家居香氛产品相对香水的使用场景更为多元、高频，在品类成长性上比香水更有潜力。不管是香水还是家居香氛，消费者都表现出了尝新求变的消费倾向，会多次尝试不同品牌不同香调，这也增加了持续维持品牌用户复购的难度，芬尚COO丁玄曾透露旗下冰希黎、芬尚、法颂等香氛品牌年复购率均在10%左右。

定位高端"东方香"的观夏，需要在相对小众的香氛品类，赢得高端用户中与自己"气味相投"那部分客户的买单，"小众品类+高端定位+个性香型"的组合注定了其规模增长的"hard"模式。

#### 2. 规模化生产的艰难

香氛作为表达自我、愉悦身心的情绪疗愈载体，容器的颜值、手感和工艺也是香氛产品的重要组成部分，大多香氛品牌会采用造型极具美感又个性化的玻璃、陶瓷等材质作为容器。因为被漂亮的瓶子吸引而购买香氛产品的消费者并不少见。香氛品牌不仅要面对香精香料提取技术及配方的垄断挑战，同时，生产这些造型独特的玻璃香水瓶、陶瓷香薰炉也绝非易事，观夏起家的"晶石香薰"中宣传"完全依赖进口和手工打造"的香薰石的供应也不稳定。

观夏多次在公众号分享了这些器物研发、打磨、生产的故事。陶

瓷底座 30% 的淘汰率、香水玉石瓶盖 1/40 的选择、香薰煮炉 10 个选 1 个，香挂图案由匠人手工修整，香薰晶石由人工一一挑选搭配……这些故事一方面是对观夏追求高审美、高品质的品牌文化输出，另一方面却也透露了规模化生产过程中难为外人道的困难。"东方审美"的长衫让观夏难以在"规模化量产"的路上大步流星。

### 3. 持续好创意的瓶颈

香氛并非衣食住行这样的功能性产品，是承载文化和调性的绝佳载体。国际调香大师 Jean-Claude Ellena 指出，"不同于化妆品，香水修复的并不是皮肤，而是人的心灵。"纪录片《寻香之旅》中将香氛生意的本质，归结为"出售一种幻想"。故事讲得越动听，产品卖得越火爆。文化产业最大的瓶颈是好创意的持续，顶级的影视公司也不能保证每个节目都叫好，最优秀的导演也有烂片。

香精香料的研发、调制成本是固定的，器型研发开模的成本也是固定的，对于观夏，历时数月到数年的前端开发过程是确定性投入，后端的"出售东方审美"的产品故事是否能持续打动用户，是不确定的。确定性的研发投入与不确定的产品收益的鸿沟需要观夏稳定创意出品，而这并非易事。

### 4. 越来越拥挤的赛道

据头豹研究院数据显示，2014 年至 2019 年，中国香薰企业注册数量逐年递增，年复合增长率达 25.6%。国外巨头公司重点布局中国香氛市场，国产品牌亦开始发力，受到资本市场追捧。

同在"东方香"的大花园，同样都是讲东方故事，国产香氛品牌的故事也开始趋同。东方哲学、文学诗词、植物花香、山川园林、城市记忆等中式东方香概念在多个国产香氛品牌的新品海报上轮番流转。而另一面，面对中国市场的崛起，国际商业香品牌也开始加大

"东方香"的中国元素。由娇兰首席调香师蒂埃里·瓦瑟（Thierry Wasser）创作的中国城市限定香水——"娇兰/Guerlain: 西安/XIAN"，以富有历史文化气息的古都西安为灵感，与观夏"中国甜"城市系列（"北平甜""杭州甜""苏州甜"）在创意上有异曲同工之妙。

### （二）慢中精进，开枝散叶

上游被国际香料巨头垄断，中游规模化生产难，下游消费需求多变、赛道竞争激烈，新锐冒尖，巨头环伺，观夏要站稳高端国产香氛位置并不容易，观夏需要实现持续精进，巩固地位。

**1. 营销力：产品 + 渠道 + 传播 + 品牌进化**

（1）产品进化：拓品类 + 拓系列 + 拓场景。

1）产品结构拓品类（见图 13-1）。

以香薰产品为始，持续拓展产品线。2019 年以香薰制品为主，2020 拓展至香水、沐浴液，2021 年进一步拓展香氛洗浴、护理产品，至此几乎涵盖了香氛行业全产品线，在"东方香"的花园里，构建了观夏的全物种生态体系。

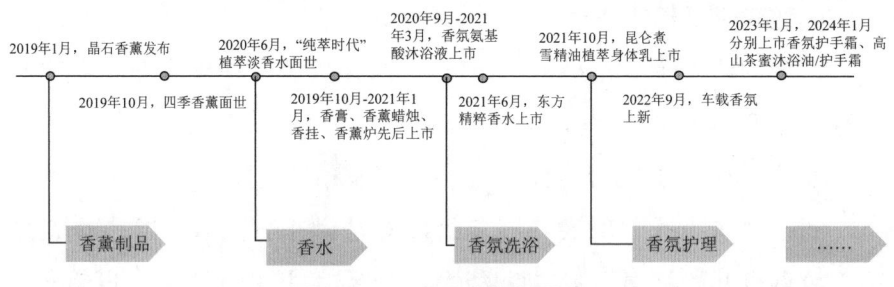

| 时间 | 事件 | 品类 |
|---|---|---|
| 2019年1月 | 晶石香薰发布 | 香薰制品 |
| 2019年10月 | 四季香薰面世 | 香薰制品 |
| 2020年6月 | "纯萃时代"植萃淡香水面世 | 香水 |
| 2019年10月-2021年1月 | 香膏、香薰蜡烛、香挂、香薰炉先后上市 | 香水 |
| 2020年9月-2021年3月 | 香氛氨基酸沐浴液上市 | 香氛洗浴 |
| 2021年6月 | 东方精粹香水上市 | 香氛洗浴 |
| 2021年10月 | 昆仑煮雪精油植萃身体乳上市 | 香氛护理 |
| 2022年9月 | 车载香氛上新 | 香氛护理 |
| 2023年1月、2024年1月 | 分别上市香氛护手霜、高山茶蜜沐浴油/护手霜 | …… |

图 13-1 产品结构拓品类

2）爆款香型拓系列。

爆款香型开发系列产品，最大化销售空间，最小化研发成本。以爆款香型——昆仑煮雪为例，观夏先后开发了昆仑煮雪香插、香薰蜡烛、香薰炉、香挂、沐浴液、身体乳、车载香氛、礼盒等系列香氛产品。

3）节日礼赠拓场景。

自带的悦己属性和情绪价值让香氛一直以来都是送礼佳品，礼赠是香氛的重要消费场景。观夏充分开发礼赠场景，有效提升消费和复购。观夏一方面利用传统节日和节气，开发了多款节日节气限定礼盒，如情人节限定礼盒、游龙则灵龙年限定礼盒、中秋节桂花兔精油香砖等；另一方面结合礼赠需求组合了多款祝福主题产品及礼盒，如柿柿如意礼盒、招财兔福桶等。

（2）渠道进化：私域起家—进入线下—公域放大。

1）私域起家。

新消费品牌多是线上起家，观夏也是互联网"起家"的品牌，但不同的是，早期的观夏没有进驻任何电商平台，而是以微信公众号为主阵地，小红书为辅，充分利用私域流量，构建直达消费者的DTC模式。

因为香氛的高体验感属性，消费者在线上购买香氛不能身临其境，亲身感受香气带来的情绪体验，在购买体验上有较大的限制，因此线下门店是香氛消费的重要场所。但线下门店投入大、成本高，而香氛的小众、非刚需特性，决定了其门店流量和销量必然不如其他大众消费品。因此对大多国产香氛品牌来说，线下门店是"奢侈"的，大多品牌进入线下的途径多限于跟美妆集合店合作、办展、快闪，抑或是通过代理商。冰希黎就曾开过多个直营店，最后在经营压力下只保留1～2家品牌形象店，不定期通过快闪活动增加品牌曝光，其他线下渠道则交给代理商打理。

2）进入线下。

对于定位高端，擎"东方美学"大旗的观夏，品牌独立门店是必须跨出去的一步。线下门店是传递品牌理念，彰显品牌个性，普及香氛知识，创造独特体验的最佳载体。2020年12月，观夏在三里屯太古里开设的首家品牌独立实体店——观夏客厅亮相。此后的3年，观夏脚步不停，在上海、深圳、杭州、南京、成都等地开了10家风格各异的线下独立门店。

3）公域放大。

观夏进入市场的四五年里，互联网电商加速演变分化。电商平台也成为香氛品牌争相入驻的主流渠道。冰希黎、春风十里、大内密探、五朵里等都是活跃在抖音、淘宝等平台，以电商为主的国产香氛品牌。与此同时，国际大牌也陆续布局电商。2022年5—10月，国际香水品牌范思哲、梅森马吉拉、迪奥等相继开设抖音小店售卖相关香水产品。

同时期的观夏，在经历了3年的私域沉淀，积累了一大批品牌"自来水"后，也到了进驻公域扩大规模的时机。2022年5月，观夏入驻全球时尚奢品平台颇特中国，同年8月首次进驻国内电商平台，开设天猫旗舰店。到2023年底，天猫旗舰店有近10款产品销量过万。

（3）传播进化：极致内容+个性门店+跨界联名。

曾是时尚芭莎资深编辑的观夏联合创始人沈黎认为，未来90%的品牌公司一定是内容公司。沈黎曾表示，观夏的核心是内容。观夏的内容延续了杂志风格：用文字撩动人心，用排版传递审美，用故事演绎产品。用品质极高的精美图文及视频，构建出一个个极富诗意的东方意象，勾起消费者对气味的想象，对生活的热爱，对东方文化的共鸣。

"颐和金桂"是梦中院里的桂花树开得正好，搬着小板凳坐在石桌旁，苦等一碗母亲亲酿的甜桂花米酒；"昆仑煮雪"是深山处牧民小屋升起的炊烟，主人焚香烧酒等待风雪夜归人：木头在壁炉噼啪作响，门外皑皑白雪，门内融融暖意……

## 第十三章
### 新锐品牌观夏——"小而美"的情绪价值品牌，如何破 10 亿

观夏为每款产品打造了专属的故事，也逐渐形成了自己的新品推文公式：主图 + 创作故事 + 场景平面广告 / 视频广告 + 产品故事文案 + 原料描述 + 调香灵感 + 细节平面广告 + 创作感悟 + 购买链接。用深入人心的文案和大量场景化、诗意化的图片视频，建构一方令人向往的美好天地。

观夏的门店也极具特色，对老城区的历史老建筑进行改造，是观夏一直以来的开店偏好。通过对老建筑的修缮复原和设计重构，与当地文化结合，独具魅力的门店，成为观夏演绎 "东方新摩登" 的一幅幅大作。

古典又摩登的门店吸引了众多文艺青年纷纷前来打卡，在各社媒平台上观夏门店的 "成图率" "成文率" 居高不下，为品牌带来不少的免费流量。

此外，观夏还与众多品牌联名。联名合作涉及领域广泛，包括艺术、公益、酒店、食品、生活方式等。与陈坤的 "行走的力量" 公益项目联名，与资生堂高端线产品共创全新香调，与 Seesaw 咖啡、内外等联名推出新品，与松美术馆和木木美术馆联名等。

观夏选择的联名品牌多是小众且具有生活格调的品牌，或能为消费者带来情绪价值的品牌。借助联名，观夏在横向拓宽触达人群的基础上，纵深强化品牌的艺术文化的气息。

（4）品牌进化：品牌人格进化 + 品牌风格进化。

1）品牌人格进化：从 "轻盈少女" 到 "35 岁独处姐姐"。

早期的观夏更像是 "轻盈的年轻少女"，对品牌的想象也是年轻天真、浪漫轻盈的，而后做品牌的过程中，团队成员对香的理解也在发生转变，品牌形象也随之变化。现在的观夏更像是 "习惯独处的 35 岁姐姐"，她经历了很多，她对人生的思考不是取悦或盲目于世俗意义的风潮，而是把更多精力放在了 "内观" 上。

2）品牌风格进化：古今结合，不断进化的"东方新摩登"。

跟观夏对品牌人格的理解和进化一致，观夏的审美风格也经历了探索和调整。因为早期团队以"轻盈的年轻少女"为意象，用了粉色为品牌的主色调，后期希望突出"东方植物香"的产品定位，传递"盛夏"的葱郁繁盛，品牌视觉转向绿色、自然、带有诗意。再到后来，2022年5月观夏在公众号专门出了一篇推文《美的慢箭》来表达观夏的美学理念，同年刘惠璞在品牌星球举办的第二届星球大会做了同名主题分享，向大众阐释了其推崇的"东方新摩登"风格。根据观夏的描述，"东方新摩登"不是一种固定完整的风格，而是一种不断探索、更新迭代的方法论，观夏演绎出来的"东方新摩登"是古今结合的，不被定义的。

观夏会把新品创意策划、源头寻香之旅、琉璃/陶瓷手作、木刻版画制作、老宅修葺翻新、门店设计布置等一一对外传递，将品牌在细节处不易为人知的小心思细细叙与消费者，把消费者对品牌的感知从冰山上的两三成扩大至冰下的七八成，在潜移默化中强化"东方新摩登"的品牌烙印，为品牌账户积累消费者的信任。

### 总结与展望

在文化自信掀起的大浪潮下，观夏敏锐地挖掘出香氛品类潜藏的东方文化基因，瞄准高端东方香的空白位，以文化为旗，以美学为箭，开辟观夏花园；以创意为根，内容作料，浇灌品牌之树。5年时间，观夏的东方香故事吸引了大批受众，观夏花园落地生花，线下覆盖多个一二线城市，线上进入主流电商平台。

市场的海洋波涛汹涌，同是2019年成立，两年融资三轮的新锐香氛品牌Scentooze三兔已止步于5年，2023年9月官

## 第十三章
新锐品牌观夏——"小而美"的情绪价值品牌，如何破10亿

宣公司关停。展望未来，第一个五年跨越了重重礁石，迈入规模增长阶段的观夏，下一个五年将续写怎样的故事？大浪淘沙，前行之路，观夏的品牌之舟仍需经受住无数风浪的考验。

### 故事易讲，现实依然骨感

观夏一路走来，"香"飘渐远。但上游原料提取和调香配方技术被垄断的现状依然没有改变，国人的香氛认知普及之路依然漫长，国际大牌为赢得中国市场正在不断调整配方，国产香氛新锐品牌层出不穷……市场竞争愈演愈烈，前路尚未可知。东方香的故事除了观夏，其他国产香氛品牌也在讲，观夏的这版"东方文化"故事，能不能经历时间的考验拥趸不减？观夏倡导的"东方新摩登"会否成为大众美学，广受追捧？

### 美学滤镜，溢价能否持续

2022年9月，野兽派香水因与名创优品为同一代工厂，但价格相差十几倍被送上热搜，广受质疑。未来随着竞争的加剧，行业的成熟，上游源头几近相同的国产香氛还能余有多大的利润空间供品牌发挥？"好故事""高颜值"能否持续支撑高品牌溢价？观夏的高端之路能否走得平顺？

### 品牌长青，增长路在何方

展望未来，观夏需要构建什么样的壁垒实现持续增长，品牌长青？是东方文化叙事赋予的品牌沉淀？是独树一帜的"东方新摩登"视觉意象？是东方香调的技术突破？还是东方香料的供应链打通？诚如观夏的文案，"时间会给出答案，你闻得见"。期待下一个五年的观夏给出的答案，散发馥郁芬芳，让国内香氛行业的同路人，及东方文化、生活方式、疗愈经济等情绪价值赛道的探索者，一起"闻得见"。

# 第十四章

FOURTEEN

## 新锐品牌洗脸熊
## ——面部美容赛道的"瑞幸"成长史

2021年9月，主打面部清洁护理的洗脸熊成立，后迅速扩张，目前已开3300多家合作门店。接下来我们将和大家探讨洗脸熊的战略定位和商业运作逻辑，希望能为新品牌创业者提供一些启发和参考。

# 第十四章
新锐品牌洗脸熊——面部美容赛道的"瑞幸"成长史

## 第一节 洞察力：市场盲区，心智空位

我们将从行业洞察、需求洞察、竞争洞察和自身洞察四个维度，来剖析洗脸熊品牌战略决策背后的逻辑。

### （一）行业洞察：市场广阔机会多

美容分为生活美容与医疗美容，两者最大的区别在于是否运用医疗手段。生活美容是指运用化妆品、保健品和非医疗器械等非医疗性手段，对人体所进行的皮肤护理、按摩等带有保养或者保健性质的非侵入性的美容护理。

我国生活美容（传统美容）市场发展成熟，已进入稳健增长阶段。我国生活美容行业发展历程可分为四个核心阶段，如表14-1所示。

表14-1 中国生活美容行业发展历程

| 发展阶段 | 特点 | 代表性事件 | 企业品牌 |
| --- | --- | --- | --- |
| 初始萌芽阶段（20世纪80年代） | ①美容机构数量较少 ②服务内容简单，以护肤和美发为主 ③主要集中在大中城市 | ①个体美容院开始兴起 ②市场尚未形成规模 | 缺乏有影响力的品牌 |
| 快速发展阶段（20世纪90年代） | ①美容机构数量迅速增加 ②服务项目和种类日益丰富 ③连锁经营模式开始兴起 | 国内外连锁美容品牌进入市场，推动行业快速发展 | 本土品牌：自然美、克丽缇娜等 |
| 品牌化阶段（2001—2012年） | ①市场竞争加剧 ②注重品牌建设和专业化发展提升服务质量和技术水平 | 行业法规和标准逐渐完善，推动行业向规范化、标准化方向发展 | 专业化、差异化定位的品牌：思妍丽、美丽田园等 |
| 多元化阶段（2013年至今） | ①消费者需求多样化 ②探索多元化服务模式和智能化技术应用 ③提升客户体验和服务效率 | ①互联网和移动互联网的普及推动线上线下融合 ②美容O2O平台崭露头角 | ①新兴品牌：河狸家、洗脸熊 ②传统品牌积极转型，引入智能化设备和管理系统 |

据 Frost&Sullivan 统计，2021 年生活美容市场规模为 4032 亿元，预计 2021—2030 年将以 5.3% 的复合增速增长至 6402 亿元。

传统美容服务业态相对成熟，市场渗透已经较大，由于日常面部及身体护理服务可缓解皮肤及身体状况，并且效果温和，消费者倾向于重复购买及频繁消费。随着消费升级和城镇化，下沉市场消费潜力更大，三线及以下城市将逐步成为美容行业的增量市场。

生活美容行业分散竞争，连锁化率较低，据 Frost&Sullivan 统计，CR5 仅为 0.7%。直营模式 TOP1 美丽田园市占率 0.2%，据中研普华统计，我国大型连锁美容院市占率为 7.5%，分店超过 100 家以上的美容企业市占率仅有 5%，比起欧美 48% 的连锁化率仍有较大的提升空间。

### （二）需求洞察：刚需高频，男士护肤正当时

**1. 市场背景与崛起**

在传统观念中，美容护肤被视为女性专属领域，男性对此关注较少。然而，随着时间推移和社交媒体影响，男性对个人形象和外貌的关注度显著提升，男士颜值经济快速崛起。这一现象在男性护肤品市场得到验证。

艾媒咨询发布《2022—2023 年中国化妆品行业发展与用户洞察研究报告》显示，2022 年男士护肤市场规模不到 200 亿，但增速高，远高于大盘，2022—2026 年预计复合增长率为 16.2%。

**2. 核心消费群体**

随着颜值消费的兴起，男性人均消费水平和女性的差距在逐步缩小，根据经济观察报报道，2021 年"五一"假期男士彩妆销量激增，县域市场同比增长 1692.6%。年轻男性成为消费主力，每 3 名

## 第十四章
新锐品牌洗脸熊——面部美容赛道的"瑞幸"成长史

买粉底的男性中就有1名95后，淘宝素颜霜购买者中95后、00后近半。

### 3. 最大需求：面部清洁

面部护理是一种更为全面和深入的护肤方式，也是生活美容服务中最基础的一项服务，它不仅包括基础的护肤步骤，还涉及更专业的护肤操作和手法。面部护理包括深层清洁、去角质、按摩、面膜等步骤，可以更深入地清洁皮肤，促进血液循环，加速新陈代谢，从而改善肤色、肤质和皮肤的弹性。

面部清洁属于面部护理的第一步，早已融入日常生活当中，这一点直接体现在洗面奶在男士群体中的高渗透率上，它在全体男性中的渗透率达到了46%，在"95后"男生中渗透率更是达到了90%。在《2022男士护肤赛道白皮书》中，不同年龄段的男士群体护肤，最大的需求都是洁面。

### 4. 需求特性：便捷精简

男性护肤的首要需求是便捷，便捷、精简护肤成为男性挑选产品或服务的标准。无独有偶，男士护肤品赛道的新锐品牌蓝系，在抖音和天猫平台上登顶男士护肤细分类目销量第一，它遵循的原则就是极简护肤。它的招牌产品是精华乳，结合了润肤水、乳液、精华、面霜四大功效，并且打出"10秒护肤"的概念，大大简化了护肤步骤。

便捷护肤在美容服务中的体现主要为门店的便利性，顾客在选择门店时的考虑因素排名第一的是交通便利。

男性护肤"不可逆"，只要开始，就回不去了，男性护肤赛道将成为化妆品市场和美容市场的最大增量。

### 5. 消费理念：拒绝套路

面部护理需求旺盛，但这些需求没有得到很好的释放，很大一部分原因在于传统美容院乱象重生，让消费者望而却步。

核心消费人群正在年轻化，尤其是 90 后和 00 后，对传统美容院的营销套路深恶痛绝。他们不屑于那些以 9.9 元为诱饵的低价陷阱，更对所谓的"免费体验"背后隐藏的高额办卡消费心知肚明。这种充满压力的消费环境让他们在做护肤美容时总是小心翼翼，生怕一不小心就落入推销的圈套。

洗脸吧作为一种专注于提供洗脸服务的新型美容业态应运而生。它们通常只提供与洗脸相关的服务，一般 6～8 个项目，明码标价，价格在 60～150 元，让消费者一目了然，自由选择，不提供任何额外的推销或隐性消费。

对于目标性强的男性消费者来说，洗脸吧更是一个理想的选择。只需按照自己的需求选择适合的洗脸服务即可，消费者可以放下心中的防备，轻松愉悦地享受专业的洗脸护理。

### （三）竞争洞察：男士美容成盲区，面部清洁争空位

#### 1. 传统品牌聚焦女性，男性市场成待开发盲区

传统的高端美容或护肤品牌主要将焦点放在中高端女性人群上。根据 Frost & Sullivan 的数据，传统美容服务的主要顾客群体年龄在 31～50 岁之间，多为城市居住的白领专业人士、管理人员、企业家及家庭主妇，其中 82.5% 为女性。这些品牌通过精致的产品包装、高昂的价格定位以及独特的品牌形象来吸引这一特定的消费群体。

我们对樊文花、克丽缇娜、美丽田园这三家传统美容机构品牌进行了对比分析，发现它们主要聚焦中高端女性人群，而大众市场和男性消费人群往往被忽视。这为洗脸熊这类主打男性用户和平价消费的美容机构提供了市场机会。传统品牌竞品对比，如表 14-2 所示。

## 第十四章
新锐品牌洗脸熊——面部美容赛道的"瑞幸"成长史

表 14-2 传统品牌竞品对比

| 品牌 | 门店数量 | 客单价范围 | 品牌定位 | 核心人群 |
|---|---|---|---|---|
| 樊文花 | 6000+ 家 | 中端 | 个性化面部护理 | 中端女性 |
| 克丽缇娜 | 4800+ 家 | 中高端价位 | 全方位护肤体验 | 中高端女性 |
| 美丽田园 | 400+ 家 | 高端价位 | 综合性美容服务 | 高端女性 |
| 洗脸熊 | 2000+ 家 | 平价 | 平价面部清洁服务 | 年轻男性 |

### 2. 洗脸服务市场定位模糊，品牌心智有空缺

随着洗脸服务市场的火热，越来越多的品牌如洗脸猫、喵拾柒、洁小白等加入其中。洗脸吧同类竞品对比，如表14-3所示。

表 14-3 洗脸吧同类竞品对比

| 品牌 | 成立时间 | 门店数量 | 品牌定位 | 主打理念 |
|---|---|---|---|---|
| 洗脸猫 | 2017 | 2000+ | 轻美容洗脸吧 | 护肤从洗脸开始 |
| 喵拾柒 | 2017 | 12 | 健康皮肤的守护者 | 舒适洗脸 |
| 洁小白 | 2019 | 500+ | 您身边的科学洗脸护肤专家 | 轻松、放心消费的美容体验 |
| 洗脸熊 | 2021 | 2000+ | 专注面部清洁护理 | 专业清洁，平价享受 |

（1）洗脸猫。

创立于2017年，2018年开放加盟，主要布局为山东及河北，可以说是洗脸赛道开创者，与洗脸猫品牌形象高度雷同，服务产品极为相似。

（2）喵拾柒。

创立于2017年，喵拾柒原名喵星人洗脸吧，最初直营为主，开放少量加盟，后因加盟店经营质量参差不齐，为保证品牌质量，于2019年暂停加盟业务，后期经调整组织架构，优化服务流程待标准化后，

于 2022 年 4 月重新开放加盟。

（3）洁小白。

成立于 2022 年，足浴采耳转型，第一批门店均为店中店模式，加盟商多为此前积累的足浴采耳加盟客户，门店转型所需。

然而，这些品牌在服务内容、定价策略等方面高度相似，宣传口号几乎都是"极简护肤""只洗脸不卖货"，缺乏独特的品牌定位和差异化优势。这种定位模糊的现象使得消费者在选择时难以区分各品牌之间的不同，品牌心智难以形成。

与此同时，洗脸熊品牌敏锐地捕捉到了男性人群洗脸市场的潜力，并果断地将其作为自身的目标市场。尽管洗脸熊从未对外宣传过"专为男士洗脸而生"，但在早期的推广和投放中，其主要目标人群为男性。洗脸熊是首个在门店宣传语里明确提出"男士、洗脸"字眼的品牌，如"男生也爱的洗脸品牌""男生女生都爱的洗脸品牌"，"精致的男生和女生从洗脸开始"等。这使得洗脸熊在消费者心目中逐渐形成了男士洗脸品牌的印象。

因此，尽管洗脸猫、喵拾柒、洁小白等品牌也在洗脸服务市场中占有一席之地，但由于其定位模糊且缺乏差异化优势，使得洗脸熊有机会通过独特的品牌定位去抢占男性洗脸市场的心智资源。

## （四）自身洞察：行业破局实干家，闪电扩张领发展

### 1. 不甘平凡的美业"鲶鱼"

洗脸熊的创始人唐华波，出身于湘桂交界的大山深处。在大学期间，他依靠勤工俭学完成了学业。2009 年，怀揣着仅有的 400 元，他来到了广州，加入了一家化妆品公司，正式踏入美容行业。凭借出色的能力和不懈的努力，他从一名普通工人逐步晋升为销售部门经理。

经过在美容行业十多年的深耕，唐华波在 2021 年决定创业。他

## 第十四章
### 新锐品牌洗脸熊——面部美容赛道的"瑞幸"成长史

深刻洞察到美容行业中的种种乱象和不公,传统美容院同质化严重,套路繁多,导致消费者面临进店难、消费难、留存难的问题。同时,他也敏锐地捕捉到了消费者对基础美容服务的需求,尤其是男性消费者,他们渴望护肤但又不希望步骤过于复杂,更不愿意被繁多的瓶瓶罐罐所束缚,极简护肤正是他们的迫切需求,这也顺应了当下"懒人经济"的潮流。

唐华波立志通过洗脸熊来改变生活美容行业的现状,他希望能够打破低频次高消费、套路消费、隐形消费的旧模式,转而推崇高频次低消费、简单直接透明、明码标价的新消费方式,让美容体验真正成为一种放松和愉悦的过程。

在江苏卫视的《闪光的创始人》节目中,唐华波分享了洗脸熊成功的核心所在——他的创业团队和合伙人团队。如今,团队中有14位小伙伴与他并肩作战长达7年之久,他们共同负责洗脸熊的市场营销、产品开发以及门店的落地运营等各大版块。在创业的道路上,唐华波始终坚守初心,秉承至善和匠人精神。他的成功之路充满了坚持和机遇,善于思考和勇于追求是他的不二法门,而努力和坚持则是他走向成功的秘诀。

**2. 超轻模式闪电式扩张**

洗脸熊之所以能快速扩张,很大程度上得益于它的"轻模式",具体体现为产品少运营聚焦、门槛低快速扩张。

产品少运营聚焦。洗脸熊核心产品为6个,全部围绕面部清洁护理,相对于其他竞品产品品类少,在洗脸熊的经营策略中,"产品少"并非劣势,反而成为其运营聚焦的关键优势。通过精简产品线,大大简化了员工的培训流程和库存管理,洗脸熊将运营重心集中在核心服务上,提升了运营效率和服务体验。

门槛低快速扩张。在洗脸熊的招商官网上能看到"小投入、大回报，快速建店，30平方米、3张床10万起就能开店"的宣传，其在创始人的专访中也表示，平均回本周期为6个月。洗脸熊通过设定较低的加盟门槛，实现了品牌的快速扩张。

综上所述，洗脸熊通过"产品少运营聚焦"和"门槛低快速扩张"两大策略，成功地在美容市场中脱颖而出。这种独特的经营模式不仅提升了洗脸熊的品牌形象和市场份额，也为众多创业者提供了一个充满机遇的创业平台。

## 第二节 定位力：洗脸赛道，高频刚需

（1）行业。

生活美容赛道大，增速稳定，集中度低，渗透率低，跟发达国家相比，还有很大的提升空间，连锁型品牌大有可为；男性颜值经济兴起，增速远高于大盘，虽目前处于萌芽期，但属于趋势性黄金赛道，势必将带动了相关产业的发展，在男性护肤品赛道已得到验证，男性生活美容赛道大有可为。

（2）需求。

面部护理成为美容刚需，年轻男性需求旺盛，在洗面奶普及程度可以体现；传统美容院乱象重生，让消费者望而却步，消费需求得不到释放，平价、便捷、透明、品质感的面部清洁护理服务呼之欲出。

（3）竞争。

传统美容院聚焦中高端女性人群，大众市场以及男性消费人群往往被忽视；同赛道品牌定位模糊，男性面部护理成为心智空缺。洗脸熊专注面部清洁护理服务，成功占领用户心智。

（4）自身。

创始人唐华波作为一名美业行业的资深老兵，既看到了美容行业中的种种乱象和不公，也看到了消费者对基础美容服务的需求，不甘平凡的自己励志改造这个行业，推出极具性价比的面部清洁服务。聚焦洗脸单一业务，产品少、投资少这种超轻的模式让品牌实现了闪电式扩张。美容服务品类分化如图14-1所示。

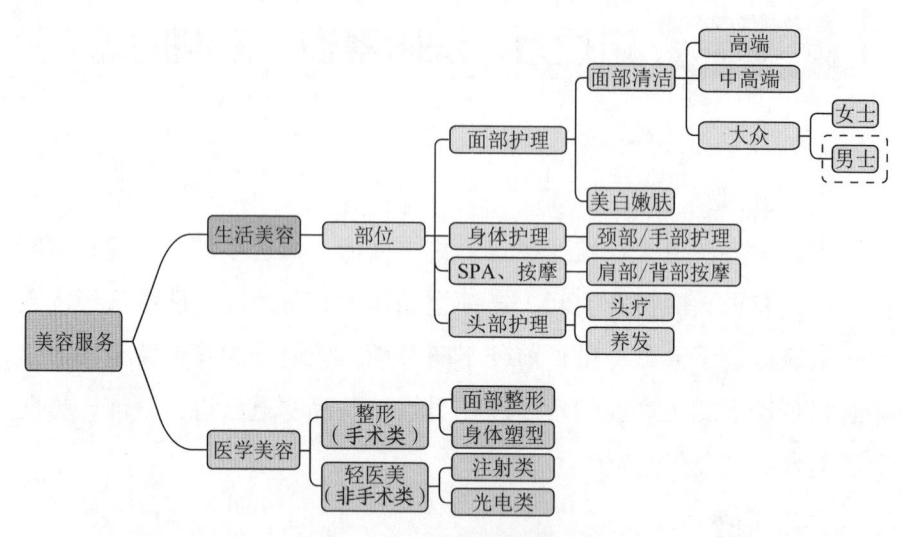

```
美容服务
├── 生活美容 ── 部位
│   ├── 面部护理
│   │   ├── 面部清洁
│   │   │   ├── 高端
│   │   │   ├── 中高端
│   │   │   └── 大众
│   │   │       ├── 女士
│   │   │       └── 男士
│   │   └── 美白嫩肤
│   ├── 身体护理
│   │   ├── 颈部/手部护理
│   │   └── 肩部/背部按摩
│   ├── SPA、按摩
│   └── 头部护理
│       ├── 头疗
│       └── 养发
└── 医学美容
    ├── 整形（手术类）
    │   ├── 面部整形
    │   └── 身体塑型
    └── 轻医美（非手术类）
        ├── 注射类
        └── 光电类
```

图 14-1 美容服务品类分化

基于上述分析，目前洗脸熊的品牌定位为：面部清洁护理平价品牌。这一定位策略的思路是，先从美容行业的边缘人群——年轻男性人群切入，通过抢先传播和市场运作，占据消费者心智后，往主流大众人群靠，垄断洗脸服务品类。

## 第三节 战略配称：配称三力

### （一）营销力：有效配称，盈利双赢

品牌定位只是战略的一部分，围绕定位建立环环相扣的运营配称才是成功之本，此部分主要内容为，洗脸熊配称体系中营销力的产品、价格、渠道、推广的具体策略，全方位探究洗脸熊成功的秘密。

**1. 产品：主打清洁极简护肤**

（1）聚焦洗脸，将清洁进行到底。

洗脸熊专注于面部清洁护理，其产品线紧紧围绕"清洁"，通过产品研发及产品服务，把清洁做透。

（2）产品研发端，持续创新改进，注重成分和安全。

专业研发实力：洗脸熊专注于面部清洁护理领域，通过深入研究和持续创新，开发出针对不同肤质、不同需求的洗护产品。除了研发还能生产，洗脸熊的产品均由自有工厂生产。

优质成分与安全性：洗脸熊注重产品的成分选择，采用天然、温和且有效的成分，确保产品的安全性和护肤效果。以山茶花净颜卸妆水为例，它的主成分为玻尿酸、山茶花、马齿苋等，具备保湿、舒缓等功效。同时，产品应用了突破性科技胶束。胶束同时具有亲水分子和亲油分子，它可以悬浮于水中，吸收皮肤上的杂质和污垢，让皮肤感觉清新和舒爽，高效完成卸妆和洁肤的任务。

在公开报道中，唐华波多次表示洗脸熊非常注重产品的研发，合伙人之一就是产品负责人，一年时间带领团队完成了三次产品迭代，创造了业内奇迹。

（3）产品服务端，6大产品将"清洁"进行到底。

氨基酸泡冲：清除面部废旧角质和毛孔堵塞，还给肌肤补足水分。

清颜泡冲：深层清洁肌肤的产品，有效清除皮肤表面的污垢和多余油脂。

超多水泡冲：利用丰富的水泡进行肌肤清洁。

亮肤泡冲：专注于提亮肤色的产品，可以改善肌肤暗沉。

眼部 SPA 泡冲：专为眼部设计的 SPA 护理产品，可以缓解眼部疲劳，淡化黑眼圈和细纹。

普拉提泡冲：结合了普拉提的理念，旨在通过肌肤护理提升面部的紧致度和轮廓。

（4）极简护肤，标准化高体验好。

洗脸熊遵循极简护肤的原则，80% 美容仪器 +20% 专业手法，属于真正意义上的物理学美容，既规避了手术美容和药理学美容的风险，又比传统护肤更有效。项目时间为 40～50 分钟，闭上眼睛睡上一觉，休息和护肤可同时享受，更重要的是，做完不用收拾瓶瓶罐罐，让护肤变得更简单、更轻松。

洗脸熊的六大产品服务均采用了高度标准化的操作流程和使用说明，不仅体现在每一步骤的明确指示，还包括了操作时长的精准控制以及所需使用的具体产品，大大提升了消费者体验，无论是初次尝试还是多次回购，消费者都可以清楚地知道每一步骤的内容和目的，增加了对服务过程的信任感和满意度，且在不同门店之间的体验保持了一致性。此外，明确的操作时长也让消费者能够更好地安排自己的时间，提升了整体的服务效率。

### 2. 价格：极致性价比得人心

（1）极致性价比策略。

洗脸熊将过去价格高昂和只有少数人消费得起的美容服务，变成

## 第十四章
### 新锐品牌洗脸熊——面部美容赛道的"瑞幸"成长史

了平价、便捷的"量贩式"服务,打的王牌就是极致性价比。性价比不仅仅是低价普通服务,而是让消费者有价值感,而极致性价比就是有高价值感,价值感=可感知的价值-价格,当可感知价值越高,价格低时,高价值感就会凸显。

根据洗脸熊官网显示,洗脸熊的服务项目价格通常在 68～158 元之间,这个价格区间在美容行业属于低价格带,广大的受众都能消费得起,而洗脸熊提供的服务就可以媲美高端美容院,所用的仪器都属于高端仪器,产品自研功效强、手法和普通美容院并无差别,基于"高感知价值"和"低价"这两个变量,洗脸熊"极致性价心智"被成功塑造。

(2)价格透明无套路。

洗脸熊作为美容行业的一条"鲶鱼",把透明消费深入了"骨髓","只洗脸,不卖货"六个字出现在了每一家门店的显眼位置。

洗脸熊的所有服务项目都进行明码标价,消费者在选择服务前就能清楚地知道所需支付的费用,杜绝了隐形消费和额外费用的产生,让消费者消费时更放心和安心。

### 3. 渠道:全域营销稳扎稳打

(1)线上全渠道火力全开。

洗脸熊诞生于 2021 年,此时各类线上基础设施已完备,移动互联网高速发展,以瑞幸咖啡为代表的互联网打法得到验证并迅速普及开来,新兴品牌在渠道打法和策略上站在巨人的肩膀上即可。洗脸熊团队基于以往经验和移动互联网基础设施,在线上多个渠道布局,全方位获取流量。

1)官方网站与电商平台建设。

洗脸熊建立了功能完善的官方网站和电商平台,提供了详细的产品信息、购买指南和售后服务等。

2）线上线下融合。

洗脸熊的运营对标瑞幸的新零售模式，总部做用户数量，门店承载流量方式。洗脸熊将门店惯用的线下拓客手法全部搬到线上，由总部统一执行，通过小程序、抖音账号、企业微信直接触达 C 端客户。这种线上线下相互引流的方式有效地提升了门店的客流量和销售额。

（2）线下全覆盖精细选址。

1）门店网络全覆盖，最大化网罗人流。

洗脸熊围绕地铁沿线和主要商圈及商场布局门店。根据城市交通研究数据，地铁作为城市快速交通的重要组成部分，日均客流量巨大。选择地铁沿线布局门店，意味着洗脸熊能够直接接触到高流动性的潜在顾客群体。此外，地铁站点周边往往形成商业聚集效应，有利于品牌曝光和口碑传播。

2）有效差异性选址，实现门店价值最大化。

在众多品牌争夺一楼黄金位置的时候，洗脸熊另辟蹊径，在重要商圈通常选择楼栋的 2 层开设门店。这种布局策略避免了高昂的租金成本，同时为顾客提供了一个相对安静、私密的消费环境。

## 4. 推广：饱和攻击速立品牌

品牌定位有四种方法，其中之一就是抢先定位抢先传播，洗脸熊成立于 2021 年 9 月，比其他竞品成立都晚，为何能快速出圈，靠的就是压倒性抢先传播 + 快速建立品牌背书。

（1）压倒性投入抢先传播。

洗脸熊在品牌推广上几乎是压倒性投入，创始人唐华波在采访中表示，洗脸熊赚的钱几乎都投入了品牌推广。2023 年营收 3 亿元，品牌推广就花了 1.3 亿元。

2023 年 4 月，洗脸熊品牌广告覆盖了广州地铁的 26000 个广告屏，全天候、无死角的覆盖。这种持续、高频次的曝光，无疑有助于

## 第十四章
### 新锐品牌洗脸熊——面部美容赛道的"瑞幸"成长史

加深消费者对品牌的印象和认知。

2023年11月,洗脸熊与分众传媒达成战略合作,将携手分众传媒布局全国重点城市,通过在分众电梯媒体的饱和式投放,抢占主流消费人群心智。

在传统电视媒体投放上,洗脸熊也是火力全开,2024年洗脸熊携手IPTV登陆四大卫视,江苏卫视、浙江卫视、东方卫视、湖南卫视跨年晚会,与众多明星一起同屏贺新年,开启品牌宣传新征程。

线上方面,虽然具体的投放数据和案例没有公开报道,但可以看到,洗脸熊在社交媒体、搜索引擎、视频网站等网络平台上也进行了大量的广告投放和推广。以抖音平台为例,过去的一年,洗脸熊的关键词搜索指数平均值为1.5万,而竞品洗脸猫、洁小白、喵拾柒分别只有1万、1005、104。

线上广告与线下广告形成互补和协同,进一步扩大品牌的覆盖范围和影响力,正是这种压倒性投入抢先传播,使得洗脸熊在同品类中流量能保持领先。

(2)快速建立品牌背书。

1)明星代言人。

代言人也是品牌实力的一种体现,2023年6月,洗脸熊选择了具有阳刚气质和广泛粉丝基础的男明星古天乐作为代言人,有效地传递了品牌的专业性和可靠性。相比其他竞品,除洗脸猫的代言人为林志颖外,洁小白和喵拾柒均无代言人,且洗脸猫代言人公布晚了3个月(洗脸猫2023年9月公布代言人)。

2)视频矩阵建立。

洗脸熊充分利用了短视频平台的流量优势,制作了多支生动有趣的短视频广告,展示了产品的独特卖点和使用效果。洗脸熊的每一家门店都有一个抖音账号,3000家门店就意味着3000个账号,这些账号形成了强大的矩阵，不仅为品牌带来了巨大的免费流量，更重要的是提升了品牌的知名度和影响力。

### 5. 营销力总结

洗脸熊品牌通过全方位的营销策略成功打造了其市场地位。在产品方面，它专注于清洁极简护肤，注重产品研发与优质成分，提供六大专业服务。价格策略上，它主打极致性价比，透明无套路，吸引广大消费者。渠道布局上，它线上线下全域营销，精细选址以最大化网罗人流。在推广方面，它采用压倒性投入抢先传播，快速建立品牌背书，包括明星代言和短视频矩阵，有效提升了品牌知名度和影响力。

门店开起来容易，持续健康活下来难，如何健康活下去是所有连锁品牌商共同的考题。通过官方了解到洗脸熊的存活率为98%，这个成绩放在任何一个连锁品牌都是一骑绝尘。洗脸熊超高门店存活率的秘密到底有哪些，具体做了哪些动作，我们将从组织力和供应力两个维度一起来探究。

## （二）组织力：赋能孵化，直管共赢

### 1. 傻瓜式运营管理

洗脸熊总部团队会聚了一批拥有多年资深开店经验的专业人士。他们历经市场的洗礼，深谙美容行业的经营之道，对于门店的运营、管理、营销等各个环节都有着丰富的实践经验。

为了更好地支持门店的运营，洗脸熊总部引入了专业管理SaaS系统，系统具备拓客、锁客、留客一体化管理，会员管理体系系统化，科学管理会员，拥有多人在线预约功能。这套系统集成了门店管理的各个环节，实现了门店运营的全面数字化和智能化。这套系统，帮助门店高效地处理日常事务，实现了服务质量和客户体验提升。

# 第十四章
新锐品牌洗脸熊——面部美容赛道的"瑞幸"成长史

更为重要的是，洗脸熊总部的这套成熟体系具有很强的可复制性。无论是新开门店还是加盟门店，都可以快速上手，轻松掌握门店运营的核心要领。这样为加盟商降低了运营成本，提高了经营效率，进而提高了门店存活率。

### 2. 保姆级服务指导

洗脸熊，作为一个成立不到三年的品牌，能做到年开千家门店，且保持极高的存活率，其背后离不开一个强大的运营团队的支持。一支由 108 位精英组成的运营团队，是洗脸熊稳健发展的坚实后盾。

他们通过深入的市场调研和精准的数据分析，为洗脸熊量身定制了一套科学、系统的开店指南，涵盖了从选址、装修、招聘、培训、营销等多个方面的 21 个关键步骤，每一步都经过反复验证，确保每一家洗脸熊门店都能在最短的时间内实现盈利。

## （三）供应力：政策落地，流量扶持

### 1. 落地的加盟政策

洗脸熊为加盟商提供了一系列切实可行的加盟政策，包括优惠的加盟费用、完善的培训体系、持续的市场支持等。洗脸熊通过提供全面的加盟支持和服务，帮助加盟商快速开店、稳定经营。

### 2. 赋能型流量扶持

洗脸熊全渠道布局，在不同的媒体、不同的渠道都有相应的建设，总部统一做流量、门店承接流量。

洗脸熊充分利用了互联网的传播优势，早在品牌成立之初，就已在百度、搜狗等搜索引擎进行了关键词优化。此外，品牌在美团、大众点评等生活服务平台上也建立了自己的店铺，通过优惠券、团购等促销活动吸引消费者下单体验。

2023 年洗脸熊开始与电视台等主流媒体达成合作，这标志着品牌的营销策略进入了新的阶段，通过投放电视媒体不仅能够覆盖更广泛的受众群体，还有效提升品牌的公信力和影响力。

美团作为标配，抖音成新宠，洗脸熊全域营销再获佳绩。在数字化营销的大潮中，洗脸熊品牌再次证明了其敏锐的市场洞察力和出色的营销策略。美团作为每个新店的必配平台，为洗脸熊带来了稳定的客流和订单。

洗脸熊的组织力和供应力体现在，采用了一种独特的总部直接赋能孵化的模式，具体表现为主要为专业 SaaS 系统运营、保姆级服务指导、切实可行的加盟政策以及赋能型流量扶持。通过总部的全面支持和专业指导，使得门店能够在激烈的市场竞争中脱颖而出，实现超高的成功率。

### 总结与展望

洗脸熊作为一个初创品牌，能在不到三年时间内，开三千多家合作门店，且还能保持极高的存活率，这在任何一个行业都可以称为奇迹。众所周知连锁门店的长期稳健经营确实是所有品牌方的一个共同的挑战，而洗脸熊已取得阶段性成功。我们总结了其成功的公式：定位力（有效差异化）＋营销力（压倒性投入抢先传播）＋组织力（赋能式运营管理）＋供应力（流量扶持）。

**定位力**（有效差异化）

洗脸熊专注于面部清洁护理服务，紧扣男士护肤便捷和极简需求，率先打出"男士、洗脸"口号，始终贯彻"只洗脸、不卖货，只服务、不推销"的经营理念。这种有效的差异化品牌定位，至少在现阶段抢占了"男士洗脸"这个空位心智，使得消费

## 第十四章
### 新锐品牌洗脸熊——面部美容赛道的"瑞幸"成长史

者在众多美容品牌中识别和选择洗脸熊。通过极简的业务模型，实现了快速占领市场的目的。

**营销力**（压倒性投入抢先传播）

洗脸熊在品牌推广上压倒性投入进行抢先传播，线上线下大规模的广告投放、社交媒体营销、KOL 合作、创始人上电视节目等，在极短时间内提高了洗脸熊的品牌知名度和曝光率，吸引了更多潜在消费者，在一定程度上占据了消费者心智。

**组织力**（赋能式运营管理）

洗脸熊全面系统地为加盟商赋能，洗脸熊具备高效的运营管理能力，通过精细化的店面管理、降低了运营成本，提高了经营效率。

**供应力**（流量扶持）

洗脸熊注重加盟商流量扶持，总部在美团、抖音等主流平台通过统一运营获取流量，帮助加盟商快速获客、稳定经营，保证了极高的门店存活率，同时也扩大了品牌的市场覆盖面。

综上所述，洗脸熊通过以上因素实现了连锁门店的健康经营。这些因素共同作用，使得洗脸熊在激烈的市场竞争中脱颖而出，成为消费者信赖和喜爱的品牌。

从竞争的维度来看，洗脸熊未来面临的风险主要包括以下几个方面。

**流量陷阱**

美容行业是一个竞争非常激烈的市场，随着消费者对美容需求的不断增长，越来越多的品牌和资本进入这个市场，随着竞争加剧，营销成本也在不断上升。随着流量见底，超高的流量成本最终将反噬品牌，如果洗脸熊无法有效控制营销成本，或者营销投入与回报不成比例，可能会陷入无尽的流量黑洞。

**模仿抄袭**

由于洗脸熊的经营模式和服务理念在市场上取得了一定的成功，势必会引来更多的竞争对手的模仿和抄袭。这将对洗脸熊的品牌形象和市场地位造成一定的冲击，需要洗脸熊不断创新和升级自身的经营模式和服务理念，以保持差异化竞争优势。

**价格战危机**

在美容行业，价格往往是消费者选择服务的重要因素之一。如果竞争对手采取低价策略进行市场竞争，必然会对洗脸熊的平价策略造成压力。洗脸熊需要在保证服务质量的前提下，合理制定价格策略，以吸引和留住消费者。

综上所述，从竞争的维度来看，洗脸熊未来面临的风险包括流量陷阱、模仿抄袭以及价格战危机。为了应对这些风险，洗脸熊需要不断提升自身的品牌实力和服务质量，加强创新和升级自身的经营模式和服务理念，同时密切关注行业动态和市场变化，及时调整经营策略以保持竞争优势。

# 第十五章

FIFTEEN

## 霸王茶姬
## ——茶饮界的"霸王传奇","五力战略"全能冠军

在2024年5月21日的"国际茶日现代东方茶创新论坛"上，霸王茶姬创始人张俊杰向外界披露了2023年以来霸王茶姬的部分经营数据。

4500家：霸王茶姬的全球门店数量已突破4500家，仅2023年就增加了超过2000家门店，门店年增长率达到233%。

2.3亿杯：其招牌茶饮"伯牙绝弦"2023年都能卖出2.3亿杯，这一销售数字刷新了茶饮界的销售纪录。

1.3亿人：截至2024年5月20日，霸王茶姬的注册会员数量已突破1.3亿人。

108亿元：2023年霸王茶姬GMV108亿元，预计2024年销售额将达到200亿元，已经位列中国头部茶饮品牌。据弗若斯特沙利文数据，按2023年的零售额计算，前五大市场参与者分别为蜜雪冰城、古茗、茶百道、沪上阿姨与喜茶，GMV分别为440亿元、192亿元、169亿元、104亿元及90亿元。

众所周知，茶饮赛道早已拥挤不堪，上有高端品牌喜茶、奈雪的茶降价挤压，下有平价品牌蜜雪冰城低价通杀，中间品牌以书亦烧仙草、古茗、茶百道、沪上阿姨为代表的四个"五千店成员"一路跑马圈地。作为一个成立不到7年的茶饮新品牌，是如何在茶饮红海中破圈立足的，又是如何实现快速扩张的？

为了探寻霸王茶姬的成功秘诀，我们研究了大量的资料并对部分行业专家进行了访谈，深入挖掘了它的商业模式和经营策略。我们将通过"洞察力、定位力、营销力、组织力、供应力"这五个维度的战略模型对其进行深入分析，探寻其成功的秘密。

霸王茶姬，来自云南的新中式国风茶饮品牌，成立于2017年11月，主打原叶鲜奶茶，将东方文化与茶事传承、创新结合一体，打造东方新茶铺，以东方茶，会世界友。6年时间霸王茶姬从中国西南地区走向国内超过30个省市（自治区），并在东南亚的马来西亚、新加

## 第十五章
### 霸王茶姬——茶饮界的"霸王传奇","五力战略"全能冠军

坡、泰国开店。

霸王茶姬的发展历程大致可以分为三个阶段。

原点期:2017年11月,霸王茶姬在云南省昆明市五一路开设了第一家门店,标志着品牌的诞生。这个阶段,霸王茶姬主要在云南市场进行深耕,积累了初步的市场经验和消费者群体。

成长前期:2018—2019年,霸王茶姬开始逐步扩张,进入广西、贵州等市场,总门店数超过360家,成为西南地区国风茶饮的头部品牌。这个阶段,品牌开始受到资本市场的关注。

2021年上半年,完成超过3亿元的A轮和B轮融资,为后续的快速扩张提供了资金支持。

成长中期:2021年9月,成都春熙路旗舰店开业,单日销量突破3600杯,单月GMV突破百万元,显示出品牌的强劲增长势头。

2022—2023年,霸王茶姬继续扩张,全球门店数突破1400家,其中海外门店超过70家,品牌影响力进一步扩大。

2023年,霸王茶姬在长沙开设首批6家门店,正式进入湖南市场,实现内地市场的全覆盖。品牌开始在全国范围内进行更深入的扩张和布局。

2024年,根据张俊杰的规划,霸王茶姬计划在海外市场进一步发力,预计在欧美区域选址开设新门店,标志着品牌开始进入全球化发展的新阶段。

## 第一节　洞察力：找到行业机会

### （一）行业：高速增长的黄金期

茶饮指的是以茶、水果、奶等为主要原料的现场加工制售的饮品店的统称。根据中国连锁经营协会制定的《现制茶饮的术语和产品分类》定义，现制茶饮是以茶或茶汤为原料，添加乳、乳制品、新鲜水果、水果制品、谷物、新食品原料等食品和食品添加剂，添加或不添加茶顶，经过现场加工制作的液体或半固体或固液混合物，以供消费者直接饮（食）用的产品，也称新式茶饮。

回顾我国茶饮行业的发展，大致可以分为三个阶段。

**1.0 阶段：粉末时代**（1990—1995 年）**——以珍珠奶茶为主**

在这个阶段，珍珠奶茶成了茶饮市场的代表性产品。珍珠奶茶起源于台湾，以其独特的口感和丰富的配料深受消费者喜爱。

这个阶段主要是以粉末冲调的奶茶为主，产品既不含茶也不含奶，主要由奶精、奶茶粉、合成剂及人工色素等调制而成，价格低廉。

此阶段因还未明显的品牌化，所以无代表品牌。

**2.0 阶段：街头时代**（1995—2015 年）**——"茶叶 + 牛奶"的街头阶段与粉末调制阶段**

随着茶饮市场的进一步发展，我们进入了"茶叶 + 牛奶"的街头阶段。这一时期，茶饮店开始在街头巷尾大量出现，这些茶饮店以茶叶和牛奶（或奶精）作为基础原料，通过不同的调配比例和口味创新来吸引消费者。

同时，为了提高制作速度和降低成本，部分茶饮店开始采用粉末

## 第十五章
霸王茶姬——茶饮界的"霸王传奇","五力战略"全能冠军

状的奶茶原料进行调制,进入了"粉末调制阶段"。

代表品牌有 CoCo 都可、一点点、蜜雪冰城。

**3.0 阶段:新式茶饮时代**(2015 年至今)**——以鲜果鲜奶为主的新式茶饮阶段**

随着消费者对健康和品质的追求日益增加,新式茶饮应运而生,开启了 3.0 阶段。

新式茶饮不仅注重口感,还在视觉效果、店面装修、服务态度等方面下功夫,力求为消费者提供更加舒适和高品质的茶饮体验。

代表品牌有喜茶、奈雪的茶、乐乐茶、茶百道、沪上阿姨。

我们把时间的指针调拨到 2017 年霸王茶姬成立伊始,那时正值茶饮市场高速发展,根据艾媒发布的《2022 年上半年中国新式茶饮行业发展现状与消费趋势调查分析报告》,2017 年其增长率高达 97.6%,在其成立的第二年,也就是 2018 年其增长率更是高达 136%。短短 5 年,中国现制茶饮的市场规模由 2016 年的 291 亿元增长至 2021 年的 2796 亿元,年复合增长率为 57.23%。可以说霸王茶姬一成立就踏上了高速发展的列车。

茶饮行业因为进入门槛低,行业总体上较为分散,所以前期粗放式发展,市场集中度较低。随着行业进入品牌化发展阶段,优势品牌快速扩张,规模效应日益显著,集中度逐渐在提高,根据灼识咨询数据,前五大现制茶饮店品牌份额由 2020 年的 38.5% 提高至 2023 年的 44.3%。

随着优势品牌快速扩张,规模效应日益显著,与之相对应的茶饮行业连锁化率也在不断提升,2017 年连锁茶饮店占现制茶饮店总数的比例为 35.6%,2022 年为 51.7%。

(1)大众茶饮占比提升,下沉市场成为新的增长点。

在经济下行和消费升级两股趋势力量的相互作用下,大众茶饮,

也就是中档茶饮占比不断提升。大众现制茶饮已占了一半的市场份额，2017年占比就高达53%。虽然在2019年、2020年两年因新冠疫情等因素有所下滑，但2022年又重新恢复到52%，且保持稳步增长。

与之相对的，高端茶饮占比有所下滑，从2021年的13%下降至2022年的12.7%，预计2025年将下降至11%，性价比消费已成为主旋律。

下沉市场正逐渐演变为茶饮行业的重要增长点。国内主要奶茶品牌的起步经营集中在北上广深等一线城市以及江浙一带。这些地区人口密集、经济发展程度高，居民消费水平较高，办公核心区域集聚了大量白领阶层，生活节奏快、接受新事物的能力高，是奶茶品牌发展的重点战略区域。美团数据显示，2016—2018年一线城市茶饮店数量的增长远不及其他低线城市，三线及以下城市现制茶饮店增长率高达138%。

（2）外卖普及助推渗漏率提升。

随着现代生活节奏的加快以及数字化技术的不断进步，茶饮外卖市场的渗透率正在稳步提升。这主要得益于外卖平台和各类应用程序的广泛普及。据统计，从2018年至2023年，国内现制茶饮通过外卖渠道实现的零售额由2018年的297亿元大幅增长至2023年的1391亿元，年复合增长率高达36.2%。外卖已经成为茶饮行业的重要销售渠道，对茶饮行业的增长起着巨大的推动作用。

## （二）需求：多元需求成就趋势品类

### 1. 真健康成为强需求

根据美团数据，2017年新茶饮消费者女性占比为76%，30岁以下人群占比为71%。年平均购买次数为3次，新茶饮逐渐成为年轻女性的一种时尚单品和生活需要。Z世代消费者对品质、价格、体验的需求不断增加，追求高品质体验、定制化和个性化服务。高颜值的产品

## 第十五章
霸王茶姬——茶饮界的"霸王传奇","五力战略"全能冠军

体验是 Z 世代消费者的重要考虑维度。她们对健康饮品的需求增加,更倾向于选择健康、安全、纯天然的茶饮品牌。随着消费者健康意识的提升,对少糖、少脂等健康茶饮产品的需求逐渐增长。

据餐宝典数据显示,消费者在选择现制茶饮时,会综合考虑产品本身如口感、健康与包装,品牌口碑与门店风格,以及销量排名与他人推荐等方面。其中,口感、品牌和健康因素位列前三,显示出消费者不仅追求美味的口感和吸引人的外观,而且注重健康因素。随着茶饮市场竞争加剧,口感与品牌差异日趋减少,健康已成为行业竞争的新焦点。过去,茶饮常与不健康画等号,因多喝奶茶进医院的新闻屡见不鲜。但如今谁能落实真正的健康理念,谁就能赢得市场。

**2. 需求分化趋势明显**

在茶饮市场中,除了健康强需求外,消费者的需求也正逐渐多元化。

以下三组关键词正是对茶饮市场消费需求的详细洞察。

(1)品质与服务。

茶饮的品质和服务质量是消费者关注的重点。他们期待高品质的茶饮,同时也希望获得优质的服务体验。消费者渴望茶饮店能够提供更加标准化和专业的服务,确保每次的茶饮体验都能达到预期。同时,他们也希望茶饮店能够提供更多个性化的服务,如定制化茶饮、会员特权等。

(2)个性化与创新。

在追求个性化的时代,消费者希望茶饮品牌能够提供独特且创新的产品和服务。传统的茶饮产品已经无法满足消费者对新鲜感和个性化的需求。他们渴望尝试更多新颖、有趣的茶饮口味和搭配。

(3)社交与文化认同。

茶饮不仅是一种饮品,也是一种社交和文化符号。消费者在选择

茶饮品牌时，会考虑其与自己身份和价值观的契合度。茶饮品牌如果具有独特的品牌文化和价值观，那么消费者会更容易产生共鸣和认同感。

### （三）竞争：中高端价位有空位

茶饮品牌按价格带分，分为 10 元以下的平价品牌、10～20 元的中档品牌和 20 元以上的高端品牌。值得注意的是，在头部茶饮连锁企业中，除了蜜雪冰城定位于平价市场外，其他如茶百道、古茗、沪上阿姨等品牌大多集中在 10～15 元的中端价格带。这意味着在这个价格区间内，各品牌之间的竞争尤为激烈。但 15～20 元这个价格区间，除了茶颜悦色，还没有头部品牌，相对来说是个空白市场，霸王茶姬巧妙地定在了这个价格区间。茶饮行业竞争格局，如图 15-1 所示。

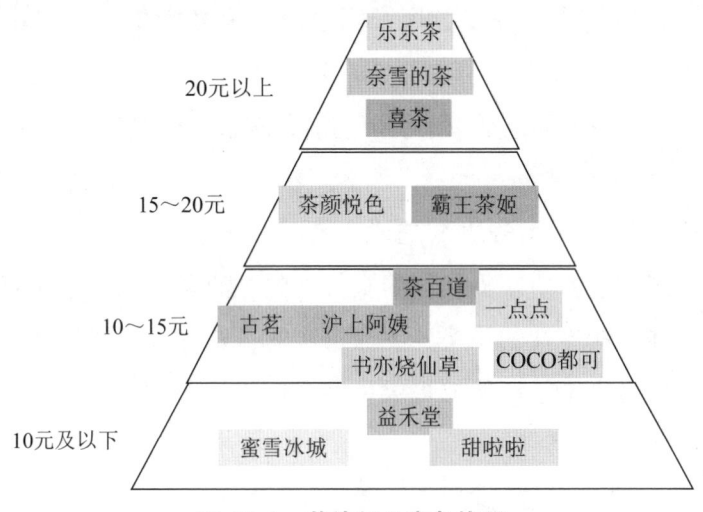

图 15-1 茶饮行业竞争格局

从竞争格局来看，2017 年鲜果茶品类已经到了白热化程度，同台竞技的品牌均实力相当，茶百道、古茗、沪上阿姨等品牌都是 TOP 级选手，新品牌想进入这个赛道，胜出的概率极低。

主打新中式奶茶赛道似乎就没那么拥挤了，原叶鲜奶茶开创者茶

## 第十五章
霸王茶姬——茶饮界的"霸王传奇","五力战略"全能冠军

颜悦色名声在外,需求早已得到验证,长沙市中心的三五步一店,还需排长队就是最好的证明。但茶颜悦色多年来未走出湖南,给了后来者霸王茶姬超越的机会。

原叶鲜奶茶作为一个趋势型品类,在 2017 年前后也带动了一众品牌的诞生,代表品牌有茶理宜世、茶话弄、爷爷不泡茶。同类品牌(新中式奶茶)竞争格局,如表 15-1 所示。

表 15-1 同类品牌(新中式奶茶)竞争格局　　(单位:元、家)

| 品牌及创立时间 | 品牌定位 | 核心产品 | 均价 | 门店数量 | 优势 | 劣势 |
| --- | --- | --- | --- | --- | --- | --- |
| 茶理宜世 2016 年创立于广州 | 粤式新奶茶 | 鲜奶茶 水果茶 | 18.5 | 441 | 差异化定位,广东区域优势 | 品类的广谱性稍弱 |
| 茶话弄 2016 年创立于西安 | 世界好茶 | 鲜奶茶 | 16.4 | 934 | 差异化定位,全球布局 | 品牌特色不明显 |
| 爷爷不泡茶 2018 年创立于武汉 | 新中式香片茶饮 | 香片茶 水果茶 | 14.85 | 385 | 差异化定位,价格相对优势 | 品牌特色不明显 |
| 茶颜悦色 2015 年创立于长沙 | 国风茶饮品牌 | 鲜奶茶 | 18.44 | 560 | 新中式奶茶开创者,品牌知名度高 | 竞争激烈,区域困境 |
| 霸王茶姬 2017 年创立于昆明 | 新中式国风茶饮,东方茶 | 原叶鲜奶茶 | 18.52 | 4092 | 差异化定位、地域原料,规模优势 | 竞争激烈,高低挤压 |

## (四)自身:胆识和格局筑入品牌基因

2010 年,辍学多年且年仅 17 岁的张俊杰,以一名普通店员的身份进入了"大维饮品"。他凭借着自己的努力和出色的表现,仅用了 3 年时间,就从店员晋升为店长、区域督导,甚至一度成为云南地区的

运营负责人。

他接手过一家经营不善的加盟店，面对奶茶店偏僻的地理位置，张俊杰并没有退缩，反而开辟了两条创新渠道来改善经营。一方面，他推出了外卖服务，虽然当时还没有外卖平台，但他通过发放传单，让顾客可以通过电话订购奶茶。另一方面，他在离奶茶店一公里的小学的小卖部旁设立了销售点，通过实际的销售成果打动了小卖部的老板，成功打开了销路。

在张俊杰的精心管理下，这家奶茶店起死回生，营业额最高一天可到八九千元。创业的种子，正是在那个时候在他的心中悄然生根发芽。

2017年2月喜茶在上海的火爆开业，张俊杰敏锐地意识到现制茶饮市场正逐渐走向集中化，未来的竞争将是强者之间的较量。他深知，如果再不下场一搏，就可能错失这个黄金机会，霸王茶姬至此诞生。

## 第二节 定位力：锚定趋势品类

从行业、需求、竞争和自身的全面洞察中，战略机会清晰可见。

（1）行业。

茶饮行业步入成熟阶段，行业增速放缓，经济下行和消费升级双重趋势让中档品牌空间更大，城镇化加速和外卖的普及让三线及以下城市成为新的增长点。茶饮行业2016—2021年复合增长率为57.23%，霸王茶姬在2017年创立便搭上了高增长的行业快车。

（2）需求。

茶饮主流消费者为年轻女性，健康、品质、个性和社交、文化属性既是她们的需求，也是成功茶饮品牌的关键词。在口感和品牌都难以拉开差距的当下，攻克健康难关成为茶饮行业最后的堡垒机会。原叶鲜奶茶，因为更健康、更天然，符合消费者的需求趋势。

（3）竞争。

从竞争格局来看，鲜果茶赛道已成红海，新晋品牌想要崭露头角机会渺茫，新中式鲜奶茶作为趋势型品类，更健康、具备文化属性和社交价值受到越来越多的年轻人追捧，以茶颜悦色为代表的品牌已经验证。另外，15～20元的价格带区间，头部品牌只有茶颜悦色，相对来说是个空位，存在阶段性的战略机会。

（4）自身。

创始人草根创业，对一线市场敏感，有梦想、有胆识、有谋略。

根据市场洞察和我们的综合研究，一张茶饮行业的品类分化图清晰可见，如图15-2所示。

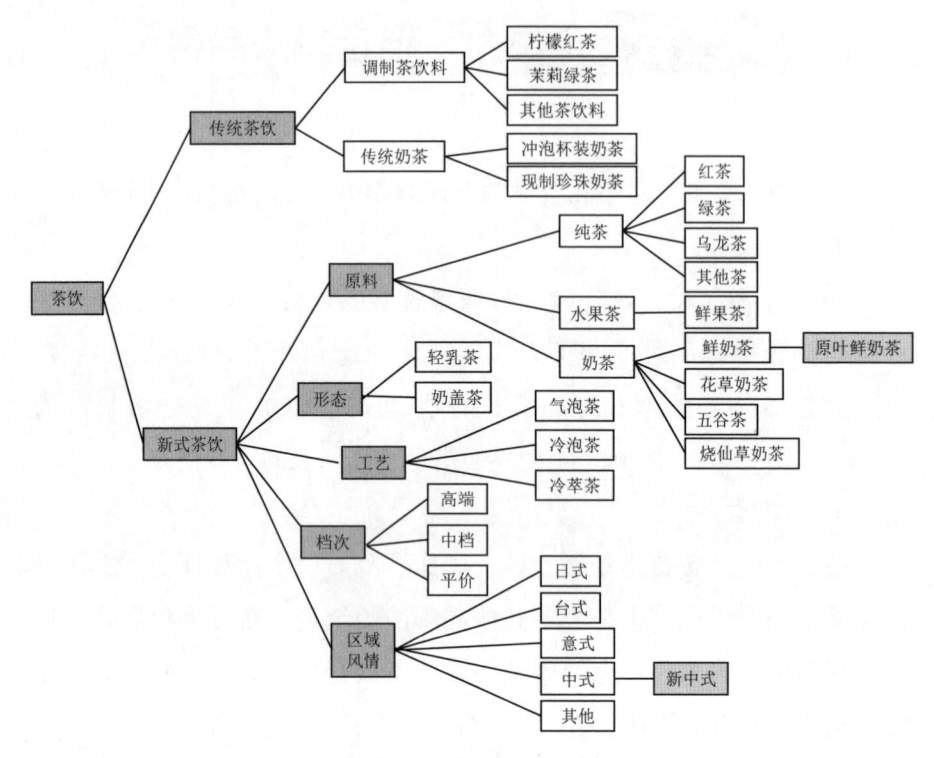

```
                        ┌─ 柠檬红茶
            ┌─ 调制茶饮料 ─┼─ 茉莉绿茶
            │            └─ 其他茶饮料
    ┌ 传统茶饮┤
    │       │            ┌─ 冲泡杯装奶茶
    │       └─ 传统奶茶 ──┴─ 现制珍珠奶茶
    │
    │                              ┌─ 红茶
    │                              ├─ 绿茶
    │              ┌─ 纯茶 ─────────┼─ 乌龙茶
    │              │                └─ 其他茶
    │       ┌ 原料 ┼─ 水果茶 ──── 鲜果茶
茶饮┤       │      │                ┌─ 鲜奶茶 ── 原叶鲜奶茶
    │       │      └─ 奶茶 ─────────┼─ 花草奶茶
    │       │                       ├─ 五谷茶
    │       │       ┌─ 轻乳茶       └─ 烧仙草奶茶
    │       ├ 形态 ─┤
    │       │       └─ 奶盖茶
    │       │             ┌─ 气泡茶
    └ 新式茶饮┼ 工艺 ──────┼─ 冷泡茶
            │             └─ 冷萃茶
            │       ┌─ 高端
            ├ 档次 ─┼─ 中档
            │       └─ 平价
            │       ┌─ 日式
            │       ├─ 台式
            └ 区域  ┼─ 意式
              风情  ├─ 中式 ──── 新中式
                    └─ 其他
```

图 15-2　茶饮品类分化

霸王茶姬创始人曾在公开场合说："虽然水果茶市场前景看好，但我是个识时务的人。在这个领域，我既打不过，也耗不起。"

他转而将目光投向了原叶茶与鲜奶的结合，这种茶也被称为茶拿铁。2017 年，全国范围内仅有茶颜悦色涉足这一领域，而当时茶颜悦色还未走出长沙。

原叶鲜奶茶的产品定位与张俊杰对霸王茶姬的品牌愿景不谋而合——成为"东方星巴克"，将东方茶文化带向全球，服务 100 个国家的消费者。

一方面，"茶＋奶"与"咖啡＋奶"的组合有着异曲同工之妙，同样具有提神醒脑的效果。随着中国国力的提升和文化自信的增强，

# 第十五章

霸王茶姬——茶饮界的"霸王传奇","五力战略"全能冠军

茶文化也具备了向全球传播的基础。

另一方面,与水果茶相比,原叶鲜奶茶的供应链更易实现标准化,品质控制也更为简便。在张俊杰的眼中,制作茶拿铁有望使霸王茶姬成长为一家具有全球影响力的企业。也许你这就能理解张俊杰在当时做出的战略选择。

霸王茶姬的品类选择是新中式原叶鲜奶茶。

霸王茶姬的品牌定位是现代东方茶、"东方星巴克"。

# 第三节　战略配称：配称三力

## （一）营销力：从模仿者到茶饮新标杆

### 1. 产品：大单品策略

霸王茶姬的大单品策略是其品牌成功的关键之一，霸王茶姬明确选择了原叶鲜奶茶作为其大单品策略的核心产品。霸王茶姬选择的原叶鲜奶茶品类，正是基于云南这一世界茶叶之乡的原材料优势。霸王茶姬成功地将地域和文化优势转化为产品优势，为原叶鲜奶茶品类注足了价值。

霸王茶姬专注于将基本款做到极致，通过规模化生产降低成本，提高效率，由于产品线的集中，供应链得以简化，原料成本得到优化，例如茶叶的价格稳定性要优于水果茶中的各类水果。以招牌单品"伯牙绝弦"为例，这款产品早已实现了机械标准化操作，可以将口味差异点控制在千分之一，最快8秒就可以出杯。

大单品策略不仅聚焦了心智，还撑起了销售额，其中3款爆款单品持续保持70%左右的销售占比，招牌产品"伯牙绝弦"一年卖出1亿多杯，2023年其销量为2.3亿杯，销售额占比在30%以上，销量前三款销售额占比为70%。

"伯牙绝弦"，是一款原叶鲜奶茶，它的名字灵感来源于中国古代"高山流水"的故事。

在产品制作上，"伯牙绝弦"选用了优质的茉莉雪芽搭配新鲜的牛乳，经过精心调配，呈现出清新而馥郁的口感。茉莉的香气与鲜乳的醇厚相互交融，既保留了传统茶饮的韵味，又融入了现代奶茶的时尚口感。此外，精美的包装设计更是增加了产品的观感价值，使得

## 第十五章
霸王茶姬——茶饮界的"霸王传奇","五力战略"全能冠军

"伯牙绝弦"不仅是一款美味的饮品,更是一件值得欣赏的艺术品。

霸王茶姬一直以来都身陷产品模仿的争议之中,尤其在早期,它甚至被戏称为"山寨"版的茶颜悦色。

这两个品牌在品牌logo、产品名称设计以及线下门店风格上都展现出了显著的相似性。以logo为例,茶颜悦色的logo以红色为底,上面印有"中国风美女图",其品牌定位是追求"新中式趣致生活"。而霸王茶姬早期的logo同样以红色为底,但上面印的是"戏剧美女图",其品牌定位则聚焦于"新中式国风茶饮"。

模仿,或许能为企业带来短期的关注和利益,但长期来看,这仅仅是一种权宜之计,无法为企业构筑持久的核心竞争力。真正能够让品牌在激烈的市场竞争中脱颖而出的,唯有持续的创新。

霸王茶姬深谙此道,在不断被质疑模仿的压力下,霸王茶姬没有选择逃避,而是以创新为动力,积极寻求突破,进行了一系列的产品创新。

在研发过程中,霸王茶姬始终坚持真健康原则,严格筛选原料,如"冰勃朗非氢化基底乳"等高品质成分,确保每一款饮品都达到高标准的健康要求。他们不仅实践了"清爽低负担、控糖更健康"的理念,更向消费者做出了对纯净、健康茶饮体验的坚定承诺。

2023年,霸王茶姬再次以创新引领行业,实施了健康透明化策略。他们率先公开产品热量和营养成分,让消费者能够明明白白消费。更进一步的是,霸王茶姬推出了热量计算器,提供饮品各项营养成分的详细数据,甚至考虑到不同产品容量、甜度及温度的变化,充分体现了"健康到透明"的创新理念。

为了更进一步提升透明度,霸王茶姬还独创了"茶饮产品身份证",详细列出饮品的所有成分及其营养价值、来源和特有风味。

根据上海市健康指导委员会的工作要求,霸王茶姬对所有产品品

类进行了标注，并分成 ABCD 四个等级，越靠近 A 级越健康，所含的糖量也越少。

通过这一系列创新举措，霸王茶姬成功摆脱了模仿的印象，展现了一个品牌应有的创新基因。他们以实际行动证明，模仿只是阶段性的战术，而创新才是品牌发展的长久之计。

### 2. 价格：找准空位做实坐稳

（1）中高端定价通吃两端。

霸王茶姬将自己定位在中高端市场，价格区间为 15～20 元。通过中高端定价，霸王茶姬避免了与高端品牌（如喜茶、奈雪的茶等，其价格策略定位在 20～35 元）的直接竞争，同时也与低端品牌有所区分。让霸王茶姬在市场中找到了一个相对独特的位置，减少了直接竞争的压力。根据窄门餐眼的数据，中档品牌千店规模的四个品牌，除了古茗均价 15.2 元，其他三个，茶百道（均价 14.8 元）、沪上阿姨（13.9 元）、书亦烧仙草（12.3 元）均价均不在这个区间内，而与茶颜悦色的 18.4 元均价接近，但霸王茶姬与茶颜悦色的规模相比已然不是一个量级，同等的价格，霸王茶姬显然更有优势。15～20 元的价格区间适中，既能满足消费者对品质的追求，又不会给消费者带来过大的经济压力。且在同档次品牌中，15～20 元的价格区间相对不那么拥挤。中高端定价策略还有助于提升霸王茶姬的品牌形象。在消费者心中，价格往往与品质、档次相关联。霸王茶姬的中高端定价策略让消费者对其产品品质产生了更高的信任感和期待值。

霸王茶姬中高端定价不仅吸引了喜茶、奈雪的茶等品牌的低端用户，还成功吸引了茶百道、书亦烧仙草等品牌的高端用户，从而在中档品牌中占据了高价位的优势地位。

（2）高价值感名副其实。

霸王茶姬以其高品质的产品和服务，成功塑造了名副其实的高价值感。它强调使用优质原料，如"冰勃朗非氢化基底乳"，并提供"0奶精、0植脂末、0氢化植物油"的健康饮品，这些特色为其提供了定价的依据。

它强调健康透明化，推出的"茶饮产品身份证"和"热量计算器"增加了产品的透明度，提升了消费者对品牌的信任感，从而为较高的价格提供了合理性。

霸王茶姬的产品具有极高的文化属性，不仅提供味觉上的享受，还融入了中国传统文化元素，增加了产品的文化和情感价值，这也是其能够实施较高定价策略的原因之一。

霸王茶姬的产品和门店设计具有较高的颜值和社交分享价值，使得消费者愿意为产品的社交货币属性支付更高的价格。

霸王茶姬通过其高品质原料、健康透明的产品理念、深厚的文化底蕴以及高颜值的社交属性，共同构建了名副其实的高价值感。这种高价值感让消费者觉得每一分钱都花得"值"。

### 3. 渠道：站在巨人肩膀上起飞

（1）国内：选取最优"非典型"打法。

茶饮行业的扩张战略存在着两种主流模式。一种策略是通过开设小巧的街边店铺，以较低的产品价格迅速占领市场，这种方式常见于如蜜雪冰城和古茗等品牌。它们以农村包围城市的策略，通过高密度地布局店铺，深入渗透到城市的每个角落。而另一种策略则是直接在城市的繁华商圈开设大型门店，借助高人流量的优势快速打响品牌知名度。

然而，霸王茶姬却独辟蹊径，选择了一条非典型的扩张之路。它在充分吸取上述两种策略精华的基础上，形成了自己独特的发展模式。起初，霸王茶姬在云南立足，采用了类似农村包围城市的策略，通过攻占竞争相对不那么激烈的三线城市，逐步在区域内建立起稳固的市场地位。一旦在这些区域获得成功，它便转向第二种策略，即占领城市的商业制高点，在繁华地段的中心位置开设大型门店，以此提升品牌的整体势能。

2022年至2024年，霸王茶姬战略性地连续攻占了多个高线城市中的顶级商业地段，包括广州的正佳广场、成都的春熙路以及长沙的国金街。为了成功进驻这些标志性的核心点位，霸王茶姬不仅运用了直营和加盟的传统方式，还巧妙地采用了联营策略，例如在广州正佳广场的布局中，就充分体现了其灵活多变的运营模式。

霸王茶姬的这种"非典型"的渠道策略，使得霸王茶姬如同站在巨人的肩膀上起飞，既能够迅速占领市场，又能够在关键位置展现品牌的强大势能，从而实现更高效、更稳健的市场扩张。

（2）海外：踏着前人的步伐稳步前行。

霸王茶姬在国内市场取得一定成功后，开始向海外扩张，如在东南亚等地区开设门店，逐步实现全球化布局。霸王茶姬出海路线走得很稳健，这不仅是因为海外市场存在着巨大的增长空间，更因为有先行者蜜雪冰城的成功经验可以借鉴。蜜雪冰城作为出海较早的茶饮品牌，已经在海外市场取得了显著的成就。他们自2018年起，在越南、印度尼西亚等多个国家开设了数千家门店。这一成功案例为霸王茶姬提供了宝贵的经验和参考，证明了茶饮品牌在海外市场的潜力和机会。

2022年，中国和东南亚的现制饮品消费量仍然较低，但预计到2028年将会有近三倍的增长。尤其是东南亚市场，其现制饮品市场规模预计将以高达20.3%的复合年增长率快速扩张。霸王茶姬紧跟这一趋势，借鉴蜜雪冰城的成功经验，成功开启了海外扩张之路。

（3）线上：下重金建立流量池。

霸王茶姬为了深化品牌影响力，优化客户获取渠道，并有效降低获客成本，公司决定投入巨资组建自己的DTC团队，并同时成立专业的IT组织。这一战略举措的核心目的在于构建并夯实品牌的私域领域。

## 第十五章
霸王茶姬——茶饮界的"霸王传奇","五力战略"全能冠军

通过组建 DTC 团队,霸王茶姬期望能够更加精准地洞察消费者需求,实现与消费者的直接沟通与交互。

与此同时,成立 IT 组织是霸王茶姬布局数字化、智能化的重要一步。这个组织将专注于利用先进的技术手段,如大数据分析、云计算、人工智能等,来支持 DTC 团队的工作,进一步精细化管理顾客数据,优化顾客体验。

私域流量的建立,是霸王茶姬这一战略举措的终极目标。通过掌握和运营自己的私域流量,品牌不仅可以减少对第三方平台的依赖,还能有效降低获客成本,提高营销效率和用户黏性。

### 4. 推广:追求最强存在感

(1)"争议"成为流量密码。

近年来,霸王茶姬的"存在感"越来越强了,成了名副其实的茶饮品牌"热搜一哥"。

霸王茶姬通过模仿大牌设计元素,成功吸引了大量网友的关注和讨论。2021 年,品牌推出了新 logo,其简洁的配色和强烈的视觉冲击力与星巴克的 logo 设计颇为相似,在网络上引发了热议。

随后的 2022 年,霸王茶姬在庆祝其 5 周年之际,受云南茶马古道的启发,推出了全新包装设计。有趣的是,这款新包装在款式和插图风格上与迪奥的经典包装极为相似,激起了网友们的讨论热情。

2024 年,霸王茶姬继续沿用这一策略推出了几款新包装,分别借鉴了 LV 的花纹、GUCCI 的颜色以及香奈儿的山茶花等元素。这些模仿大牌的设计,使得霸王茶姬的每一款新包装都能迅速在网络上引起关注。

虽然模仿大牌设计的做法引发了一定的争议,有网友批评其抄袭行为,但也有粉丝为其辩护,指出大牌之间互相借鉴也并不少见。不可否认的是,无论评价如何,都为霸王茶姬带来了巨大的网络流量和知名度。

2024年5月17日，霸王茶姬新品"万里木兰"上市，5月20日，有网友发帖称，"因为本身体质不好贫血，喝完浓茶反应比较强烈"，其喝完"万里木兰"后出现心悸疼痛。诸多网友也表示喝完"万里木兰"后会失眠。

对此，霸王茶姬客服回应，该款新品是红茶茶底，茶多酚和咖啡因含量较高，易造成神经系统兴奋，如果顾客对茶多酚过敏，建议停用，严重的应立即就医。此回应引发了更多的争议讨论，5月22日，"霸王茶姬万里木兰不建议晚上喝"这一话题引发讨论，随后冲上微博热搜榜。

这次新品风波让霸王茶姬又一次成功破圈，在这个注意力经济时代，争议已成为霸王茶姬获取流量的一个重要密码。

（2）花式促销赢流量。

霸王茶姬花式促销玩法层出不穷，如5周年活动中就有双人云南游、品牌大秀邀请函、终生八折优惠、买三赠一、邀新注册送5折券、节日生日免单券，新品体验官等多种优惠和福利，这些富有创意和趣味性的促销方式，不仅提升了顾客的参与度和期待感，也为霸王茶姬赢得了大量的流量和关注。

截至2024年5月31日，在小红书上，关于霸王茶姬的笔记就有103万多篇，在抖音平台，霸王茶姬话题播放量高达98.5亿人次，同类品牌茶颜悦色话题34亿人次，茶饮其他头部品牌，除了"一哥"蜜雪冰城外，其他品牌热度都没霸王茶姬高，茶百道76.2亿人次，沪上阿姨66.8亿人次，喜茶81.2亿人次，书亦烧仙草25.8亿人次，霸王茶姬已成为茶饮圈的"流量大咖"。

### 5. 节奏：扩张之路稳准狠

霸王茶姬作为行业后起之秀，想要成为头部品牌，快速扩张是它的迫切需求，因为茶饮品牌的壁垒之一就是规模，规模意味着供应链和品牌优势，但留给霸王茶姬摸索的时间显然不多，在它2017年成立之初，就有几家头部品牌具有规模意识，霸王茶姬必须迅速而果断地采取行动。然而，在扩张的道路上，霸王茶姬并没有慌乱无章，反而是以常识为指导，有条不紊地分阶段推进。

（1）以云南为根据地。

2017年恰逢中国茶饮市场升级重塑的关键时刻。那时，新式茶饮开始兴起，消费者对高品质、有文化底蕴的茶饮需求日益增长，霸王茶姬应运而生，以国风茶饮为特色，迅速在云南市场站稳脚跟，通过在本地市场建立品牌知名度和口碑，为后续扩张打下坚实基础。

（2）区域性逐步扩张。

在稳固了云南市场之后，霸王茶姬并未立即进军一线城市，而是选择在周边地区三线城市进行逐步扩张。在成长期，他们看准了广西、贵州等市场的潜力，快速融资，半年不到就完成超3亿元的A轮和B轮融资，果断进行区域扩张。

（3）更大范围内的快速扩张。

在区域性扩张取得成功后，霸王茶姬开始在全国范围内进行快速扩张。2023年其进军湖南市场，实现内地市场的全覆盖，同时积极拓展海外市场。霸王茶姬在2023年前只有1000家店，而到了2023年就迅速开了2300多家店。

### 6.营销力总结

霸王茶姬以"东方茶"为核心定位，从产品创新、价格策略、渠道拓展、营销推广到市场节奏把控，五大维度精心布局，成功构筑起坚实的品牌防线，彰显了其深厚的营销功底和品牌运营能力。

## （二）组织力：共同愿景塑造强大组织

通过一些公开报道我们总结了霸王茶姬建立驱动性组织的几点心法。

### 1. 明确企业愿景与目标

霸王茶姬以"以东方茶会世界友"为愿景，致力于推广茶饮文化至全球。此愿景为团队提供明确指引，并增强其使命感。企业设定了宏大的 2026 年"星辰大海"目标，进一步提升了团队凝聚力和斗志。同时，霸王茶姬积极承担社会责任，在北京及河北水灾中捐款 1000 万元，之后在甘肃地震中又捐款 500 万元，展现了企业的担当与爱心。

### 2. 吸引与选拔顶尖人才

霸王茶姬注重人才的引进和培养。张俊杰亲自挖角各领域的顶尖人才，如 IT、3C 等领域的专家，例如担任首席财务官的万晖，他曾在华为担任全球财务副总监；负责供应链的付熙，曾在喜茶担任供应链总监。这些具有丰富经验和专业能力的人才，提升了团队的整体素质和竞争力。

### 3. 塑造团队文化与价值观

霸王茶姬注重团队塑造，鼓励成员持续学习与进步，培养战略与策略并重的思维模式，并通过共同奋斗加深团队情感。企业以用户价值观为导向，推崇"员工至上，顾客次之，股东再次"的核心理念。为实践对听障人士的关怀，霸王茶姬在杭州开设了首家"无声"门店，全聋哑员工团队通过手语与 iPad 提供服务，解决了约 30 位听障人士的就业问题，是企业文化真实的践行。

### 4. 强化领导力与沟通协作

张俊杰作为领导者，展现出了强大的领导力和战略眼光。他能够与团队成员保持开放、透明的沟通，及时了解和解决团队面临的问题。同时，他鼓励团队成员之间的协作与分享，促进了信息的流通和知识的共享。这种领导力和沟通协作能力为霸王茶姬的团队打造了高效、和谐的工作环境。

# 第十五章
霸王茶姬——茶饮界的"霸王传奇"，"五力战略"全能冠军

## 5. 创始人"吸才"特质

作为一个草根创业者，张俊杰并没有接受过正规的高等教育，也没有显赫的背景或丰富的资源，那么他是如何打造出一支超强团队的呢？他究竟有何魅力，能够吸引如此多的行业精英加入呢？他的非凡之处又体现在哪些方面呢？通过一些公开访谈和一些与他接触过的自媒体分享，我们总结了几条张俊杰的人格特点。

（1）远见与决心。

从创业初期，张俊杰就决心打造全中国年轻人都知道的品牌，并计划将霸王茶姬推向全球。远见和决心为团队提供了一个清晰、宏大的目标，是吸引顶尖人才和保持团队凝聚力的关键。

（2）持续学习。

张俊杰注重自我提升，他的学习路径包括阅读一手资料、向他人学习和通过实践积累经验。这种学习态度使他能够不断吸收新知识，提升领导力，从而更好地引领团队。

（3）惜才与用人。

他极度惜才，善于利用外部资源，包括战略咨询、设备商、设计公司等。他通过给予合作方合理的回报，成功集百家之长，加速了品牌的发展。

（4）胸襟与勇气。

面对外界的评价，张俊杰有足够的胸襟去接受，同时坚持自己的价值观和判断。

霸王茶姬能够实现闪电式扩张，离不开其精准的市场洞察力和敏锐的时代感。同时，核心人才也为品牌的快速发展提供了有力保障，我们来看一下这支超强团队阵容。

万晖：首席财务官，原华为全球财务副总监。

付熙：供应链负责人，曾任华为德国和俄罗斯供应链负责人，以

及大疆和喜茶的供应链总监。

胡维仁：产品负责人，曾任贡茶和喜茶的产品部总监。

陆冕：运营负责人，曾是茶煮 KRAFTEA 的联合创始人。

这个顶尖团队集智能硬件经验、全球化业务管理、行业爆品开发、茶饮连锁营运四大核心能力于一身。

智能硬件经验：促进茶饮工艺标准化，提升门店效率。

全球化业务管理：解决全球化中的财务和供应链难题，确保库存销售平衡，维持稳健现金流，为投资者增强信心并精准预测发展。不少连锁餐饮品牌在财务和供应链上因为轻用人而栽跟头，这也许就是霸王茶姬反超其他品牌的原因之一。

行业爆品开发：霸王茶姬常被诟病缺乏原创，多模仿同行热销产品。然而，像素级模仿也是一种能力，能节省试错成本，弥补人才不足。并非所有模仿者都能抓住销售节点成功上新。

茶饮连锁营运：茶饮连锁营运能力关键在稳中求进。快速扩张并非难事，真正的挑战在于持续稳定发展。实现从网红到长红的转变，需要强大的大盘营运能力，虎头局、熊猫不走等便是前车之鉴。

### 6. 组织力总结

霸王茶姬的组织力源于独特的心法和创始人特质。清晰的企业愿景、顶尖人才选拔、团队文化与价值观塑造，以及领导力与沟通强化，构建了高效团队。创始人张俊杰的远见、决心、学习精神、惜才及广阔胸襟成为团队凝聚力的典范，构成了霸王茶姬组织力的核心。

## （三）供应力：数字化构建核心壁垒

### 1. 全球化供应链构筑核心壁垒

霸王茶姬在激烈的茶饮市场竞争中脱颖而出，其门店数量已突破

# 第十五章
霸王茶姬——茶饮界的"霸王传奇","五力战略"全能冠军

4500家,这一里程碑式的成就背后,彰显了其卓越的供应链能力和管理能力。茶饮行业的低壁垒环境意味着任何品牌都需要在细节上追求卓越,以确保持续的竞争优势,以下是其策略和具体做法。

(1)标准化产品策略。

霸王茶姬主打原叶鲜奶茶,相较于鲜果茶,原叶鲜奶茶更容易实现标准化,在降低供应链管理难度的同时,还提高了整体运营效率。

(2)成本控制。

通过优化供应链,霸王茶姬在原材料采购、仓储、运输等环节实现了成本优势,进一步提升了其市场竞争力。

(3)全球化布局。

霸王茶姬致力构建东方茶的全球连锁品牌,其供应链布局也相应地具备了全球化视野。通过在目标市场建立全资子公司或办事处,开设直营店验证市场接受度,再逐步推进多店经营和加盟模式,霸王茶姬在全球范围内实现了供应链的快速响应和灵活调整。

(4)数字化、智能化管理。

霸王茶姬运用物联网技术、数字化工具等现代化管理工具,实现了供应链的透明化、高效化管理。霸王茶姬通过实时监控运输车辆的位置和环境参数,以及建立完善的应急处理机制,能够确保供应链的稳定性和可靠性。

(5)全产业链协同。

霸王茶姬理解的品牌"出海"不仅仅是单一经营单元的"出海",而是供应链、物流、装修、设计、乳制品等所有生态公司的全产业链协同"出海",有效提升了整体竞争力和抗风险能力。

综上所述,霸王茶姬的供应链策略和布局体现了其对标准化、成本控制以及全球化、数字化、全产业链协同的高度重视和深入实践。这些策略和布局为霸王茶姬的快速发展和全球化布局提供了有力支撑。

## 2. "投资型加盟"稳健扩张之道

霸王茶姬的加盟策略是采用"投资型加盟"模式，加盟商投资并获取分红，而公司全权负责经营管理，通过严格筛选加盟商和高标准选址，确保品牌快速且稳健地扩张，具体做法如下。

（1）投资型加盟模式。

霸王茶姬采用的是"投资型加盟"或"托管型加盟"模式。加盟商只需获取品牌方指定的铺面位置并承担相关成本，而铺面的经营管理权则完全交给公司。

（2）严格的加盟商筛选标准。

霸王茶姬对加盟商有严格的要求，包括年龄、工作经验、闲置资本等方面。

（3）高标准的门店选址。

霸王茶姬的门店近40%布局在大型商场的核心位置，尤其是门口的显眼处，以参照星巴克和喜茶的选址策略，从而增加品牌曝光度和客流量。

（4）直营模式先行打磨门店模型。

霸王茶姬会先通过直营模式来打磨和优化门店运营模型，以更好地掌握市场真实需求和优化品牌展示。在模型成熟后，再通过加盟模式快速扩张市场份额。

2024年国际茶日·现代东方茶创新论坛，霸王茶姬发布的"1+1+9+N"（1个中控+1个直营店+9个联营店+N个加盟店）的加盟模式，再次验证了"投资型加盟"策略下的链式反应。

## 3. 供应力总结

霸王茶姬通过轻资产大单品策略，全面整合其供应体系。采用先进的机器设备进行制茶，不仅确保了每一杯茶的口感都能达到标准化

# 第十五章
霸王茶姬——茶饮界的"霸王传奇","五力战略"全能冠军

和一致性,还显著提高了生产效率。这种现代化的生产方式,为霸王茶姬品牌的快速扩张提供了强大的后勤保障,使其能够在激烈的市场竞争中保持领先地位。

**总结与展望**

到这里,本章已经接近尾声了,我们回顾一下整篇文章内容,文章在洞察力、定位力、营销力、组织力、供应力五个方面深度剖析了霸王茶姬这个成立仅 6 年的茶饮新秀品牌。

霸王茶姬的成功公式可以总结为:洞察力(找准趋势品类)+定位力(有效差异化)+营销力(持续破圈)+组织力(超强阵容)+供应力(创新模式)。

**洞察力**(找准趋势品类)

霸王茶姬选取原叶鲜奶茶作为主打品类,既符合当下和未来更健康的趋势,又具有中国特有文化属性。在原料端鲜奶 + 茶叶,品牌发源地云南又坐拥地域优势,天然具有心智优势,在产品工艺上,由于原料简单,天然具备效率优势。最重要的是避开了鲜果茶这个竞争激烈的品类,错位竞争是霸王茶姬成功的关键。

**定位力**(有效差异化)

当国内茶饮品牌还在茶饮赛道中厮杀时,霸王茶姬凭借非凡的胆识和格局,率先将品牌定位为"东方茶","以东方茶,会世界友",对标星巴克,初心就是做世界级品牌,这一定位成功与其他茶饮品牌区隔开来。借着中国的崛起、文化出海的势能,品牌已占据一定的高度。

**营销力**(持续破圈)

不管是"抄袭模仿"的争议,还是各类花式促销,霸王茶

姬总能成功吸引消费者的注意力，一次又一次的热搜霸榜，既是"钞"能力的体现，也是软实力的一种体现，毕竟不差钱的品牌多了去了。

**组织力**（超强阵容）

共同愿景的自驱型组织和超强阵容的核心团队，为公司的快速扩张提供了源源不断的能量，人才正如血液为身体各个部位输送养分和氧气一样。"高质量的新鲜血液"，让公司始终保持旺盛的生命力和创新力，为公司的发展壮大奠定了坚实的基础。

**供应力**（创新模式）

霸王茶姬站在前人的肩膀上，创新式地开创了投资性加盟模式，也就是"1+1+9+N"的加盟模式，既避开了加盟"割韭菜"的嫌疑，又减少了直营自身高风险难扩张的风险。这种稳健又快速的打法，助推了霸王茶姬闪电式的扩张。

这些能力的养成，体现了其超强的融资能力，这也是其成功的重要因素之一。其超强融资能力具体表现在以下几点。

融资规模和速度，在短短半年时间内，霸王茶姬就完成了 A 轮和 B 轮融资，累计金额超过 3 亿元。这样的融资规模在新茶饮行业中是相当显著的。

融资背后的支持，霸王茶姬的融资由多家顶级投资机构领投和跟投，如 XVC、复星等。这些机构在业界具有极高的声誉和影响力，它们的参与不仅为霸王茶姬带来了资金，还为其提供了宝贵的行业资源和经验。

通过大规模、连续的融资活动，霸王茶姬不仅获得了充足的资金支持，还得到了顶级投资机构的认可和助力。这些因素共同推动了霸王茶姬在新茶饮市场的崛起和成功。

# 第十五章
## 霸王茶姬——茶饮界的"霸王传奇","五力战略"全能冠军

站在竞争维度,展望未来,霸王茶姬依然存在着一些潜在风险。

**竞争加剧**:近年来虽然霸王茶姬品牌知名度逐渐提升,但仍须面对众多竞争对手的挑战,品牌与产品同质化现象也日益严重。如果霸王茶姬无法持续创新,保持其产品的独特性和吸引力,这可能会导致市场份额的减少和销售额的下滑,从而影响霸王茶姬的盈利能力。

**品牌风险**:霸王茶姬的茶饮产品强调使用原茶作为基底,这虽然给消费者带来了独特的口感,但也增加了食品安全的风险。如果原料质量把关不严,可能会导致饮品安全问题,从而对品牌形象造成损害。霸王茶姬采取极度依赖加盟商的商业模式进行快速扩张,这种模式的标准化管理和食品安全控制难度较大。

**财务风险**:大规模投资和高昂的营销费用带来的流动性风险,为了持续扩张和提升品牌势能,需要进行大规模的投资。这些投资势必会对企业的流动性带来压力,造成财务风险。

**国际市场风险**:海外市场的不确定性,霸王茶姬计划在美国上市,并积极拓展海外市场。然而,国际市场的文化、法律和商业环境都与国内存在显著差异,这增加了国际业务的不确定性和风险。

综上所述,霸王茶姬在未来的发展中需要密切关注市场动态和竞争态势,制定合理的投资策略和营销计划,加强内部管理和品牌建设,以降低潜在风险并确保持续稳健的发展。

## 第十六章

SIXTEEN

鸭鸭羽绒服

——4 年从 8000 万到 150 亿的高增长打法

鸭鸭羽绒服诞生于1972年，在20世纪80年代占据了国内羽绒服市场的1/3份额，成为家喻户晓的国民品牌。然而2019年线上销售GMV仅有8000万元体量，但是随后的四年，线上销售GMV却跑出了疯牛般的速度，2023年已突破150亿元大关，创造了业界的销售奇迹。鸭鸭羽绒服的发展历程，如图16-1所示。

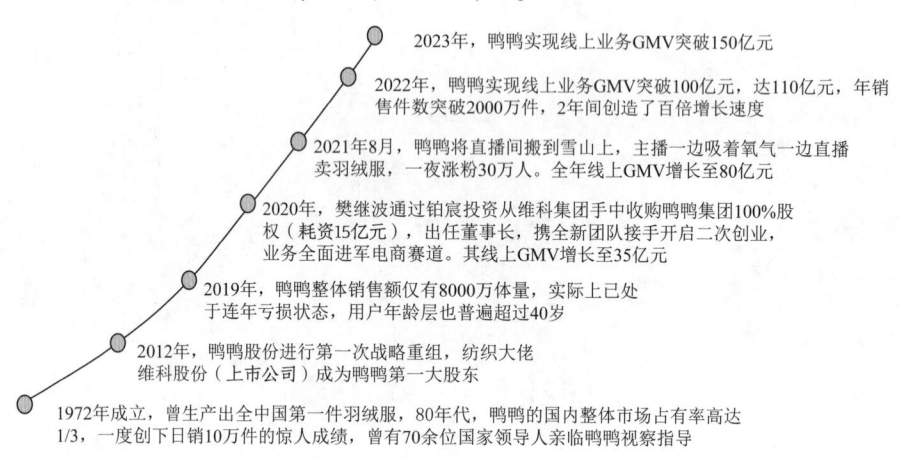

2023年，鸭鸭实现线上业务GMV突破150亿元

2022年，鸭鸭实现线上业务GMV突破100亿元，达110亿元，年销售件数突破2000万件，2年间创造了百倍增长速度

2021年8月，鸭鸭将直播间搬到雪山上，主播一边吸着氧气一边直播卖羽绒服，一夜涨粉30万人。全年线上GMV增长至80亿元

2020年，樊继波通过铂宸投资从维科集团手中收购鸭鸭集团100%股权（耗资15亿元），出任董事长，携全新团队接手开启二次创业，业务全面进军电商赛道。其线上GMV增长至35亿元

2019年，鸭鸭整体销售额仅有8000万元体量，实际上已处于连年亏损状态，用户年龄层也普遍超过40岁

2012年，鸭鸭股份进行第一次战略重组，纺织大佬维科股份（上市公司）成为鸭鸭第一大股东

1972年成立，曾生产出全中国第一件羽绒服，80年代，鸭鸭的国内整体市场占有率高达1/3，一度创下日销10万件的惊人成绩，曾有70余位国家领导人亲临鸭鸭视察指导

**图 16-1　鸭鸭羽绒服的发展历程**

鸭鸭羽绒服的发展历程，不仅见证了一个传统国货品牌的崛起与变迁，更彰显了其在不断创新和适应市场变化中，实现品牌转型升级和持续发展的辉煌篇章。鸭鸭羽绒服的战略发展历程，按照时间脉络可划分为六个鲜明的阶段，如图16-2所示。

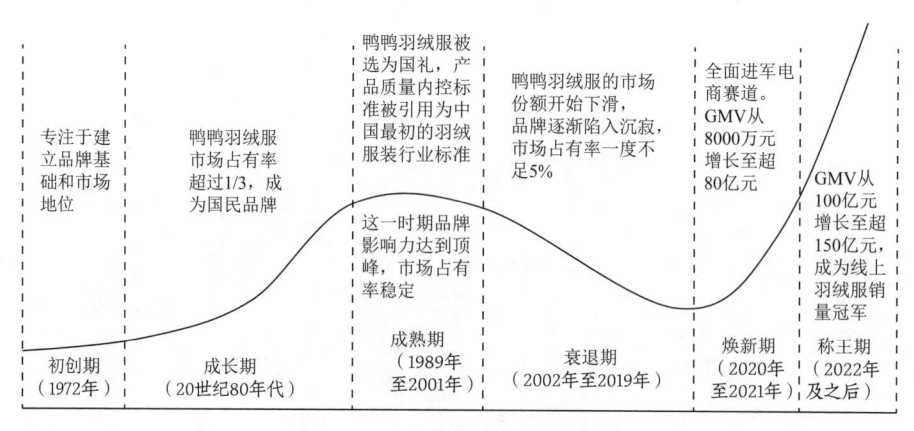

| 初创期（1972年） | 成长期（20世纪80年代） | 成熟期（1989年至2001年） | 衰退期（2002年至2019年） | 焕新期（2020年至2021年） | 称王期（2022年及之后） |
|---|---|---|---|---|---|
| 专注于建立品牌基础和市场地位 | 鸭鸭羽绒服市场占有率超过1/3，成为国民品牌 | 鸭鸭羽绒服被选为国礼，产品质量内控标准被引用为中国最初的羽绒服装行业标准。这一时期品牌影响力达到顶峰，市场占有率稳定 | 鸭鸭羽绒服的市场份额开始下滑，品牌逐渐陷入沉寂，市场占有率一度不足5% | 全面进军电商赛道。GMV从8000万元增长至超80亿元 | GMV从100亿元增长至超150亿元，成为线上羽绒服销量冠军 |

**图 16-2　鸭鸭的 6 大战略阶段**

# 第十六章

鸭鸭羽绒服——4年从8000万到150亿的高增长打法

## 第一节 重构洞察力

接下来我们重点分析鸭鸭焕新期和称王期的战略及配称动作。

**1. 接盘侠很善于洞察**

2020年,鸭鸭迎来了股份重组和二次创业的新纪元,而引领这一变革的核心人物便是樊继波。

樊继波,1984年出生,江苏宿迁沭阳人,自南京师范大学毕业后,踏上了创业之路。26～35岁,他创立多家公司,36岁,他开始涉足投资领域,担任共青城铂宸投资有限公司、共青城苏瑞投资有限公司执行董事兼总经理,同时成为A股上市公司万林物流的董事长。更为引人注目的是,他同时接任了鸭鸭股份公司董事长兼总经理的重任。

在加入鸭鸭之前,他还为雅鹿羽绒服提供电商代运营服务,并凭借出色的运营能力,在短短一年内将雅鹿羽绒服的电商业务从零做到了20亿元。

**2. 品类与渠道都有大机会**

将时间轴调拨到2020年前后,那时的行业是一个什么状态呢?我们以2018年羽绒服行业数据来分析。

(1)洞察羽绒服品类的趋势。

中国羽绒服消费市场空间巨大:根据中信证券研究部研报显示,中国的羽绒服普及率竟然不足10%,这与日本高达70%和欧美国家35%的普及率相比显得尤为不足。中国的羽绒服行业已经发展成为一个庞大的市场,其零售规模高达1375亿元。2014年至2018年,按照羽绒服厂商的营业收入来计算,市场规模从693亿元增长到1069亿元，年化增速高达 11.4%。这个增长速度远超过服装行业从 2014 年至 2018 年的年化 6.4% 的增速。预示着羽绒服市场有望继续保持这样相对较快的增长速度。

（2）洞察销售渠道的趋势。

站在 2020 年的节点可以看到，当时两大兴趣电商平台抖音、快手日活跃用户数噌噌往上涨。新渠道孕育着新的机会。

抖音的日活跃用户数（DAU）经历了显著的增长历程。2018 年，其用户数量急剧攀升。到了 2019 年 1 月，抖音的 DAU 已经达到了惊人的 2.5 亿人。到 2020 年 1 月，抖音日活跃用户数已经冲破 4 亿人大关。

与此同时，快手也展现出强劲的用户增长势头。早在 2018 年，快手的国内 DAU 就已经稳稳地站在了 1.6 亿人以上。进入 2019 年，日活跃用户数突破了 3 亿人大关。到了 2020 年，快手的 DAU 达到了 3.743 亿人。这两大平台的用户增长数据均显示了短视频行业的蓬勃生机和巨大市场潜力。

抖音电商的探索之旅始于 2018 年，经过两年的试水，终于在 2020 年 6 月正式成立了电商业务部门。而快手也于 2018 年 6 月推出了购物车功能，开始初步尝试电商业务，主要是通过与淘宝、有赞、魔筷等知名的第三方电商平台进行深入合作，通过收取佣金或订单抽成的方式实现盈利。这些举措都清晰地标志着抖音和快手在发展成为大平台后，开始积极寻找并确立自身独特的业务发展路径和变现模式。

这种新兴的电商渠道所带来的红利，对于像樊继波这样在电商行业深耕多年的人来说，不仅能深刻理解，更是具有前瞻性地洞悉了其背后的巨大商业价值。

### 3. 用户需求尚未很好满足

羽绒服的核心消费人群究竟是谁呢？

## 第十六章
鸭鸭羽绒服——4年从8000万到150亿的高增长打法

他们是充满活力的年轻一代——80后、85后、95后均是线上羽绒服购买的主力军。

在这个群体中,男女消费习惯有所不同。男士们更看重品牌的力量,倾向于选择那些口碑好、品质有保障的羽绒服品牌。而女士们则更偏爱款式新颖、剪裁得体的羽绒服,时尚与美观是她们的首要考虑因素。他们热衷于线上购物并乐于尝试新兴的购物方式。

羽绒服的需求呈现如下特点。

(1)季节性需求。

销售旺季集中在每年的10月至次年的2月。

(2)功能性需求。

核心功能是保暖,消费者在购买时会关注其填充物(如鸭绒、鹅绒等)的质量和含量,以及衣物的防风、防水等附加功能。

(3)时尚与个性化。

款式设计具有时尚感和个性化元素,能够展现个人风格受到追捧。

(4)多场景适用性。

既满足日常穿着需求,又能适应不同的穿着场景,如户外运动、商务活动等。

(5)科技融合。

智能温控、自热功能等。

(6)反季购买行为。

一些消费者会选择在非旺季时段购买羽绒服,以获得更优惠的价格。

这些特点反映了羽绒服市场需求的多样性和消费者偏好的复杂性,羽绒服品牌需要综合考虑这些因素,以满足不同消费者的需求。

### 4. 竞争阶梯中还有空位

从 1999 年至 2018 年，鸭鸭品牌在国内羽绒服市场中稳坐前三的宝座。然而，值得注意的是，2002 年至 2019 年，排名前三的鸭鸭品牌却经历了一段衰退期。这一现象实际上揭示了专业羽绒服品牌在市场中的竞争力并不如人们想象中的那么强大。

专业羽绒服品牌的疲软，并不意味着羽绒服市场本身缺乏活力。而是因为其他综合性的品牌正在积极地抢占专业羽绒服品牌的市场份额。

在羽绒服行业中，存在一个多元化的品牌矩阵，包括高端品牌（Moncler、Canada Goose 等）、中高端品牌（波司登等）、运动品牌（FILA、耐克、阿迪达斯、李宁、The North Face、DESCENTE、KOLONSPORT 等）、快时尚品牌（优衣库、Zara、H&M 等）、大众品牌（鸭鸭、雪中飞、雅鹿、坦博尔、康博等）。在这个多元化的市场中，各种品牌各展所长，共同构建了一个丰富多彩的羽绒服市场。

在羽绒服这一庞大的市场中，高端品牌凭借其独特设计、优质材料和精湛工艺脱颖而出，当然价格也相对较高；中高端品牌则在品质和价格之间找到了一个平衡点；运动品牌和快时尚品牌则巧妙地将自身的品牌特色与羽绒服产品相结合；大众品牌则更加注重性价比，致力于满足广大消费者的实际需求。

从行业趋势看，羽绒服品类有成长空间，抖音、快手等线上渠道有渠道红利。

从顾客需求看，年轻人群（80 后、85 后、95 后成为线上羽绒服购买的主力军）的心智中缺少国民羽绒服专家品牌。

从竞争阶梯看，羽绒服专家品牌中，鸭鸭原来排行业第三，2017 年开始波司登已经上移自身的定位，聚焦更高端的羽绒服，大众羽绒服品类没有强势品牌，存在明显的第一空位。

## 第十六章
### 鸭鸭羽绒服——4年从8000万到150亿的高增长打法

从自身优势看，鸭鸭从1972年开始就专注羽绒服，符合企业的基因和能力。羽绒服品类分化如图16-3所示。

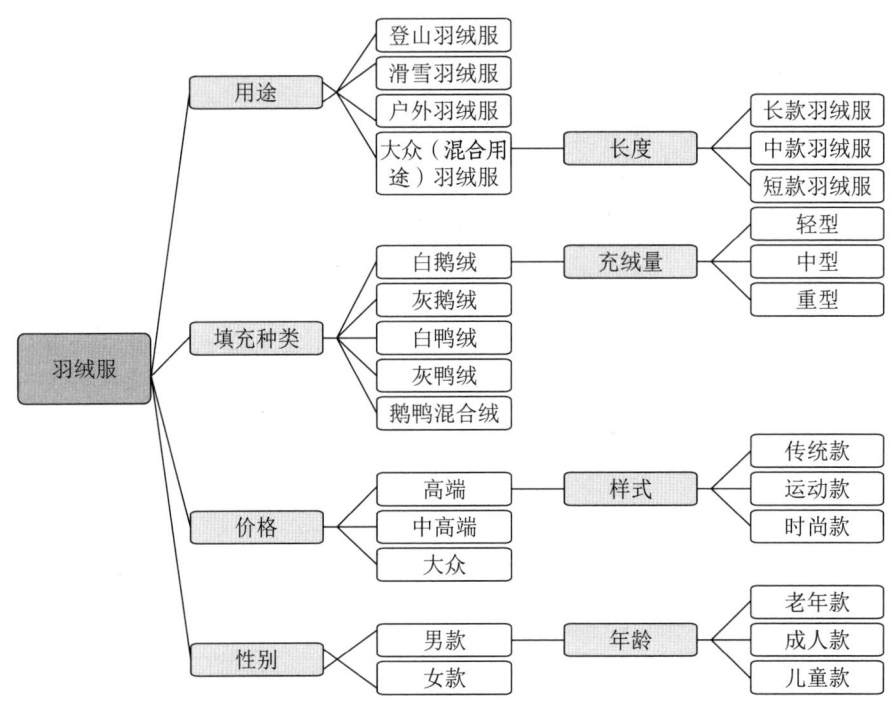

```
羽绒服
├─ 用途
│   ├─ 登山羽绒服
│   ├─ 滑雪羽绒服
│   ├─ 户外羽绒服
│   └─ 大众（混合用途）羽绒服
│       └─ 长度
│           ├─ 长款羽绒服
│           ├─ 中款羽绒服
│           └─ 短款羽绒服
├─ 填充种类
│   ├─ 白鹅绒
│   │   └─ 充绒量
│   │       ├─ 轻型
│   │       ├─ 中型
│   │       └─ 重型
│   ├─ 灰鹅绒
│   ├─ 白鸭绒
│   ├─ 灰鸭绒
│   └─ 鹅鸭混合绒
├─ 价格
│   ├─ 高端
│   │   └─ 样式
│   │       ├─ 传统款
│   │       ├─ 运动款
│   │       └─ 时尚款
│   ├─ 中高端
│   └─ 大众
└─ 性别
    ├─ 男款
    │   └─ 年龄
    │       ├─ 老年款
    │       ├─ 成人款
    │       └─ 儿童款
    └─ 女款
```

图 16-3　羽绒服品类分化

## 第二节 重建定位力

### 1. 重新定位前

2012年年初，宁波企业维科集团以4.69亿元对价接盘鸭鸭，并计划3～5年内将鸭鸭股份推向资本市场。在维科集团8年的主导下，鸭鸭的线下销售主要集中在三线城市，线上渠道也仅限于天猫店铺。2019年，鸭鸭股份的电商收入规模仅为8000万元，相比之下，波司登当年的线上收入高达23.45亿元。这个差距实在是过于明显。维科集团在经营鸭鸭时的整个战略体系存在明显滞后。

### 2. 重新定位后（见表16-1）

表16-1 鸭鸭品牌重新定位

| 品牌定位 | 羽绒界的优衣库 |
| --- | --- |
| 主要广告语 | 天冷了 就穿鸭鸭 |
| 核心人群 | 25～35岁年轻消费者 |
| 核心产品价格带 | 399～799元 |
| 核心产品 | 基础款 |
| 产品组合 | 高奢款式＋个性化设计款＋基础款羽绒服 |
| 核心渠道 | 抖音 |
| 渠道组合 | 抖音＋快手＋天淘＋视频号＋拼多多＋得物＋唯品会等 |
| 形象代言人 | 男代言人：王一博等；女代言人：佟丽娅等 |

2020年8月，樊继波通过铂宸投资收购鸭鸭后，品牌开始全面进军电商赛道，鸭鸭的定位转变为"国民羽绒服（羽绒界的优衣库）"，主打性价比和品质，力图通过电商平台重新赢得市场份额。核心人群为25～35岁年轻消费者，辐射全部人群（老年、中年、青少年、儿童），核心产品价格带为399～799元，产品组合为高奢款

## 第十六章
鸭鸭羽绒服——4年从8000万到150亿的高增长打法

式+个性化设计款+基础款羽绒服（男装、女装、童装）。核心渠道是抖音，同时覆盖快手+天淘+视频号+拼多多+得物+唯品会等线上渠道。请当红明星王一博、佟丽娅等为品牌代言。2021年鸭鸭线上销售就实现80亿元GMV。羽绒服专家品牌定位、抖音平台价格带及销量对比，如表16-2所示。

表 16-2 羽绒服专家品牌定位、抖音平台价格带及销量对比

| 品牌名 | 品牌人群 | 主流价格带（元） | 2021年GMV（亿元） | 2022年GMV（亿元） | 2023年GMV（亿元） |
| --- | --- | --- | --- | --- | --- |
| 波司登 | 高端 | 1000～2000 | 10 | 20 | 45 |
| 鸭鸭 | 大众 | 300～500 | 26 | 64 | 108 |
| 雅鹿 | 大众 | 100～300 | 20 | 48 | 62 |
| 雪中飞 | 大众 | 300～500 | 11 | 20 | 39 |
| 冰洁 | 大众 | 100～500 | 0.3 | 0.5 | 0.8 |

从鸭鸭重新定位来看，它避开了高端品牌（洋品牌和波司登），在大众品牌中选择了价格段300～500元，又避开了雅鹿和冰洁，与雪中飞同价格段，另外，选中电商渠道而非传统渠道，最大化团队的优势，享受渠道的红利，出手就是大众品牌中的第一。从实际的销售额结果看，2021年，单从抖音平台来看，鸭鸭实现26亿元GMV，2022年实现64亿元GMV，2023年实现108亿元GMV，跑出了疯牛般的速度。

## 第三节 调整配称三力

### （一）鸭鸭营销组合拳

#### 1. 鸭鸭的产品力

鸭鸭羽绒服的产品主要分为三类：基础款、个性化设计款和高端系列。基础款满足大众市场的基本需求，设计款针对追求时尚的年轻消费者，而高端系列则包括 IP 联名款、设计师联名款和明星同款。基础款占比约 60%，个性化设计款占比约 20%，高端系列占比约 20%。

#### 2. 鸭鸭高爆品率的秘密

要解开鸭鸭高爆品率的秘密，就得详细说说它的产品开发。

根据公开报道，鸭鸭通常将 9 月视作羽绒服旺季的启动月，并依此调整了全年营销节奏。具体步骤如下。

第一步：保持产品设计的多样性。

鸭鸭公司深知产品设计的重要性，并高度重视其设计师团队。这个由 30 余名设计师组成的强大团队，每年都会根据市场趋势和消费者喜好，精心策划年度设计主题，并研发出别具一格的核心款式。更令人瞩目的是，鸭鸭还建立了一个会聚 1000 余名设计师的平台，致力于打造一个多元化、充满活力的设计生态环境。

第二步：精准测款，挖掘未来爆款。

在产品正式进入市场之前，鸭鸭巧妙地运用网络平台如直播，以少量的备货来进行市场实测。他们密切关注商品的点击率、浏览量等关键数据，只有在获得积极的市场反馈后，才会启动批量生产。这一策略既降低了库存风险，又确保了产品的市场接受度。

## 第十六章
鸭鸭羽绒服——4 年从 8000 万到 150 亿的高增长打法

每年的 6 月至 8 月，鸭鸭会从海量的产品款式中精心筛选出 1000 多个具有市场潜力的款式，以满足不同客户群体的基本需求。到了 9 月，鸭鸭更是充分利用各大电商平台的大促活动，如天猫的"99 划算节"、抖音的"开新日"等，将设计师们的心血之作推向市场进行测款。他们紧密关注点击、收藏、加购、转化等核心数据，从中洞察消费者的真实喜好和购买意向。最终，从这批新品中挑选出大约 10 款最具爆款潜质的商品，为接下来的市场布局做好充分准备。

第三步：精心策划营销活动，营造热烈市场氛围。

在确定了具有爆款潜质的商品后，鸭鸭会精心策划一系列市场营销活动，为这些潜力款式营造热烈的市场氛围。他们巧妙地运用明星代言人的影响力，邀请其试穿并展示这些款式，从而吸引粉丝和消费者的广泛关注。同时，鸭鸭还积极利用社交媒体平台，如小红书和短视频应用，与知名达人合作，通过他们的影响力进行产品推广，进一步扩大产品的曝光度和知名度。

这些营销活动巧妙地借助了 IP 效应，为产品积累了更高的流量和热度，也为后续的销售打下了坚实的基础。鸭鸭通过精心策划和高效执行的市场营销活动，成功地营造了热烈的市场氛围，进一步提升了产品的市场竞争力。

第四步：提升转化与复购率，大促节点策略助力。

当大促节点来临，鸭鸭会精心策划并执行一系列策略，以提升产品的转化率和复购率。他们巧妙地运用直通车和竞价广告等投放方式，在电商平台上有针对性地助推产品的曝光和销售。这些策略旨在吸引更多潜在消费者的关注，引导他们完成购买行为，并确保客户在满意的产品体验后能够再次选择鸭鸭的产品。鸭鸭通过精心策划的大促节点策略，成功地提升了转化与复购率，进一步巩固了品牌的市场地位。

在观察了鸭鸭的电商运营策略后，我们不难发现它与众多电商玩家的显著差异，如表 16-3 所示。长期来看，这两种运营策略的业绩差距逐渐拉大，而品牌资产的积累也呈现出天壤之别。鸭鸭的独特策略不仅为他们带来了显著的市场优势，更在品牌塑造和资产积累方面取得了显著的成效。

表 16-3　鸭鸭电商打法与大部分电商打法对比

| 名称 | 大部分电商打法 | 鸭鸭电商打法 |
| --- | --- | --- |
| 本质 | 跟随做法 | 创新做法 |
| 逻辑 | 流量思维 | 品牌思维 |
| 动作 | 观察竞品，一旦竞品卖爆，就跟卖 | 设计先行，少量备货测款，测出潜在爆款后再大量备货进行售卖 |
| 区别 | 总是慢一拍 | 引领品类 |
| 问题 | 不敢准备大量的货，担心卖不掉变为库存 | 敢于准备大量的货，不太担心卖不掉变为库存 |

## （二）鸭鸭组织数字化

### 1. 团队具备电商数字化基因

鸭鸭在组织方面，新的操盘人樊继波具备很强的领导能力和管理能力，多年的电商运营经验和曾将雅鹿线上做到 20 亿元的经历，让他形成了通过数据决策、通过数据管理的意识。曾拿到过 20 亿元的线上销售业绩说明他具备带团队打大仗的能力。

这种重视数据的意识叠加打大仗的能力催生了鸭鸭数字化的飞速转型。

### 2. 数字化成了团队的利器

在 2021 年 7 月，鸭鸭推出了全新的数字化系统——BMS（品牌

## 第十六章
鸭鸭羽绒服——4年从8000万到150亿的高增长打法

管理系统）。这个系统为鸭鸭带来了更大的变化，通过数字化管理打通了从销售、后端备产到售后质检的整个运营流程。此外，BMS还承担了产品定义核心的角色，它通过汇集供应链、运营和营销等部门的意见，来优化资源配置并驱动持续创新，以此确保产品能够不断进步和更新。鸭鸭的可视化前端控制台可以即时反映各销售渠道的业绩、销售数量、消费者地理分布以及供应商产品的质量检查状况，这种全链条的透明化管理为企业领导层打下了坚实的决策基础。简而言之，BMS系统的运用，已经帮助鸭鸭在原材料采购、产品设计、生产制造以及市场营销等各个环节都实现了数字化操控，显著提高了公司的运营效率，也使其在市场上的竞争地位更加稳固。

### （三）鸭鸭供应体系化

鸭鸭的供应从设计产品到供应产品，全流程闭环，环环相扣，具体如下。

（1）数据驱动设计。

鸭鸭拥有超过30人的自有设计师团队，并建立了设计师平台，链接1000余名设计师，形成一个多风格设计生态。鸭鸭利用数字化工具将设计需求及时派送给最优的设计师或工作室，并通过数据管理提高设计的市场契合度。

（2）合作式供应链管理。

鸭鸭与供应商工厂加强合作，保障上游产品供给能力，并对供应商进行分级管理，确保生产效率和品质。

（3）快反供应链模式。

鸭鸭采用小单快反的模式，通过数字化系统监测前端销售情况，并将结果推导到后端供应链，实现快速返单生产。传统羽绒服的生产周期大概是30天，鸭鸭缩短到10～15天。

（4）供应品质控制。

原料端——为了保障羽绒品质，2022年4月起，鸭鸭正式启动原料指定采购项目。他们的供应商（三星、古麒、玉龙、羽顺等）均已入驻"鸭鸭优选原料库"。鸭鸭所产羽绒服均从"鸭鸭优选原料库"进行羽绒指定采购。鸭鸭从羽绒成品出厂、羽绒服生产、销售全链路监测与把控，输出鸭鸭羽绒指定包装及标签管理规范，统一上下游羽绒品质标准及检测规范。成衣端——鸭鸭在成衣制作阶段的品控体系，是从出厂前抽检、入库跟踪、生产过程QC、销售过程稽查等方面进行全链路跟踪，按款式、分阶段制定多梯次、有效的品控实施策略。通过规范化流程，管理羽绒销售、制衣、存储过程中存在的风险，融通产业链上下游，提供可持续发展的供应链体系。

### 总结与展望

鸭鸭的战略转型成功，留给我们的启示是，任何一家企业的经营都是一个大系统，大系统追求的不仅仅是因为在某个"点"上做得出色，更是因为在整个"体系"层面都做得相当到位。梳理其整个经营体系，真正打通了洞察力、定位力、营销力、供应力、组织力的动态闭环。这一经营总体方法论对电商品牌打造（特别是服装类目的品牌打造）具有极强的借鉴意义如图16-4所示。

## 第十六章
鸭鸭羽绒服——4 年从 8000 万到 150 亿的高增长打法

| 洞察力 | 定位力 | 营销力：选品 | 营销力：测款 | 供应力：生产 | 供应力：物流 | 营销力：种草 |
|---|---|---|---|---|---|---|
| 寻找战略机会 | 精准战略定位 | 敏捷选款与设计 | 高效测款策略 | 灵活供应链管理 | 快速物流与配送 | 敏捷营销与推广 |
| | | | 组织力 | | | |
| **品类趋势：**寻找品类机会 | **品牌定位=**品类趋势∩渠道趋势∩需求痛点∩竞争空位∩自身优势 | **数据驱动选款：**利用市场趋势分析、竞品分析、消费者行为数据等提前筛选出具有潜力的款式，减少无效测款 | **精准定向测款：**利用用户标签、兴趣偏好等精准定位测款用户群体进行测款，提高反馈的有效性 | **柔性生产：**与具备快速反应能力的供应商合作，采用按需生产、小批量多批次等方式，减少库存积压风险 | **前置仓布局：**根据销售预测和用户分布设立前置仓，缩短商品从仓库到消费者的距离 | **内容营销预热：**在测款阶段同步进行内容营销，如短视频、图文故事等，提前积累用户关注度 |
| **渠道趋势：**寻找渠道机会，如线上线下融合，社交电商崛起 | "∩"是交集符号，代表好的品牌定位需要立于品类和渠道趋势、满足需求痛点、切入竞争空位、发挥自身优势 | **快速原型制作：**采用3D设计、虚拟样衣等技术快速生成商品模型，省去实物样品制作时间 | **轻量化测款工具：**利用小程序、H5页面、问卷调查等轻量化工具快速收集用户反馈，降低测款成本和时间 | **供应链协同：**通过信息化平台实现与供应商、制造商、物流商等方的实时信息共享，加速决策与执行 | **智能仓储管理：**采用自动化仓储设备、智能拣选系统等提高库存周转效率，确保快速出库 | **预售模式：**开启商品预售，根据预售订单量精准预测需求，指导生产和库存管理 |
| **需求特点：**寻找尚未满足的需求 | | **模块化设计：**设计通用性强、可快速组合搭配的模块化元素，便于快速调整和衍生新款 | **实时数据分析：**建立实时数据监控与分析系统，快速捕捉用户反馈，缩短决策周期 | **预采购与储备：**对于预测成功率高的款式，提前进行原材料采购与储备，一旦测款成功，能迅速启动大规模生产 | **高效配送网络：**与多家快递、物流公司合作，实现快速调度，缩短配送时间 | **快速响应广告投放：**基于测款数据快速调整广告投放策略，精准触达潜在买家，缩短市场教育周期 |
| **竞争格局：**寻找竞争空位 | | | | | | |
| **自身优势：**寻找并放大自身优势 | | | | | | |

图 16-4　经营总体方法论

鸭鸭品牌当前存在的风险主要有以下 5 个方面。

（1）市场占有率下降的风险。

随着市场竞争的加剧，鸭鸭品牌面临着市场占有率下降的风险。例如 2023 年新锐羽绒服品牌 COCO ZONE"小账号"撬动大销售，多次登上女装行业品牌榜、店铺榜（2023 年 618 抖音女装品类品牌销售榜 TOP1；2023 年 H1 抖音女装品类品牌销售榜 TOP2；2023 年 Q1-03 抖音女装品类品牌销售榜 TOP1；2023 年 Q1-03 抖音羽绒服品类品牌销售榜 TOP8），随着更多品牌的加入，对鸭鸭的市场份额形成挤压。

（2）产品质量和品控问题。

近年来，鸭鸭品牌曾被曝出质量不合格、含绒量低等问题，这严重损害了鸭鸭的品牌形象。品控不严可能导致产品质量参差不齐，进而影响消费者购买意愿和忠诚度。

（3）品牌辨识度不够突出。

鸭鸭品牌在不同款式的产品上使用了不同设计风格的徽标，甚至有些产品上没有出现鸭鸭的标志，这导致品牌辨识度不够突出，不利于品牌形象的塑造和传播。

（4）线上销售费用过高。

随着流量越来越贵、越来越分散，使得投流等营销费用持续走高，过度依赖平台，存在被流量反噬的风险。

（5）上市挑战与借壳风险。

鸭鸭股份曾表现出对上市的兴趣，但当前市场环境颇为严峻，其上市之路仍面临重重挑战。此外，借壳上市也存在一定风险，如政策调整、市场变化等都可能影响借壳计划的实施。这一风险可能对资金链产生影响。

# 附录

## 推荐语（排名不分先后）

### 知名企业代表

1. 诸葛定位刘老师对品牌战略有着系统的认知和丰富的实战经验，其撰写的《点燃市场——10大新消费品牌的高增长打法》一书是消费品创业者的案头必备。它不仅系统地总结了新消费品牌成功的"五力"战略要素，更通过深入的案例分析，让我们理解如何在市场变革中保持领先。这本书是我们在制定企业战略、优化品牌定位时的重要参考，推荐每一位企业家深入研读。

——分众传媒（SZ002027）创始人、董事长　江南春

2. 消费本质没有新旧，但方法论总在推陈出新，从"新洞察"到"新组织"，都是围绕客户的持续创新。推荐诸葛定位刘老师的著作《点燃市场——10大新消费品牌的高增长打法》，此书值得大家一读。

——水羊股份（SZ300740）创始人、董事长　戴跃锋

3. 中国作为高速发展的巨型经济体，正面临由中国制造向中国品牌转型的全面竞争时代。《点燃市场——10大新消费品牌的高增长打法》一书为品牌引领的高增长提供了一份详尽的操作指南。诸葛定位团队深入剖析了新消费品牌成功的五大战略要素，通过丰富的案例展

示了如何在市场变革中洞察机会、精准定位、高效营销。本书值得每位追求品牌突破的企业家和市场营销专业人士学习和收藏。

——《升级定位》作者、天图投资（HK01973）CEO　冯卫东

4. 要点燃市场，先点燃自己。创始人的创业之火不灭，再加上《点燃市场——10大新消费品牌的高增长打法》一书中的创业路径和战略模型，无论在多冷的创业寒冬，一定会让我们感受到春的气息。书中的很多案例都很熟悉，几位品牌掌舵人还是很好的朋友，如果你对中国新消费的未来有信心，如果你想看到新消费品牌的高增长打法，作为一名创业二十年的老兵，我就一个建议——阅读这本书。

——同程旅行（HK00780）创始人、同程控股集团董事长　吴志祥

5. 《点燃市场——10大新消费品牌的高增长打法》不仅是一部揭示新消费品牌高增长秘诀的力作，更是一本助力企业在复杂多变的市场中稳步前行的实战指南。书中翔实的案例分析和系统的方法论，为寻求创新与突破的企业提供了宝贵的经验借鉴。作为大汉集团的领导者，我深感其内容的实用性和前瞻性，强烈推荐此书给每一位追求卓越的企业家。

——大汉集团党委书记、董事长　傅胜龙

6. 《点燃市场——10大新消费品牌的高增长打法》一书，深刻洞察了新消费品牌的崛起逻辑与实战策略，为企业家们提供了宝贵的战略智慧。书中案例鲜活，方法实用，对于追求高速成长和创新突破的企业而言，无疑是一本不可或缺的实战宝典。强烈推荐此书给所有企业家朋友，相信它能为更多品牌的发展注入强大动力。

——三一重工（SZ600031）创始董事　毛中吾

7. 新消费品牌实现高增长，离不开创业者的企业家精神和强大的执行力。诸葛定位刘亮先生团队长期耕耘于企业一线，积累出智慧的成果《点燃市场——10大新消费品牌的高增长打法》一书，它是一本实战操作指南，值得创业者认真学习。

——湖南省高尔夫球协会主席、
湖南联创控股集团有限公司董事长　罗劲军

8. 新消费趋势下，品牌如何实现高增长是众多企业关注的焦点。《点燃市场——10大新消费品牌的高增长打法》紧扣这一趋势，通过对10个新消费品牌的深入剖析，展示了它们在市场中的成功经验。书中的五力战略模型全面涵盖了洞察力、定位力、营销力、组织力和供应力五个维度，为企业在新消费时代提供了切实可行的战略及战术指导。它能帮助企业精准洞察市场、明确品牌定位、提升营销效果并优化组织运营，是企业在新消费浪潮中乘风破浪的得力助手，值得企业家和创业者阅读、学习。

——华凯易佰（SZ300592）董事、
北京逛逛文博科技有限公司董事长　周凯

9. 《点燃市场——10大新消费品牌的高增长打法》一书中的案例研究和战略模型，为理解新消费品牌如何在激烈的市场竞争中实现突破提供了清晰的路径，对于培养具有战略思维的商业领袖具有重要的启发作用。对于品牌建设和市场思维的锻造，都有很好的参考借鉴作用，是创业者避免踩坑的得力助手。

——赫为科技有限公司董事长　邓富强（赫为强哥）

10. 创业是一件漫长而又充满挑战的事，优秀的创业者往往不是因为敢于去冒险，而是因为有创业的底层逻辑和方法，从而减少试错成本，控制风险。诸葛定位刘老师的"五力战略模型"为创业者提供了一套完整的战略洞察、定位、品牌、组织、供应方法论，并解析了新消费领域的 10 个成功案例，是新周期下精益创业的实战好书。推荐创业朋友们深入研读，必有收获！

——混沌大学长沙分社发起人、

湖南草花互动科技股份公司联合创始人　杜正清

11. 刘亮学弟深耕品牌定位多年，对品牌战略有独到的理解，其最新著作《点燃市场——10 大新消费品牌的高增长打法》让大家对战略定位有一个全新的认知，书中五力战略模型的创新与应用，尤其适合创业中的伙伴去学习与借鉴，非常值得推荐。

——星灿医疗集团董事长、长沙星灿（结石病）医院创始人　莫军波

12. 发展"潮经济"，引领"新消费"，培育新消费品牌和持续推动消费创新升级，已成为满足消费需求升级的必然选择。当下，品牌不再是一个独特的、静态的标识，而是化成天下、包罗万象的宇宙。洞察力、定位力、营销力、组织力和供应力是影响一个企业创业成功的重要因素。诸葛定位刘老师的著作《点燃市场——10 大新消费品牌的高增长打法》专注增长，实战共创，为创业者和企业家们点亮了一盏指引前行的明灯，推荐大家认真品读。

——全球湘商联盟青年委员会秘书长、

湖南大地同年生物科技有限公司总裁　李翼

13. 作为黑色经典的创始合伙人，我深感《点燃市场——10 大新

消费品牌的高增长打法》一书对新消费品牌的成长有着巨大的价值。书中不仅剖析了品牌增长的底层逻辑,还通过十大案例展示了从洞察市场到战略落地的全过程。书中分享的"五力战略模型"尤为实用,为我们提供了系统的战略框架和实操工具。我强烈推荐此书给所有正在创业路上探索的品牌创始人,相信它能为你们照亮前行的道路,助力品牌实现突破性增长。

—— 黑色经典 CEO 卢路成

14. 刘亮老师的这本书给了企业家们面对新形势、新消费、新流量及百年未有之大变局的大环境下,中国品牌增长之路的确定性思路,企业创始人要重点关注。同时,品牌人、市场人、销售运营都应该人手一本去阅读、去思考、去应用!

—— 长沙卓牧乳业有限公司董事长 葛建宁

## 诸葛客户代表

1. 10 年前,我有幸在深圳市与诸葛定位的刘老师相识。在菲浦斯净水从初创到逐步成长的过程中,我们深受刘老师的战略指导与帮助的启发,这为我们后续快速拓展至 2000 家店铺奠定了坚实的基础。3 年前,为了更稳健地推进全国市场的扩张战略,我们特聘请了远在长沙市的刘老师担任集团的战略顾问。值此刘老师新作《点燃市场——10 大新消费品牌的高增长打法》面世之际,我衷心地向所有企业家朋友推荐此书,同时也强烈推荐诸葛定位的刘老师,他是一位值得信赖的战略专家和智者。

—— 菲浦斯净水集团(中国)董事长 陈志伟

2.中国的发展离不开科学思维,马克思也正是因为以辩证唯物主义的观点看待社会与历史的发展,最终才总结出自己的理论。商业的背后其实也是科学,科学就是规律,诸葛定位刘老师撰写的《点燃市场——10大新消费品牌的高增长打法》一书帮助我们揭开商业的迷雾,从此以更加科学的角度看待商业的发展,再结合马克思说的"理性的激情与激情的理性",之后必成大事!

我作为有志者品牌创始人,与诸葛定位合作已快四年,了解较多。强烈推荐各品牌创始人阅读和收藏《点燃市场》一书。

——新一代篮球运动品牌有志者UZIS创始人　王森

3.讲企业战略的老师有很多,但大部分偏宏观,到了落地实施时往往行不通。可能是跟刘亮老师做咨询的背景有关,不同于其他老师的化简为繁,刘亮老师独创了一套体系,在深入浅出间帮助企业找到真问题和好机会。希望更多企业能学习和了解这套体系,成为品类第一和行业冠军。

——青岛王牌动物健康产品有限公司创始人　孔恒

4.在存量市场中找到难得的市场机会,用品牌的做法去实现和抢占这个机会,是今天中国的品牌创始人都在思考的问题。品牌到底等于什么?每个人有不同的答案。如果用刘亮老师的新定位理论的角度看,这一切变得更加科学:品类定位直接对接客户需求,品牌是这个需求的第一消费认知。

——中高端国货身体护理头部品牌浴见创始人　李励

5.作为BURNIN潮牌的主理人,我深知在竞争激烈的市场中,品牌要想脱颖而出,必须拥有精准的战略定位和高效的增长打法。《点燃市场——10大新消费品牌的高增长打法》一书，由我们的战略顾问诸葛定位刘亮老师等人撰写，不仅系统总结了新消费品牌成功的"五力"战略要素，还通过丰富的案例和实操建议，为品牌提供了宝贵的实战经验。对于每一位希望引领潮流、实现品牌快速增长的创业者和管理者而言，这本书无疑是指路明灯，值得一读再读。

——街头文化品牌 BURNIN 主理人　骆家俊

6. 连续创业后，我深刻意识到成功绝非偶然。诸葛定位刘老师的《点燃市场——10大新消费品牌的高增长打法》为追求打造有壁垒品牌的创业者提供了独特的洞见。这本书直击新消费品牌的核心成功因素，用丰富的案例分析展示了如何精准定位与把握市场机会。非常适合那些希望在市场上留下深刻印记的创业者。

——五克（广州）健康科技有限公司创始人　吕建军

7. 在当下经济急剧转型的变革期，"卷"是常态，甚至是"躺平"的借口，我们认为企业经营者面临最大的危机，不是经济周期和行业赛道转型，而是企业家是否有勇气打破固有思维惯式，绝不"躺平"、积极拥抱变化、重新定位企业和品牌，找到新的增长驱动力和新的机会点。诸葛定位刘亮老师团队所著的《点燃市场——10大新消费品牌的高增长打法》给了我们学习的样板和具体的方法论，字字珠玑，非常值得一读，我们把它推荐给身边每一个局中人。

——优卓鲜奶创始人　周剑

8. 诸葛定位刘老师的著作《点燃市场——10大新消费品牌的高增长打法》以独创的"诸葛五力战略模型"为核心，从战略定位到战略配称，辅以案例解析，构建了一套系统的增长方法论，不仅是对传统定位理论的超越，更是对消费品牌发展路径的深度洞察与重构。牙白兔口腔集团作为引进刘老师定位体系的用户和受益者，践行中深切地感受此书翔实的工具与方法论。本书为创业者提供的是实战利器，是在复杂多变的市场环境中稳健前行的行动指南，是创业者们的必读之作。

——牙白兔口腔集团董事长　赵木川

9. 我深知在益生菌领域，创新和品质是我们生存和发展的根本。然而，仅有这些还远远不够，我们还需要了解市场，洞察消费者需求，以及掌握有效的市场推广策略。这本书不仅为我们提供了宝贵的案例分析，更提供了可操作的策略和方法，帮助我们在复杂多变的市场中找到自己的定位——聚焦高品质功能益生菌，实现品牌的快速成长。相信每一位阅读《点燃市场——10大新消费品牌的高增长打法》的朋友都能从中获得灵感和知识，为自己的事业注入新的活力。

——湖南营养树生物科技有限公司董事长　肖宏

10. 每个行业的竞争，归根到底是品牌之战，消费者手上拿的是产品，心里装的一定是品牌，品牌才是企业真正的"护城河"。品牌的增长需要兼顾短期的收益和长期品牌建设的平衡。诸葛定位刘老师创建的品牌五力战略模型提供了品牌高增长的系统知识，加之诸多案例印证，是恰逢其时的经典之作。

——吴小范品牌创始人、董事长　侯瀚雨

11. 有幸拜读了诸葛定位刘亮老师的著作《点燃市场——10大新消费品牌的高增长打法》，深受启发。书中通过10个成功案例，深入分析了新消费品牌的成长路径，尤其是《战略的大脑：定位力》一章，详尽讲解了品牌如何通过精准定位实现差异化竞争。这本书为品牌管理者和市场营销人员提供了宝贵的实战经验和系统方法，相信能帮助大家在市场竞争中找到突破口，实现持续增长。

——CG 模型网 CEO　董艳

12. 第一次系统接触定位理论，就是通过诸葛定位的总裁班和微咨询辅导服务，受益匪浅。定位理论是每个创业者都应该系统了解的知识，并且应该根植到思维习惯中，才能尽可能保证为企业发展所做的每一次决策不太会走偏。诸葛定位刘老师的《点燃市场——10 大新消费品牌的高增长打法》一书值得大家认真品读。

——湖南冠牧生物科技有限公司董事长　杨忠苹

13. 很高兴第一时间看到了亮哥的新书，还记得第一次和亮哥见面时他跟我讲品牌定位和营销增长，打开了我对于做产品的一扇窗，感谢亮哥对我多年的战略顾问指导和帮助。很多创业者刚创业时都应该跟我那时候差不多，懂行业、有干劲、有胆量，我想说的是这些只是基础条件。现在对创业者要求更高，市场变化更快了。感谢亮哥再一次给大家带来了能量，尊重专业的人干专业的事。

——长沙市体能训练协会会长、尚励体育执行董事　龚亚

14. 在激烈的市场竞争环境下，如何在存量博弈时代找到生存之道？诸葛定位刘老师的著作《点燃市场——10 大新消费品牌的高增长打法》为企业家们提供了答案。在顺势而为的基础上，寻找产品的差异化路径，让企业的发展壮大成为大概念事件。本书列举的各类案例通俗易懂，也让品牌定位变得更有可操作性，强烈推荐企业家们学习。

——中南大学博士后、
湖南纳昇电子科技有限公司创始人、董事长　童思超

15. "横看成岭侧成峰，远近高低各不同"是我对此书的形容。诸葛定位通过全新的视角和成功案例向读者阐述了如何让新消费品牌进行高增长，以及背后的原因，为初创企业、市场营销从业者以及合作伙伴提供了宝贵的思想启示和经验，帮助他们在红海市场中发现新的角度，打响第一炮！能感受到刘老师的用心打磨，本书是难得一见的好书！

——长沙亿里和煦文化传媒有限公司（全网粉丝3亿+）创始人、微博2020十大影响力时尚大V 里里

16. 在三十二相发展的关键时刻，有幸得到了诸葛定位刘老师及团队的帮助和指导。还记得在那天战略提案会结束时，我和团队的内心都无比激动，感觉支付的咨询顾问费太超值了，当时我就跟刘老师说，诸葛定位帮助我们三十二相做的这个战略方案价值1000万元，解决了困惑我们团队多年的心中疑云，给了我们清晰的方向、策略和坚定的信心。值此刘老师新书《点燃市场——10大新消费品牌的高增长打法》上市之即，诚挚向所有企业家和创业者推荐该书，以及推荐诸葛定位公司，诸葛出品，必属精品。

——三十二相骨相美学 主理人 闵嫚

17. 本书是一本极具启发性的书，它不仅为我们消费品创业者提供了一套清晰的战略增长路径，帮助我们在竞争激烈的市场中找到定位，构建核心竞争力；更通过实战案例展示了如何在变化莫测的市场中寻找并把握增长机会。我强烈推荐所有创业者阅读此书，以获得战略思维的升级和市场洞察的深化。

——华盟电子商务有限公司创始人、董事长 王颖

18. 从产品到营销，再到渠道的创新是新消费的必经之路。如果您渴望了解新消费品牌崛起背后的秘密，那么刘老师这本《点燃市场——10大新消费品牌的高增长打法》正好为您呈现了成就新消费品牌的完整蓝图。无论是正在创业道路上摸索的前行者，还是已经在消费市场中打拼多年的企业家，这本书都将为您带来新的思路和灵感。

——头等传媒、甜老虎辣酱创始人　大熊

19. 非常有幸拜读诸葛定位刘老师新书《点燃市场——10大新消费品牌的高增长打法》，此书凝聚了丰富的实战经验与深刻洞察，是一本体系化的新消费增长战略红宝书，强烈推荐给每一位企业家朋友。

——甜蜜泰迪烘焙连锁创始人　武家金

## 咨询专家代表

1.《点燃市场——10大新消费品牌的高增长打法》为定位理论在国内实践提供了一个新的理论架构，内容全面，工具丰富，特别是10大案例为我们提供了翔实的研究素材和深入的解读。

——特劳特（中国）战略定位咨询公司原高级分析师、
《认知战》作者　谈云海博士

2. 本书通过五力模型工具将企业业务战略从设计到执行的要点进行了详细阐述，通过消费品的实战案例生动演示了该原理的运用。推荐诸葛定位刘老师的著作《点燃市场——10大新消费品牌的高增长打法》，值得消费品领域创业者仔细品读。

——和君咨询高级合伙人　林涵武

3. 诸葛定位刘老师的新书《点燃市场——10大新消费品牌的高增长打法》是当下战略定位领域，尤其是新消费战略定位领域难得的一本好书，有体系，有方法，可以成为企业高管、从事战略管理工作者案头的工具书。它里面包括"洞察力（战略的眼睛）、定位力（战略的大脑）、营销力（战略的嘴巴）、组织力（战略的筋骨）和供应力（战略的血脉）"五个部分。读完本书，我相信你对战略定位会有更系统的认识，也能更好地指导企业的战略实践。

——北大纵横管理咨询合伙人　张敏

4.《点燃市场——10大新消费品牌的高增长打法》是一本深度解析新消费品牌成长路径的宝典。诸葛定位团队凭借敏锐的市场洞察和实战经验，提炼出五力战略模型，为品牌定位与增长提供了清晰的导航。我强烈推荐此书给所有渴望品牌创新与市场领先的企业家，它将是您战略书架上不可或缺的一员。

——远卓咨询集团资深董事、副总裁　贺晓宏

5. 作为战略咨询的新锐力量，诸葛定位团队有理想、有理论、有案例、有新意，这本适合当下经济环境突围的匠心之作，值得创业者、高管、企业家品读和借鉴。

——科学定位理论和实战体系开创者　高建林

6. 刘亮老师常年在一线，积累了大量的实战经验，写出的高增长打法值得所有企业学习，更是为行业提供了一本教科书级别的实战指南。聚焦、聚焦、再聚焦才会成就第一，很多事情靠坚持，但更需要方法指导，看刘亮老师的书，少走弯路，早看早受益。

——合众合文化传媒有限公司创始人　姚哲

7.过去五年高速增长的消费品牌中,绝大部分都抓住了一个或多个超级平台带来的重构增长的机会。从营销的趋势来看,获客必将走向全域精细化运营的时代。卡思咨询推出了全域深度分销的解决方案,但在深度分销之前,品牌首先应该解决战略定位的问题。推荐各位阅读诸葛定位刘亮老师的新书《点燃市场——10大新消费品牌的高增长打法》。

——卡思咨询 CEO　李浩

8.我是一个毛粉、李小龙粉和德鲁克粉,同时也是战略咨询公司魔方云销的创始人。我的一个爱好是跟行业众多具备原创性、思想性、清晰性的诸位同行进行深入、坦诚、开放的交流。生命不息,交流不止,其目的在于,除了客户印证之外,同行彼此互相印证,类似于武林高手之间的"讲招"。为此,我发起了"中生代营销人思想论坛"这一社群组织。

跟刘亮兄认识有两年了,有次我们深入探讨战略、品牌与营销之间的关系,我介绍了基于BLM(业务领先战略管理模型)的六新全网营销的模型,刘亮兄当时反馈说,他也有个类似的模型,只是还需要更进一步细化。不曾想,这一等待就是两年,我戏称为刘亮兄咨询之余的"闭关研发"。今天,我率先拜读了这一思想成果:《点燃市场——10大新消费品牌的高增长打法》。书中整理框架和模型,令人拍案叫绝,同时于我心有戚戚焉。可以说,我俩的认识高度一致,有些方面,刘亮兄表述更加清晰,逻辑更加严谨,行文更加流畅。因此,特向大家推荐此书。

——中国杰出营销人金鼎奖获得者、魔方云销咨询创始人　任小东

9.和诸葛定位的朋友很熟悉,这本书的作者们,我们也多有业务交流。本书的前前后后,我略知一二。能够静下心来,以定位为锚点,全方位地探析新消费品牌的增长打法,是非常有价值的一件事。本书的亮点很多,在理论和案例两个维度上都让人耳目一新,值得推荐。

——2017 年中国十大首席品牌官、老乡鸡公关战略顾问　韩立勇

10.翻阅完刘亮老师《点燃市场——10 大新消费品牌的高增长打法》这本书,你能看到他是如何带着诸葛定位的五力战略咨询体系,层层递进讲透企业的底层战略逻辑的。书中对于新消费品牌的高增长打法洞见,非常受用。我特别认同书中讲述的"内容是营销力的燃料"这个章节,这和我的《打爆口碑》系列书中提到的"内容不是独立的某个板块,而是嵌入整个企业营销中的,是企业要与消费者达成有效连接和深度沟通的语境、形态、渠道的总和"不谋而合。无内容,不品牌。本书对战略的认知、定位的洞察、内容的传播、组织的落地都有非常翔实生动的案例解读,是各位营销从业者和创业者不可错过的好书。

——名创优品（HK09896）前 CMO、
《打爆口碑》系列畅销书作者　木兰姐

11.作为一本深度剖析新消费品牌高增长策略的力作,《点燃市场——10 大新消费品牌的高增长打法》不仅为创业者提供了宝贵的理论指导,更通过丰富的案例分析,展示了在市场变革中如何保持领先。本书系统地总结了新消费品牌成功的"五力"战略要素,从洞察力到定位力,再到营销力、组织力和供应力,全面覆盖了品牌战略的核心环节。对于每一位希望在激烈市场竞争中实现突破的企

业家和市场营销专业人士来说，这本书无疑是一本不可多得的重要参考书。

—— 一周有料管理咨询创始合伙人　廖奕洲

12. 市场进入存量时代，点燃市场成为企业竞争核心入口，其重要性不言而喻。刘亮老师新书《点燃市场——10大新消费品牌的高增长打法》系统总结了10大新消费品牌的打法，值得大家认真研究。

—— 九千九咨询公司创始人　熊鸣

13. 中国新消费看长沙，长沙新消费看诸葛。诸葛定位刘老师新作《点燃市场——10大新消费品牌的高增长打法》尤其适合消费品企业，其独创的五力战略模型既有系统性的理论创新，更有实操性的案例拆解，值得反复阅读。此外，诸葛定位的战略定位课，我听过三遍，收获良多，建议大家——先读书、后上课、再咨询，增长效果会更好！

—— 唐军师大赢利战略定位咨询创始人　唐军师

14. 想要在市场风云变幻中打造持久品牌？别错过诸葛定位刘亮老师这本书！书中刘亮老师不仅提供了丰富的战略思维和市场洞察，深入剖析了新锐品牌如何从战略定位到市场突破，每个案例都像一场精彩的策略对决。书中生动地展示了品牌在各个发展阶段如何灵活调整策略，以应对不断变化的市场环境。这不仅是一本理论丰富的教科书，更是一本实践指南，无论是品牌创始人，还是对品牌建设充满热情的从业者，都能从刘亮老师的书中获得宝贵的知识和启发。本书绝对值得你一读再读，细细品味！

—— 潜云品牌创始人　姚捷

15. 这本书推荐给所有走在中国新消费路上的创业者，刘亮老师的《点燃市场——10 大新消费品牌的高增长打法》是破局之著。它如战略明灯，照亮新消费品牌在复杂市场的突围路。刘亮老师凭借深厚行业洞察和丰富实战经验，通过五力战略模型给大家展示底层逻辑，书中充满着思路见解和实用方法。无论创业者摸索还是管理者求突破，这本书都是商战心法，通俗点说一定会让创业者少走弯路、少踩坑，非常值得大家研读收藏。

——长沙壹贰零捌品牌设计有限公司创始人　李欣怡

16. 我对战略和定位的深刻理解和认知，其实来自诸葛定位刘老师，他对战略和品牌的解读让人印象深刻，我个人受益良多，并且推荐了身边的很多朋友去学习和吸收。头部商家对于战略的重视程度是第一位的，不然也成不了头部，相信刘老师的著作《点燃市场——10 大新消费品牌的高增长打法》会助力很多新电商、新零售、新品牌打赢未来之战，真诚推荐新消费创业者反复研读。

——长沙遇见高手企业管理咨询有限公司创始人　邓名勇

17. 定位不只是一种思维工具，更是一个思维系统。诸葛定位刘亮老师多年来一边实践，一边优化自己的理论体系，是少有的定位理论的实战派。《点燃市场——10 大新消费品牌的高增长打法》一书从战略定位到战略配称，再到案例研究，系统翔实且丰富生动地展示了企业应该如何借助定位系统来点燃市场，值得所有的创业者好好研读。

——湖南快马传媒创始人　张成明

18. 花钱买别人的经验，看别人的案例，比自己买教训要幸福得多。创业要更多地"悟道"底层逻辑，更多地"知道"实战技巧，才能最终"得到"有益的结果。刘亮老师这本《点燃市场——10大新消费品牌的高增长打法》是"道""术"的结合,用丰富案例铸造出了一个品牌增长指南针。本书值得每位创业者和企业家学习和珍藏。

——商业访谈博主 "洁哥的朋友们"

## 经济学家等专家代表

1. "惟楚有材,于斯为盛",湖南人敢为天下先。认真阅读本书后,感到此书对于理解新消费趋势、把握市场脉搏很有价值。书中"五力"战略模型为企业家们提供了实战型的操作框架。本书不仅是一本方法论,也能激发创新思维、引领品牌增长,值得每一位关注市场、追求卓越的企业家细细品味。

——正和岛首席经济学家 王林

2. 面对信息过载与产品过剩的时代,中国企业如何创新破局?本书通过案例研究与躬身入局,在博采众家之长的基础上提炼出"诸葛五力战略模型",包括洞察力(战略的眼睛)、定位力(战略的大脑)、营销力(战略的嘴巴)、组织力(战略的筋骨)和供应力(战略的血脉),以人的身体为隐喻,为消费品赛道的创业家提供了系统的方法论。

——中南大学教授、博士生导师
中南大学商学院管理案例研究中心主任 周文辉

3.多年服务企业的过程中，看到大多数中小企业老板把注意力放在产品、业务和资源上，而对战略定位的思考较少，或者没有按科学逻辑进行系统梳理，导致企业不聚焦构建核心竞争力，无法获得业务持续增长。诸葛定位的刘亮老师针对中小企业的共同卡点，通过长时间的专业研究和落地实战，总结一套实用方法，剖析一批具体案例，易学、易懂、易用。萃取沉淀的《点燃市场——10大新消费品牌的高增长打法》一书，值得新消费品牌创业者细读。

——竞网集团联合创始人、长沙市新媒体协会秘书长　陈花

4.新消费品牌培育是挖掘消费市场"增量"与"升级"的重要突破口，新消费之城既是消费端的物理场所，也是供应端的创新之源。每一个城市都有机会基于在地产业特色培育一批新消费品牌，而这些千军万马的新消费品牌大军中极有可能冲出一批中国领军品牌。这是新消费品牌发展的黄金时期，创业者更需要能"点燃市场"的实战打法。因此推荐本书！

——长沙新消费研究院院长　张丹丹

5.长沙市是国内新消费品牌集中的"网红"城市，作为媒体人的我，目睹过茶颜悦色、文和友、天宝兄弟、费大厨等品牌的草根崛起，也看到过更多流星一般的失败案例。拜读完《点燃市场——10大新消费品牌的高增长打法》，以"长沙经验"检验刘亮老师团队提出的"五力定位论"，感觉本书内容和一线实践相互印证，时代感、操作性很强。在我看来，这是一本创业者可以常翻常新的"基础教材"。

——《尊品》杂志出版人、主编，尊品私董会发起人、导师　王拥娴

6.《点燃市场——10大新消费品牌的高增长打法》是一本关于消费品领域战略的实用指南。书中不仅提出了诸葛五力战略模型的方法论，还以战略智慧解码10个新消费品牌的成功之道，为品牌决策人提供了全面的思考框架和战略指导。这本书是消费品行业从业者的可读佳作，也是品牌战略兴趣读者的参考书籍。

—— 湖南红网传媒有限公司总经理　杨勇

7.创业是九死一生的事情，企业从创立到结束，无数的抉择，无数的对与错。其中，战略定位与战略执行的对与错很多时候就直接决定了企业是否有未来，而战略定位与战略执行是有方法论的。刘亮先生的《点燃市场——10大新消费品牌的高增长打法》就是一本方法论的教科书，值得我们学习。

—— 上海市锦天城（长沙）律师事务所主任　严继光

8.诸葛定位刘老师这本新书以其系统性的战略增长方法和原创性思考，为读者提供了一套清晰的战略思维框架和行动指南，强烈推荐消费品创业者和品牌管理者认真研读。

—— 碧莲盛不剃发植发联合创始人兼首席战略官　肖大侠

9."点燃市场"更是点燃希望！在消费低迷的当下，企业最高战略是活下去，最大愿望是业绩增长，刘亮老师的书专为增长而生。本书创新性地提出增长五力模型，系统全面讲清了增长的逻辑和规律，从认知论到方法论，再到实践论，让我们洞察增长本质，明晰增长路径，是一本近年来市场上难得一见的好书！

正所谓"增长要流量，增长找刘亮"！在定位进入心智的时代，先找对定位才是关键！战略定位要找对，诸葛定位"隆中对"！感谢刘亮在竞争激烈的市场经济航海里点亮了一盏明灯！

——湖南省食品流通行业协会会长、
长沙拓普品牌营销策划有限公司创始人　张海清

10. 消费行业是最具魅力的创业领域之一，市场孕育了大量的优秀创业团队和优质品牌，如何找到成功的密钥？建议消费品行业创业者看看诸葛定位刘亮老师的新作《点燃市场——10大新消费品牌的高增长打法》。本书通过10个典型案例分析来验证其"五力"方法论的重要性，或许对你的创业选择与决策有帮助，此书值得阅读与收藏。

——达晨财智湖南区总裁　周晓军

11. 研习《点燃市场——10大新消费品牌的高增长打法》后，深刻悟到"最后一公里"的魅力，沉浸在"诸葛五力战略模型"，贯穿洞察力（战略的眼睛）、定位力（战略的大脑）、营销力（战略的嘴巴）、组织力（战略的筋骨）、供应力（战略的血脉）五个部分。点燃市场、燃烧品牌、持续高增长的全新理念，适合所有品牌创始人锻造引擎、高质量发展、增强内生动力、持续品牌增长。

——湖南泽沂咨询创始人　陈颖（中国香港）

12. 诸葛定位的刘亮老师作为湖南战略定位的领军人物，其最新著作《点燃市场——10大消费品牌的高增长打法》为在消费下行的大环境下的企业家朋友们找到了新方向。本书从洞察力、定位力、营销力、组织力、供应力5个方面分享了10个经典的案例，非常值得企业家朋友们深读深思。

——长沙新玉轩健康管理合伙企业（有限合伙）
执行事务合伙人　陈轩

13. 相比其他抽象的定位类书籍，诸葛团队在本书中开创性地为读者总结出了一个系统性的战略分析框架——诸葛五力战略模型。同时深度结合了近年来"发生在身边的案例"，让我得到了启发，产生了共鸣。本书对投资创业、启动新项目等有很强的指导意义和实践价值。

**—— 湖南希言私募股权基金管理有限公司董事长　谢晓天**

14. 在当今这个瞬息万变的市场环境中，在中国目前产能充足的背景下，"定位"显得尤为重要和及时。企业家们面临的挑战不仅仅是产品的生产和销售，更在于如何在激烈的市场竞争中找到属于自己的定位，实现持续的高增长。这是一本为创业者和企业家们提供战略指引的实用指南。

本书通过系统的理论分析和丰富的案例研究，深入剖析了新消费品牌在激烈市场竞争中脱颖而出的关键因素。作者团队提出的"诸葛五力战略模型"为企业从市场洞察到战略制定，再到执行落地，提供了一套全方位的系统工具。值得一提的是，本书的分析框架与股权投资行业有着异曲同工之妙。股权投资的决策模式是 Yes or No，而品牌定位则是 Yes and How。

阅读本书，我们可以看到每一个成功品牌背后，都有着对市场环境的深刻洞察和对消费者需求的精准把握，以及在竞争格局中的灵活应对。无论你是正在创业的企业家，还是希望提升品牌竞争力的企业管理者，抑或是对企业经营有浓厚兴趣的职场人士，本书都将是你案头的必备之作。

**—— 财信中金（湖南）私募股权投资管理有限公司副总经理　赵征宇**

15. 消费进入分层越来越清晰的时代，在低迷期需要更好的品牌增长手法来进行激发，在今天的市场，挖掘需求和营造需求同样重要，挖掘需求是在深耕存量，营造需求是创造增量，《点燃市场——10大消费品牌的高增长打法》这本书从深处还原解读了优秀品牌的高增长打法，对于当下的品牌建立和企业增长很有指导意义。

——豹变IP创始人、豹变商学院院长　张大豆

16. 时代在变化，但是人心亘古不变；把握了品牌定位，就把握了人心的关键。我与刘亮老师认识多年，他在品牌定位领域深耕多年，在品牌定位上有着深厚的功力，同时也对新兴品牌有着独特且持久的研究。其撰写的《点燃市场——10大消费品牌的高增长打法》知识全面、案例丰富、分析客观，对产业链乃至企业运营都有着深刻的理解。本书值得每一位有品牌定位需求的企业家阅读。

——前华尔街私募公司自营证券交易员、晓麟读书会创始人　任晓麟

17. 刘亮老师是我特别欣赏的实干派导师，这本书的主旨也是在不断地强化实干拿结果。我诚恳地推荐大家都去买一本看一看，它是新一代创业者的必读书。

——星火齿运医疗器械有限公司创始人　全洋

18. 一个商业项目是一个丰富而具体的矛盾对象。透视、分析、厘清并推动这个商业矛盾不断进化发展，需要具有底层逻辑的理念及其方法论。定位理论是研究关于商业矛盾的理论，其方法论蕴含着丰富而系统的辩证法。《点燃市场——10大新消费品牌的高增长打法》一书是基于定位力建构而成的战略五力系统模型，它凝聚了解析商业矛

盾的核心要素和主干要素，具有很强的分析力和解释力，对于企业经营者也具有很强的指导性。

——《定位理论体系》《定位投资》作者、
河北金融学院经济贸易学院院长　赵晓明

19. 如此集中、深度、匠心地拆解复盘中国十大新消费品牌增长道与术，放眼整个广告营销和品牌咨询界，此举尚属首次。本书不仅系统阐述了品牌战略定位在新流量时代的场景化、创新性应用，而且独创新消费品牌增长"五力"模型，能够从实战端指导企业战略经营和新品"C位"出道，可谓用心良苦。

——北京头条易科技有限公司创始人&CEO　张瑾

# 参考文献

[1]〔美〕艾·里斯，杰克·特劳特. 定位经典丛书 [M]. 谢伟山，苑爱冬，等译. 北京：机械工业出版社，2020.

[2]〔韩〕W. 钱·金，〔美〕勒妮·莫博涅. 蓝海战略 2：蓝海转型 [M]. 吉宓，译. 杭州：浙江大学出版社，2018.

[3] 肖大侠. 品类升级战略 [M]. 北京：企业管理出版社，2023.

[4] 冯卫东. 升级定位 [M]. 北京：机械工业出版社，2020.

[5] 雕爷. MBA 教不了的创富课 [M]. 北京：机械工业出版社，2020.

[6] 黄伟芳. 以慢制胜：钟睒睒的长期主义经营哲学 [M]. 广州：广东经济出版社，2022.

[7] 温雅卿. 品类创新：从乡镇小厂到明星车企的突围解密 [M]. 北京：团结出版社，2023.

[8] 聊城大学校友网. 从市场夹缝走向广阔天地——记物理系 89 届校友、聊城乖宝宠物食品集团董事长 秦华 [OL].（2014-02-19）[2024-09-02]. https: //xiaoyou. lcu. edu. cn/xyfc/xyfc1/272031. htm.

[9] 叁柒无限成人达己.“叁柒会客厅”专访德佑湿厕纸 [OL].（2023-04-14）[2024-09-03]. https: //haokan. baidu. com/v?pd=wisenatural&vid=3882032025063186768.

[10] 紧抓风口实现弯道超车，衬衫老罗品牌战略成效初显 [N]. 中国商报，2023-04-04.

[11] 陈琳. 北京已累计培育在库本土新消费品牌超 300 个 [N]. 新京报, 2023-09-26.

[12] 吴邵格. 这个香薰品牌在天猫如何半年涨粉五万, 月销过百万 [J]. 商业评论, 2023（10）.

[13] 国产香氛, 开始"香"了 [J]. 第一财经, 2021（7）.

[14] 纪校玲. "东方"香水出海, 新机会在哪里？ [J]. 中国化妆品, 2023（9）.

[15] 贺哲馨. 价格比肩顶尖沙龙香, 国产香水品牌高端化成功了吗 [OL]. 澎湃新闻, （2022-09-16）[2024-09-03]. https://www.thepaper.cn/newsDetail_forward_19897519.

[16] 男士护肤品消费涨势明显, 男士化妆品市场成新兴蓝海 [OL]. 经济观察网, （2021-05-18）[2024-09-18]. https://www.eeo.com.cn/2021/0518/488508.shtml.

[17] 霸王茶姬, 一个努力的茶圈后进生 [OL]. 数英网, （2023-11-13）[2024-09-03]. https://www.digitaling.com/articles/959069.html.

[18] 108 亿 GMV 背后, 霸王茶姬独特的战略选择 [OL]. 经济观察网, （2024-05-24）[2024-09-18]. https://www.eeo.com.cn/2024/0524/663104.shtml.

[19] 鸭鸭 CIO 关海生: GMV 增长 100 倍背后的真切数字化历程 [OL]. 亿邦动力, （2023-11-13）[2024-09-03]. https://www.ebrun.com/20230714/523215.shtml?eb=search_chan_pcol_content.

[20]YAYA 鸭鸭胡诗琦: "老鸭"焕新进化史 [J]. 天下网商, 2024（1）.